바이러스에 걸린 교회

바이러스에 걸린 교회

2021년 8월 10일 초판 1쇄 펴냄

엮은이 권지성, 김진호, 오제홍, 조민아
편집 구경미
펴낸이 신길순

펴낸곳 (주)도서출판 삼인
전화 02-322-1845
팩스 02-322-1846
이메일 saminbooks@naver.com
등록 1996년 9월 16일 제25100-2012-000046호
주소 (03716) 서울시 서대문구 성산로 312 북산빌딩 1층

표지, 본문 디자인 끄레디자인
인쇄 수이북스
제책 은정

ISBN 978-89-6436-205-1 03300

값 16,000원

바이러스에 걸린 교회

권지성, 김진호, 오제홍, 조민아 엮음

삼인

권지성 | 기독연구원 느헤미야, 구약학

『바이러스에 걸린 교회』(삼인, 2021)는 필자가 편집자와 저자로, 여러 연구자들과 함께 참여한 『성폭력, 성경, 한국교회』(CLC, 2019), 『혐오와 한국 교회』(삼인, 2020)에 이은 세 번째 기획 시리즈이다. 첫 번째 책 『성폭력, 성경, 한국교회』는 여성에 대한 성서 해석의 문제점을 지적하고 종교 권력과 제도 속에서 억압되어왔던 여성의 목소리를 어떻게 복구할 수 있을 것인가를 고민하였다. 두 번째 책 『혐오와 한국 교회』는 그리스도교가 한국 사회에서 어떠한 방식으로 폭력성을 띤 혐오를 양산하고 있는지를 성서학, 역사학, 철학, 사회학의 렌즈를 통해 살폈다. 이 시리즈의 세 번째 책인 『바이러스에 걸린 교회』는 코비드19로 인한 급격한 언택트 사회를 그리스도교가 어떻게 대응하고 있으며, 이로 인한 종교 사회적 상황의 변화와 주요 과제들을 조명한다.

언급된 책들은 시리즈물임에도 같은 출판사에서 발간되지 않았고, 시리즈 명칭이나 순번 같은 기본 형식도 갖추지 못했다. 힘든 출판 여건에서 이런 비판적 연속물을 발간할 출판사를 찾아 헤매야 했던 어려움이 있었기 때문이다. 그런 힘든 상황에서도 두 번째 책 『혐오와 한국 교회』가 2021년 세종도서에 선정되는 영예를 누린 것은 참여자 모두에게 큰 위로가 되었다. 특히, 삼인출판사의 신길순, 홍승권 님은 두 권이나 출판을 허락해주셨다. 이 지면을 빌려 고마움의 마음을 전하고 싶다. 또한, 이 책의 기획에 편집자로 함께하면서 언택트로 회의하며 교제하였던 김진호 선생님, 조민아 교수님, 오제홍 선생님의 역할은 결정적이었다. 스위스, 영국, 미국, 한국의 기획자 네 명이 다른 대륙의 시차임에도 정기적으로 기획회의를 가진다는 것이 쉽지는 않았지만, 다시없을 독특한 경험이었고 이 세 분들과의 협업은 나에게 큰 즐거움을 주었다. 무엇보다 흔쾌히 팬데믹 이후의 그리스도교의 미래에 대해 고민하며 논의에 동참해주신 열두 분의 기고자분들에게 감사드리고 싶다.

이 책 『바이러스에 걸린 교회』는 성서학, 종교학, 정치학, 윤리학, 영성학, 공공신학 등 다양한 분야를 연구하는 총 12명의 연구자들과의 협업 결과물이다. 비록 각자의 그리스도교 배경이 일치하지 않는 부분이 있겠으나, 전대미문의 팬데믹으로 인한 혼돈과 한국 그리스도교가 변화하는 세계에 어떻게 응답해야 할지에 대해 함께 고민하며 이 프로젝트에 동참하였다. 이 책의 저자들은 다음과 같은 질문에 대답하려 하였다. 바이러스 이후의 기독교는 어떤 모습이 될 것인가? 팬데믹 이후 그리스도인들은 대면 예배로 모이는 교회 모임을 기피하게 되고, 탈교회는 가속화될 것인가? 기형적이고 주술적인 종교의 모습은 어디까지 심화될 것인가? 쇼핑몰 교회는 종말을 고하고 새로운 언택트 교회의 본격적 출현은 어떤 방향으로 나아가게 될까? 교회의 이웃됨 방식은 얼마나 변화하게 될까? 팬데믹 시대가 마무리된 이후, 교회는 어떤 젠더 담론을 이어가게 될까? 언택트 시대의 신학과 예배의 풍경은 어떻게 될 것이며, 교회는 어떻게 세상과 소외받는 자들을 치유할 수 있을까? 하나의 '몸'으로서 교회는 어떻게 세상과 소통하면서 그리스도의 사랑을 실천할 수 있을까?

사실 코비드19가 본격적으로 한국에서 시작된 2020년 2월 이후 팬데믹에 관한 전문 서적들이 삽시간에 쏟아졌고 기독교 내에도 이와 관련한 책들이 발 빠르게 출간되었지만, 보수 신학 관점과 교회 생존 관점에서 저술된 책들이 주류를 이루었다. 이에 반하여 『바이러스에 걸린 교회』의 출간은 여러 이유로 미루어져오다 2021년 여름에서야 그 빛을 보게 되었다. 출간이 늦어진 가장 주요한 이유는 성급한 미래에 대한 예측과 예단보다는 연구자들이 생각한 관점들을 시간을 두고 함께 고민하며 다듬기 위해서였다. 이를 위해 기획 단계에서부터 편집자들과 기고자들은 2020년 5월 이후 자체적인 열 번 이상의 모임과 기고자들의 발제들로 다시 수차례의 모임을 가졌다. 따라서 이 책은 단순한 학술논문을 모은 학회지도 아니고 SNS에 올릴 법한 단견을 모은 생존법에 대한 것도 아니다. 동일한 문제의식을 동료들과 상당 기간 생각을 공유하면서 각기 다른 환경에서 살아가는 연구자들이 그리스도교의 미래에 대해 고민하며 논의한 결과물이다. 물론, 최근 백신 접종이 활발히 진행되는 상황과 변이 바이러스로 여전히 쉽게 앞날을 예측할 수 없는 상황에 대한 저자들의 분석이 빠져 있는 것은 아쉬움으로 남는다. 그럼에도 이 책에 기록된 대부분의 통찰력은 미래 그리스도교가 팬데믹 이후 나아갈 방향을 제시한다는 점에서 매우 고무적이다.

『바이러스에 걸린 교회』는 독자들에게 크게 두 가지를 말해준다고 생각한다. 첫째, 팬데믹 이후에 관한 전문가들의 수많은 예측들이 있음에도 불구하고, 바이러스는 인류와 교회에 다시금 인간 세상의 불확실성과 임의성을 가르쳐준다는 점이다. 기원전 3세기 중엽에 쓰인 구약성서의 전도서는 이를 가장 또렷이 보여준다. 급변하는 프톨레마이오스 제국의 시대에 팔레스타인 공동체의 부호였던 코헬렛은 죽음을 앞두고 지혜자들의 지혜를 조롱한다.(전 1:18; 7:25) 미래를 예측하고 호언장담하는 이들과 역사는 진보한다고 믿는 이들은 코헬렛에게는 우매한 자들일 뿐이다. 세상에서 가장 빠른 경주자가 선착하는 것은 아니며, 용사가 전쟁에서 이기는 것도 아니고 지혜자들이 식량을 얻는 것도 아니며 명철자들이 재물을 소유하는 것도 아니며 지식인들이 은총을 입는 것은 아니다.(전 10:11) 코헬렛은 말한다. "분명히 사람은 자기의 시기도 알지 못하나니 물고기들이 재난의 그물에 걸리고 새들이 올무에 걸림같이 인생들도 재앙의 날이 그들에게 홀연히 임하면 거기에 걸리느니라".(10:12; 개역개정) 그렇다. 스스로 신에 의해 선택받았다고 착각하면서 자신은 안전할 것이라 과신하는 교회도 재앙을 피할 수는 없다. 자본주의로 물든 교회가 철석같이 믿으며 신앙이라는 이름으로 포교해왔던 번영 신학은,

신자와 불신자를 가리지 않는 바이러스의 조롱거리가 될 수밖에 없다. 둘째, 연대와 회복의 정신이다. 코헬렛은 일찍이 학대받는 자들의 눈물 속에서 위로자가 없는, 오히려 위로를 해야 할 자들이 폭력을 행사하는 세상을 고발했다.(4:1) 그리고 코헬렛은 여럿의 사람이 함께 연대한다면 능히 어려움을 극복할 수 있다고 말한다.(4:9-12) 양권석이 본서에서 지적한 것처럼 타자화되었던 "노동자들"과 "권리를 말할 권리가 없는 사람들"과 착취되어온 "자연"에 대한 인간 사회의 구조적 차별과 환경에 대한 무지 그리고 소외된 자들과의 연대와 자연에 대한 새로운 인식은 바이러스의 세상 속에서 교회가 가야 할 길을 다시금 일깨워준다.

이 책이 팬데믹으로 인하여 그리스도교 내부의 곪은 상처를 온전히 드러내고 치유할 뿐만 아니라 소외된 이들을 다시금 돌아보는 계기가 되기를 바란다.

차례

코로나19와 함께한 1년

양권석

코로나바이러스가 보여준 우리의 실상

이렇게 오래가리라고 누가 예상이나 했을까? 몇 주 혹은 몇 달 이후를 기대하며 버티고 버텨왔지만, 1년을 넘긴 지금도 끝이 보이지 않는 터널 속에 여전히 갇혀 있는 느낌이다. 2019년 12월 31일 중국 후베이성 우한시에서 원인 불명의 폐렴 환자 27명이 발생했다는 보고가 WHO(세계보건기구)를 통해 전해지면서 이 재난이 시작되었다. 2020년 1월 11일에는 우한에서 첫 사망자가 나왔고, 1월 23일에는 중국 정부가 우한시 전체를 외부로부터 차단하는 봉쇄령을 발표하였다. 극단적인 조치에도 불구하고 급증하는 확진자 통계와 함께 디스토피아 영화에서나 볼 듯한 우한의 황량한 거리 풍경과 거대한 규모로 세워지는 임시 병동들의 모습이 보도되면서 세계는 위기의 심각성을 비로소 깨닫기 시작하였다. 1월 20일에는 한국에서도 첫 확진자가 발생하였고, 1월 말에는 이미 수십 개국에서 감염자가 쏟아져 나왔다.

1월 말 우한 교민 수송계획이 발표되자, 격리 수용시설 설치 문제로 지역 주민들의 저항이 있기도 했다. 그리고 그 와중에 코로나바이러스에 감염된 중국인들이 한국에 몰려와 무료로 치료를 받음으로써 건강보험 재정을 악화시킬 것이라는 가짜 뉴스가 확산되었고, 1월 23일부터 2월 22일까지 이어진 청와대 국민청원 게시판의 '중국인 입국금지 요청'은 76만 명이 넘게 참여하여, 그때까지의 국민청원 중에서 세 번째로 많은 참여자를 기록했다. 2월에는 WHO가 신종 코로나바이러스 감염증 명칭을 'COVID-19'(이 책에서는 한국에서 일반적으로 통용되는 '코로나19'로 표기함)로 결정하면서, 국내에서는 감염증의 명칭을 놓고, '우한폐렴'이라는 말을 사용하겠다는 사람들을 중심으로 사대주의 논쟁이 일어나기도 하였다.

하지만 2월의 기억을 가득 채우고 있는 것은 대구의 신천지 교회를 중심으로 확산되기 시작한 제1차 대유행이었다. 모든 뉴스는 신천지라는 종교 집단에 대한 이야기와 코로나19 대유행이 그 신천지와 모종의 연관성이 있음을 계속 상기시키면서 동시에 우리들에게 '코호트 격리'라는 말을 처음 알게 해준 대남병원에 초점을 맞추고 있었다. 주류 종교와 사회로부터 반사회적이라는 낙인을 짊어지면서도 모여들었던 신천지의 젊은이들, 이름은 요양병원이지만 침상도 없는 병실에 방치된 수용자처럼 보이던 환자들, 그리고 그들을 통해 바이러스의 운동 경로가 만들어지는 모습은 우리가 직면한 위기의 정체와 실상을 다시 생각하게 하였다.

3월이 되어도 학생들의 등교는 허락되지 않았다. 기억에 남아 있는 3

월의 풍경은 마스크를 사기 위해 약국 앞에 길게 늘어선 줄들이었다. 소위 마스크 대란 앞에 당황한 정부의 모습이 있었고, WHO의 팬데믹(전염병의 세계적 대유행) 발표가 있기는 했지만 한참 뒤늦은 발표로 오히려 논란을 불러일으키기도 했다. 이미 재난이 눈앞에 다가와 있었지만, 각국 정부는 물론이고 WHO도 팬데믹의 재앙을 받아들일 준비가 되어 있지 않았다. 3월 말에는 정부의 재난지원금 발표가 있었고, 그 상황은 4월 제21대 국회의원 선거로 이어졌으며, 조국 사태로 수세에 몰렸던 여당이 K-방역의 성공을 내세운 재난정치를 통해서 압승을 거두는 상황을 목격하였다.

5월은 이태원발 코로나19 확산과 미국에서 일어난 백인 경찰에 의한 흑인 조지 플로이드 사망사건으로 다시 격발된 BLM(Black Lives Matter: 흑인의 목숨도 소중하다) 운동으로 기억한다. 위기에 직면하여 신뢰와 연대의 정신이 필요한 때에, 성적·문화적으로 소외된 한 집단을 희생양 삼아 분노의 표적으로 만들려 했던 주류 언론, 특히 종교 언론들을 바라보면서 교회와 사회 안에 깊이 뿌리내리고 있는 병증을 실감하였다. 그리고 백인 경찰의 무릎에 깔린 채, "숨을 쉴 수가 없어요." "제발, 제발"을 신음처럼 내뱉으며 죽어간 조지 플로이드의 모습을 보면서, 성적·인종적 차별과 배제, 혐오의 문화와 정치가 바이러스 그 자체보다 더 위협적이라는 것을 깊이 깨달아야 했다. 바이러스는 국경도 넘고 신분의 구별도 넘어서 누구에게나 오지만, 그 바이러스로 인한 영향과 고통은 신천지 신도들은 물론 대남병원에 수용된 노약자들과 함께 성적·인종적 소수자들에게는 전혀 다른 차원을 갖는다는 것을 배워야 했다.

6월 말부터 8월 초순까지 유례가 없는 최장기 장마와 최악의 호우를 경험하였다. 그 원인이 자연환경 파괴에 있다고 보는 팬데믹 상황에서 경험한 자연 재난은 과거에 우리가 경험했던 장마나 폭염과는 분명히 다른 의미로 다가왔다. 지구온난화와 기후변화에 대한 경고는 이미 오래전부터 계속 이어지고 있었다. 특히 2018년 인천 송도에서 개최된 유엔 산하 '기후변화에 관한 정부 간 협의체(Intergovernmental Panel on Climate Change, IPCC)' 총회에서 채택된 「지구온난화 1.5℃ 특별보고서」[1]는 기후변화와 지구적 삶의 미래에 대한 대단히 위협적인 경고를 내놓기도 했다. 하지만 이런 경고들이 정치지도자나 사람들의 마음을 크게 움직이지는 못했다. 그러나 코로나19로 인한 재난 상황에서 만난 기록적인 장마와 폭우의 경험은 그 무엇보다도 실체적으로 기후변화의 위협을 느끼게 해주었으며, 기후변화의 위기를 다시 생각할 수 있는 계기가 되었다.

 하지만 '코로나19'와 직접 관련된 8월의 사건은, 전광훈과 극우 기독교 집단을 중심으로 진행된 광복절 집회가 야기한 제2차 대유행이다. 우선은 극우 집단과 극우 기독교가 표출하는 반사회적 분노와 혐오의

---

*

1) 전체 보고서 「Global Warming of 1.5℃」는 https://www.ipcc.ch/site/assets/uploads/sites/2/2019/06/SR15_Full_Report_High_Res.pdf에서 볼 수 있으며, 전체 보고서 중에서 정책결정자를 위한 요약본을 번역한 국문 「지구온난화 1.5℃ 특별보고서: 정책결정자를 위한 요약본」은 기상청 http://www.climate.go.kr/home/cc_data/2019/SR15_SPM_Korean.pdf에서 확인할 수 있다.

정치 그 자체도 문제지만, 교회와 목회자들이 그와 같은 극우운동의 핵심이 되는 것도 모자라, 적지 않은 수의 교회들과 교계 지도자들이 심정적으로 동조한다는 사실은 한국교회를 지배하고 있는 신학과 신앙 실천의 행태에 대해서 깊은 의문을 갖게 했다. 식민주의, 분단과 냉전, 그리고 산업화의 과정을 통해서 한국교회가 형성해온 '교회됨'과 '신자됨'에 대한 이해와 태도가 바이러스를 만나 재난을 더욱 증폭시키는 것처럼 보였다. 그러나 그 반대편에 선 정부의 재난정치 또한 제대로 길을 찾아가고 있는 것으로 보이지는 않았다. 너무 쉽게 집회와 시위 금지라는 카드를 꺼내 든 정부를 향하여 한 인터넷 신문은 「집회는 범인이 아니다」[2]라는 칼럼을 통해 정부의 재난정치가 언제든지 빠져들 수 있는 함정에 대해 엄중한 경고를 했다. 5월의 이태원발 확산 때도 느낀 것이지만, 팬데믹 상황에서 재난정치와 혐오의 정치는 때로는 공모하고 또 때로는 서로 대립하면서 함께 가는 것으로 보인다. 그리고 팬데믹 상황에서 재난 대응을 최우선 과제로 삼는 재난정치와 배타적으로 자기 집단의 이해와 결속만을 추구하는 혐오의 정치가 만나는 자리에서는, 우리 사회의 약자들과 소수자들을 향한 최소한의 인권 의식마저도 후퇴하거나 유보될 수 있음을 알게 되었다.

8월에는 광복절 집회만 있었던 것이 아니다. 의사들의 파업이 8월 초

---

*

2) 어쓰, 「집회는 범인이 아니다: 코로나 시대에 다시 외치는 집회시위의 권리」, 《프레시안》 2020년 10월 23일자. https://m.pressian.com/m/pages/articles/2020102316564847081#0DKW

에 시작되어 9월 초까지 계속되었다. 정부와 의사 단체의 기 싸움을 바라보면서, 공공의료 확대라는 난제에 관한 견해의 차이 정도라고는 결코 생각할 수가 없었다. 더 나아가 의사, 검사, 교회 등등 이미 특권화된 이익집단들이 철옹성처럼 버티고 서서 자폐적인 언어를 무차별하게 내쏟고 있는 이 사회에서 공공성이라는 말이 어떤 의미를 갖게 될지 의심 가득한 마음으로 지켜보아야 했다.

11월에는 미국 대선이 있었고, 트럼프의 재난정치가 실패하는 모습을 보았다. 이어 백신 대량생산이 임박했다는 소식이 전해지면서, 재난의 끝이 머지않은 것처럼 보였다. 하지만 아직도 그 끝은 뚜렷하게 드러나지 않고 있다. 12월에 들어서면서 미국과 유럽은 물론이고, 국내에서도 3차 대유행이 본격화되고 있다. 어김없이 요양원, 교도소, 외국인 노동자 시설 등이 집단감염의 중심으로 나타나고 있으며, 교회와 교회 관련 시설들도 여전히 굳건하게 집단감염의 주요 진원지 역할을 하고 있다. 그리고 전 세계적인 대유행의 기세는 백신에 대한 기대와 희망을 무색하게 할 만큼 여전히 매우 거세다. 변종 바이러스가 곳곳에서 나타나고, 백신의 안전성에 대한 불신도 여전하다. 그런데 더욱 심각한 것은 백신의 개발과 생산, 분배가 지구적 빈부 격차를 그대로 반영하고 있다는 점이다. 화이자, 모더나 등 강대국들이 자신들의 사용을 위해서 막대한 돈을 투자한 백신은 빠른 속도로 개발, 본격적인 생산에 들어간 뒤 분배되어 이미 접종이 시작되었지만, 가난한 나라들을 위한 백신 개발에는 투자가 부족한 것은 말할 것도 없고, 그나마 생산될 백신도 그중 힘 있는 몇몇 나라들이 독점하겠다고 공언함으로써, 이 지구의 변방에 있는 사람들이 언제쯤 백신의 혜택을 보게 될지는 예측조차 힘든 상황이다.[3] 인류가 이 재난으로부터 공정함과 연대의 가치를 정말 배울 수 있을지 의심을 거둘 수 없다.

코로나19와 함께한 지난 1년을 돌아볼 때, 팬데믹 상황과 직접 관련성이 없는 듯 보이지만, 결코 분리해서 바라볼 수 없는 많은 사건들이 있었다. 재난 상황에서도 증권시장은 엄청난 호황을 누리고, 부동산 투기의 열풍은 오히려 더 기승을 부리고 있다. 은행 빚을 포함해 모든 가능한 재원을 다 끌어모아, 말 그대로 '영끌'해서, 주식과 부동산에 투자하는 젊은 세대의 투기 행렬은 지금도 계속되고 있다. 팬데믹으로 인한 타격에 더해서, 이 투기의 광풍과 그에 따르는 부동산 가격의 상승은 가난한 이들의 삶을 더욱 변방으로 밀어내고 있다.

바이러스는 인간이 만든 모든 물리적·정신적 장벽을 무너뜨리고 누구에게나 온다. 철책선도 국경선도, 그리고 그 어떤 인종적·성적 차이나 편견도 바이러스의 운동에 차이를 만들지는 못했다. 그러나 바이러스 확산으로 인한 영향과 피해는 확연한 차이를 나타내고 있다. 정말로 영민하게도 바이러스는 우리 사회의 가장 취약한 곳을 정밀하게 타격해 가며 움직이는 것 같다. 우리가 알면서도 모른 척했고, 또 발전과 집단의 이익이라는 미명하에 외면해왔던 누군가의 고통을 바이러스가 오히

---
*
---

3) Peter Beaumont, "Scheme to get Covid vaccine to poorer countries at 'high risk' of failure", *The Guardian*, 2020년 12월 16일.
https://www.theguardian.com/world/2020/dec/16/scheme-to-get-covid-vaccine-to-poorer-countries-at-high-risk-of-failure

려 가장 정확하게 찾아서 드러내고 있을 뿐만 아니라, 교회를 포함한 우리 사회의 제 집단들 내부에 깊이 뿌리내린 병증들을 명료하게 증폭해서 보여주고 있다.

우리가 만들어낸 퍼펙트 스톰

코로나19로 인한 재난 상황을 '퍼펙트 스톰'이라는 기상학적 은유로 설명하는 경우가 적지 않다. 기상학에서 말하는 퍼펙트 스톰은 예상하거나 통제할 수 없는 환경적 요인들이 우연히 결합하여 태풍 그 자체의 힘만으로는 설명할 수 없는 무서운 파괴력을 발휘하는 경우를 말한다. 지금 우리가 겪고 있는 재난의 규모와 파괴력을 생각하면, 그와 같은 은유의 사용은 당연하고도 자연스러워 보인다. 정치적, 경제적, 기술적 힘이라는 측면에서만 보면 바이러스 정도에 전혀 흔들릴 것 같지 않은 나라에서 하루 수만 혹은 수십만의 감염자들이 발생하고 수천의 사망자들이 속출하는 상황을 목격하고 있다. 소위 선진국이라는 나라들도 완전히 무방비 상태에 있었다는 것이 드러나고 있고, 전시에도 멈추지 않았던 생산 활동을 국가들이 나서서 스스로 중지시키는 사태를 바라보고 있다. 이러한 현상은 지금의 재난을 이성의 계산이나 예측 범위를 넘어서는 비상한 상황으로 보게 했을 것이고, 그래서 예외성을 함의하는 퍼펙트 스톰이라는 은유가 재난의 의미를 가장 잘 드러낸다고 생각했을 수 있다. 하지만 질병에 대한 은유가 그 질병의 경험을 왜곡할 수 있다고 보았던 수전 손택의 통찰은 재난의 은유에 대해서도 적용되어야 한다.[4] 재난의 은유로서 퍼펙트 스톰이라는 말은 사태의 규모와 파괴력을 설명하기 위해서는 매우 좋은 표현이지만, 사태의 분명한 원인과 성격을 호도하거나, 아니면 사람들이 자신의 재난 경험을 바르게 보지 못하도록 방해할 가능성도 있기 때문이다.

무엇보다 먼저, 코로나19로 인한 팬데믹은 기상학에서 말하는 퍼펙트 스톰같이 예측도 통제도 할 수 없는 요인들의 우연한 결합이 아니다. 정확한 시간과 장소를 말한 사람은 없을지라도, 감염병 확산으로 인한 재난이 온다는 것은 예고되어 있던 상황이었고,[5] 이미 사스나 메르스와 같은 감염병 위기를 경험하기도 하였다. 그리고 코로나19라는 신종 바이러스에 의한 감염병 확산과 결합하여 재난을 최악의 경우로 증폭시킨 경제적이고 사회적인 요인들을 생각해보면 그들이 모두 예측 불가능하고 통제 불가능한 것이었다고 말할 수 없다. 우리 사회 안에 잠복해 있던 불평등의 문제와 신뢰와 연대를 해치는 불신, 배제와 혐오의 정치가 출몰하는 병원균과 결합할 가능성은 결코 예측 불가능하고 통제 불

---

*

4) 수전 손택, 『은유로서의 질병』, 이재원 옮김(이후, 2002).
5) 『감염병과 사회』(이미경·홍수연 옮김, 문학사상, 2020)의 저자인 역사학자 프랭크 스노든은 미국과 영국의 정부와 의회에서 발표되었던 가장 구체적인 예측과 경고의 예들을 보여주고 있다. 프랭크 스노든의 다음 인터뷰와 발표를 참고 바람. https://news.yale.edu/2020/04/08/historian-frank-snowden-may-we-be-forever-changed-coronavirus; https://www.stevens.edu/about-stevens/leadership/office-president/presidents-special-lecture-series-pandemics/dr-frank-snowden

가능한 일이 아니었다. 다만 우리가 무언가에 씌어서 계속되는 경고를 듣지 않고 무시해왔으며, 그 결과 감염병 위기에 대한 대비가 거의 없었던 것이다.

사태를 이와 같이 이해한다면, 예측이나 통제의 불가능성과 우발성을 강조하는 방식으로 퍼펙트 스톰이라는 은유를 사용하는 것은 분명히 문제가 있다.[6] 하지만 퍼펙트 스톰이라는 말이 반드시 예외성이나 우발성만을 강조하는 표현이라고 볼 필요는 없다. 퍼펙트 스톰은 20세기의 기상학에서만 사용해온 말이 아니다. 기상학 이전에 이미 문학적으로 사용해왔던 표현이고, 기상학 밖에서 그 표현을 사용한 경우에는 반드시 조건의 우발적 결합만을 의미하는 말이 아니었다. 누군가 의도적으로 개인과 집단의 다양한 감정이나 문제들을 자극하고 동원하여 그것들이 결합, 폭발적으로 하나의 사건으로 터져 나오게 만드는 경우나, 여러 가지 문제들을 방치하다가 결국은 그것들이 복잡하게 결합하여 최악의 상황으로 증폭되는 상황에 대해서도 퍼펙트 스톰이라는 말을 사용했다.[7] 다시 말해, 예측 불가능하고 우발적인 경우만이 아니라, 의도적으로 만들어낸 인위적인 사건에 대해서도 퍼펙트 스톰이라는 은유를

---

*

6) Allan M. Brandt and Alyssa Botelho, "Not a Perfect Storm : Covid-19 and the Importance of Language", *New England Journal of Medicine* April 2020, pp. 1493~1495.
7) 퍼펙트 스톰이란 말은 기상학에서 사용하기 이전에 이미 18세기 초반부터 사용되기 시작하였으며, 18세기 소설에서는 이야기꾼이 의도적으로 듣는 사람들의 감정을 과도하게 증폭시키는 것을 의미하기도 하였다. 다음 인터넷 사전을 참고 바람. https://en.wikipedia.org/wiki/Perfect_storm

쓸 수 있다는 말이다. 코로나19로 인한 현재의 재난 상황은 후자의 경우라고 해야 할 것이다. 우발적으로 일어난 퍼펙트 스톰이 아니라, 우리가 그렇게 될 가능성을 알면서도 만들어온 퍼펙트 스톰에 훨씬 더 가까울 것이다.

코로나19와 함께한 1년의 경험을 되돌아보면, 이 재난은 결코 코로나19 바이러스에 의해서만 야기된 것이 아니다. 우리의 행위나 간섭과는 상관없이 바이러스가 스스로 만들어낸 재난이 아니라는 뜻이다. 이미 잘 알고 있듯이 바이러스를 인간의 삶 가까이 불러낸 것도 결국 우리다. 그렇게 해서 다가온 바이러스가 퍼펙트 스톰이라 할 만큼 엄청난 재난으로 증폭될 수 있게 만든 것 역시 우리다. 요양병원, 교도소, 콜센터, 물류창고, 외국인 노동자 숙소 등등의 문제를 방치해온 것도, 바이러스나 그보다 더한 위험이 있어도 생존을 위해서 그것을 감수할 수밖에 없는 사람들의 존재를 끊임없이 외면해온 것도 우리 사회다. 계속 집단감염의 주요한 진원지가 되고 있음에도 불구하고 끊임없이 모이겠다고 나서는 교회들이 가지고 있는 교회에 대한 이해 그리고 교회로서 살아가는 삶의 방식에 문제가 있음을 우리가 전혀 몰랐던 것도 아니다. 다른 종교로부터는 이단 사교로 그리고 사회로부터는 반사회적 집단으로 비난받으면서도 신천지로 몰려들었던 신도들의 문제 역시 결코 개인 선택의 문제만으로는 설명할 수 없는 한국 사회와 한국교회에 깊이 내재해 있는 문제들과 연결되어 있다고 보아야 할 것이다.

권창규는 감염병 위기 상황에서 분명히 드러나는 세 부류의 타자화된 존재들을 설명한다.[8] 첫째는 "거리를 둘 수 없는 노동"에 종사하는 사람들이다. 밀집된 환경에서 제대로 휴식 시간도 보장받지 못하고 일하는 콜센터 노동자들, 환기가 안 되는 냉장·냉동시설에서 수백 명이 함께 작업대를 이용하는 물류센터 노동자들, 지금도 죽음의 행렬이 이어지고 있는 배달 노동자들, 과로에 지쳐 쓰러지는 방역 의료관계 노동자들, 그리고 간병 노동자나 요양보호사와 같은 저임금 여성 돌봄 노동자들, 방역망에 포함조차 되지 않는 이주 노동자와 불법 체류자들이 그들이다. 이들은 사회적 거리두기를 위해서 과로와 감염의 위험을 감수해야 하는 사람들이고, 사회적 거리두기가 가능한 사람들을 위해서 거리두기를 포기해야 하는 사람들이며, 누군가의 생존을 위해서 죽음의 노동에 내몰린 사람들이다. 그리고 이들은 오래전부터 무감각하게 숫자로 읽어왔던, 매년 수천 명씩 나오는 산재 희생자들의 일부다. 작가 김훈의 표현대로라면 한국 사회는 산재 사망의 원인과 그 죽음의 행렬을 막을 대책을 다 알고 있고 다 가지고 있다. 그런데도 계속해서 사람들을 일하다 죽게 만드는 사회, 곧 "날마다 명복을 비는" 사회다.[9] 그러니 이 산재의 희생자들은 대책을 몰라서 죽어간 사람들이 아니라, 예방책을 다 알면서도, 사람이 죽어갈 것을 빤히 알면서도 날마다 명복만 빌고 있는 사회가 만들어낸 희생자들이다.

＊

8) 권창규, 「감염병 위기와 타자화된 존재들」, 《현대문학의 연구》(2020 가을호), 163~207쪽.
9) 김훈, 「우리는 왜 날마다 명복을 비는가」, 《한겨레신문》 2020년 6월 28일자. http://www.hani.co.kr/arti/society/labor/943914.html

타자화된 둘째 부류는 "권리를 말할 권리가 없는 사람들"이다. 이 사람들은 우리 사회가 생산 인구로 분류하지 않는 사람들이고, 그래서 자본주의 사회의 무임승차자로 취급받는 사람들이며, 그래서 재난정치와 그것이 포함하는 죽음의 정치 안에서 우선적으로 희생양이 될 수밖에 없는 사람들이다. 질병, 장애, 빈곤, 고령, 열악한 주거시설이라는 여러 악조건이 겹쳐 있는 취약계층들, 요양시설에 방치되어 있는 가난한 노인들, 장애인들, 환자들이다. 그리고 노숙자, 이주민, 성소수자, 유색인들과 같은 사회적 약자들이 여기에 속한다. 권창규가 말하는 타자화된 세 번째 부류는 인간중심주의에 의해서 착취당하고 타자화되어온 토지, 자연, 지구이며, 그 위에서 살아가는 인간 이외의 다른 생명체들이다.

이 세 부류의 타자화된 존재들은 감염병 확산으로 인해서 갑자기 나타난 것이 아니다. 우리 사회 안에서 이미 타자화되어온 존재들이다. 자본의 이윤을 위해서 대상화하고 도구화하며 착취해온 사람들이고, 우리의 안전과 이익을 위해서 그들의 문제와 아픔을 무시해왔던 사람들이다. 우리 사회가 원인과 대책을 다 알면서도 계속 고통 속으로 밀어 넣어왔던 사람들이다. 그리고 지금 바이러스가 정말로 재난이 되는 곳은 바로 이들의 삶이다. 거기가 바로 바이러스가 우리 사회의 오랜 불평등 구조와 차별, 배제와 혐오의 문화와 만나서 재난의 퍼펙트 스톰이 되는 곳이다.

재난의 경험과 실상을 이처럼 파악하고 보면, 사회적 거리두기, 언택트, 뉴 노멀 같은 말에 대해서 다시 생각하지 않을 수 없다. 바이러스 감염을 막기 위한 비상수단으로 사회적 거리두기라는 것이 도입되었고, 그에 따라 비대면(언택트) 소통과 거래가 일상화되기 시작하였다. 그래서 가능한 한 긍정적으로 그런 현상들을 보려고 노력하였고, 마스크 착용이나 거리두기가 나를 보호하기 위한 것이면서 동시에 다른 사람들을 보호하고 존중하는 새로운 생활방식 혹은 '행동백신'[10]이 되어야 한다고 생각했다. 지금까지 우리 사회가 정의해온 이웃이나 타자, 그래서 우리가 반성 없이 받아들여온 이웃이나 타자가 아니라, 그렇게 아는 것을 넘어서 새롭게 다른 사람이나 생명을 존중하며 바라볼 수 있는 계기가 되기를 또한 염원하였다. 하지만 코로나와 함께한 지난 1년을 생각해보면, 거리두기, 언택트, 그리고 뉴 노멀의 실상은 그런 이상적인 생각들과는 거리가 멀다. 이미 보았듯이 지난 1년간 우리가 경험한 거리두기와 언택트 사회는 그 사회를 뒷받침하기 위한 필수 노동자 혹은 기본 노동자로서 그리고 재난 상황 속에서 가장 심각하게 생존을 위협받고 있는 사회경제적 약자들로서 거리두기를 제대로 지킬 수 없거나 아니면 포기해야 하는 사람들에 의해서 뒷받침되는 사회였다. 언택트 사회의 실상과 미래는 재택근무를 통해 거리두기를 지키거나 온라인 거래를 통해 상품을 사고파는 사람들의 모습에서가 아니라, 과로사로 죽어가는 배달 노동자들의 행렬을 통해서 가장 분명하게 그 모습을 드러내고 있다.

순서를 오해했던 것인지도 모른다. 거리두기와 언택트의 관계 형식을 강제한다고 해서 서로를 존중하고 보호하는 태도가 만들어지는 것이

---
*

10) 최재천, 「백신」, 《조선일보》 2020년 4월 15일자. https://www.chosun.com/site/data/html_dir/2020/04/14/20200 41403602.html

아니다. 오히려 그 반대가 맞을 것이다. 서로를 존중하고 서로의 아픔을 정말로 헤아릴 수 있어야, 물리적으로는 거리를 두더라도 사회적으로는 오히려 더불어 느끼는 관계가 될 수 있는 것이다. 이미 진정한 의미의 존중과 배려가 깨어져 있기 때문에 재난이 왔고, 그 존중도 배려도 없는 관계 위에 다시 가해지는 물리적 거리두기는 재난을 더욱 증폭시킬 뿐이다. 재난의 위기 상황에서 강제된 거리두기와 언택트의 뉴 노멀 질서는 우리 사회에서 불평등과 차별을 감수하며 살아온 사람들에게 훨씬 더 많은 희생과 배제를 요구하고 있으며, 때로는 그들이 오도된 혐오와 분노의 표적이 되기도 한다.

지금의 재난은 오랫동안 계속되어온 토지와 자연 혹은 다른 생명들의 아픔, 불평등하고 위험한 노동에 시달리는 가난한 자들의 아픔, 차별과 배제와 혐오의 희생양이 되어온 사회적 소수자와 약자들의 고통이 중첩되는 가운데 일어난 퍼펙트 스톰이다. 따라서 이 재난 이후의 새로운 사회, 곧 뉴 노멀을 상상하는 길은 그 무엇보다도 우리 사회와 우리의 삶이 오랫동안 타자화해왔던 사람들과 생명들의 아픔에 공감할 수 있는 자세와 능력에 달려 있다고 할 것이다. 바이러스가 우리를 정면으로 바라보며 폭로하고 있는 것, 그래서 어떤 변명도 할 수 없이 인정하게 만드는 것은 누군가를 희생양 삼아 살고 있으면서도 스스로를 속이며 그 사실을 인정하지 않고 현재의 삶을 정상이라고 간주해온 우리의 모습이다. 코로나19 바이러스는 더 이상의 변명과 회피가 가능하지 않음을 경고하고 있다. 공감이나 연대를 통해서가 아니라 다른 사람들의 아픔과 고통으로부터 물리적·정신적으로 거리두기를 함으로써 지켜온 우리의 삶에 대한 근본적인 문제 제기가 없다면 언택트와 뉴 노멀의 미래는 오히려 더 참혹한 재난이 될 것이다. 자본주의 성장 이데올로기에 갇혀 발전을 위해 모든 타자들을 도구화하고 대상화하는 삶을 계속하고, 그래서 타인의 고통과 나의 위기가 불가분리하게 연결되어 있다는 점을 애써 무시하면서, 타인의 안전 없이 나의 안전은 있을 수 없다는 명백한 사실을 인정하지 않기 위해 만드는 거리두기와 언택트의 미래는 희망이 아니라 절망이다.

위기의 한국교회

감염병 확산의 재난 가운데 있는 한국교회의 현재 상황을 내우외환의 위기라고 표현한다. 내부적으로는 예배와 교육적 모임을 포함해 그동안 교회로서 살아온 일반적인 삶의 방식들과 관계 형식들이 일시에 작동을 멈추는 상태를 경험하고 있다. 그리고 그에 따라 급격한 신자 수와 헌금의 감소로 인해 교회의 관리구조를 지탱해온 인적·물적 토대가 붕괴할 위기에 처해 있다. 외부로부터는 바람직한 변화를 선도하기보다는 사회의 변화를 가로막는 시대착오적 권위의식에 사로잡힌 집단, 반공주의를 포함한 지배적이고 억압적인 문화를 비판하기보다는 가장 적극적으로 옹호하는 집단, 차별과 혐오와 배제의 독단적 이념을 전파하는 집단, 극우 정치와 결합하여 인종적·성적 차별을 영속시키는 집단이라는 비판에 직면해 있다. 특히 일부 교회들이 감염병 확산의 진원지가 되면서도 대면 예배를 강행하고 온갖 음모론과 유언비어를 날조하여 위기와 재난의 진실을 호도하는 상황에 대해, 교회를 향한 우리 사회의 시선은 차갑기 짝이 없다.

이 내우외환의 위기를 예상치 못한 바이러스의 확산에 기인한 우발적 사태로 설명하는 것은 무의미하고 무책임하다. 어떤 상황에서도 예배는 계속되어야 한다고 강변하면서 과거의 정상성 회복을 주장하는 것은 그 자체가 재난이다. 지금 세계가 겪고 있는 감염병 확산의 재난이 그렇듯이, 현재 한국교회가 직면한 위기도 예측 불가능하고 통제 불가능한 우발적인 요인으로부터 비롯된 어쩔 수 없는 사태가 아니다. 한국교회 안에 오랫동안 잠복해 있던 문제들이 코로나19로 인한 사회적 재난과 만나 퍼펙트 스톰처럼 문제를 가장 파괴적으로 증폭시키고 있는 상황이 위기의 실상이다.

대부분의 평자들이 교회가 교회 밖의 세계와 맺는 관계에 초점을 맞추어 한국교회를 비판하고 있다. 하지만 교회 안에 잠복한 문제들에 대한 예리한 비판적 분석과 성찰이 더욱 절실하다. 교회로서 살아간다는 것에 관해 한국교회가 가지고 있는 자의식에 대해서 적극적으로 문제 제기해야 할 때라고 생각한다. 교회가 교회 밖의 사람들과 세계와 창조물들을 바라보는 눈과 그들과 맺는 관계 행태는 교회와 신자들이 가지고 있는 익숙한 자기 이해에 기초한다. 그런데 지금은 이 자의식이 사회적 요구와 정면충돌을 불사하면서까지 자신을 표현하고 있고, 그래서 재난을 더욱 증폭시키는 한 요인으로 작용하고 있다.

대면 예배 모임이 집단감염의 진원지가 될 수 있고, 누군가의 건강과 생명을 위협하는 행위가 될 수 있다는 것을 교회가 모를 리 없다. 대면 예배의 강행이 사회적 비판을 받으리라는 것도 잘 알 것이다. 그래서 대부분의 교단들은 구성원의 동의 여부와 관계없이 공식적으로는 정부의 사회적 거리두기 지침을 따를 것을 권고하고 있고, 다수의 교회가 대면 예배와 모임을 멈춘 것도 사실이다. 하지만 일부 교회들은 대면 예배를 강행하고 있고, 지난 8월 대통령과 기독교 교단장들과의 만남에서 김태영 예장통합 총회장의 "정부는 코로나19를 종식하고 경제를 살려야 하고, 교회는 코로나19를 이겨내고 예배를 지켜야 한다"[11]는 말에서 분명히 드러나듯이, 지금 대면 예배를 하지 않는 교회들도 사회적 압력 때문에 멈춘 것이지, 대면 예배를 금지한 정부의 조치나 사회적 압력에 대해 동의하거나 수긍한다고 보기 어렵다. 게다가 대면 예배가 정해진 형식에 따라 규칙적으로 반복되지 않고도 교회일 수 있다고 생각하는 교회나 성직자는 많지 않은 것처럼 보인다.

그렇다면, 이웃의 생명과 안전을 위협하는 일이 될 수 있다는 것을 알면서도, 그리고 교회 밖으로부터의 비판적 시선을 알면서도 대면 예배를 강행하겠다는 이유는 무엇일까? 물론 현실적인 경제적 이유가 크게 작용하고 있을 것이다. 금융기관의 대출을 받거나 큰 빚을 지면서까지 화려하게 지어놓은 건물과 시설들의 유지, 그 안을 채우고 있는 인력과 사업들을 유지하는 문제가 심각한 위기에 봉착했을 것이라는 점은 쉽

---
*

11) 《뉴스앤조이》 2020년 8월 27일자. http://www.newsnjoy.or.kr/news/articleView.html?idxno=301238

게 짐작할 수 있다. 하지만 대면 예배를 강행하는 교회가 모두 같은 문제를 안고 있다고 보기 힘들다. 일단 교회 내부의 관점에서 보면, 대면 예배를 멈춘다는 것을 상상하기 힘든 이유는 그것이 교회와 신자들의 자의식을 구성하는 가장 핵심적인 장치로 작동하기 때문이다. 그리고 교회 내부를 지배하는 질서와 의사결정 구조, 구성원들 사이의 교육적·목회적 관계 형식들, 더 나아가 교회가 예산이나 재정을 운영하고 관리하는 체계가 대면 예배의 형식을 통해서 뒷받침되기 때문이다. 그러므로 한국교회의 대면 예배 강행 의지는 곧 외부로부터의 비난을 감수하더라도 현재의 한국교회를 지탱하고 있는 교회 내부의 정치적, 사회문화적, 경제적 질서를 지키겠다는 의지의 표현이다. 신학적으로 말하자면, 교회 내부의 체제와 질서의 유지 문제가 교회의 공적, 사회적(선교적) 책임의 문제와 정면으로 충돌하는 상황이 발생하고 있는 셈이다. 교회 그 자체를 유지, 관리, 성장시키려는 목적이 창조세계의 화해를 위해 부름받은 공동체로서의 소명의식을 집어삼켜버린 상황이다.

기독교 신앙이 교회에 대해 가지고 있는 가장 분명한 확신은, 교회는 교회 자신을 목표로 삼거나, 자신을 모든 행위나 실천의 주체로 삼을 수 없다는 것이다.[12] 하느님은, 자신과 피조물 사이에 그리고 인간을 포함한 모든 피조물 사이에 화해를 이루기 위해서, 교회가 있기 이전에도 창

---

*

12) Wilhelm Richebacher, "Missio Dei: The Basis of Mission Theology or a Wrong Path?", *International Review of Mission* 92, no. 367, October 2003, p. 589.

조세계와 함께해왔고, 지금도 교회라는 울타리에 구속당하지 않고 활동하신다는 확고한 믿음 안에서 교회를 이해한다. 기독교 신앙이 가지고 있는 또 하나의 확신은 교회는 사람들이 자신의 한계와 울타리를 넘어서 하느님의 뜻과 일을 찾아 참여하는 과정에서 만들어진 것이지, 교회가 먼저 만들어지고 그 교회를 통해서만 하느님의 일이 이루어지는 것이 결코 아니라는 것이다. 하지만 역사 속에서 교회는 끊임없이 교회와 하느님의 위치를 역전시켜왔고, 그래서 하느님과 창조세계의 화해가 아니라, 교회 그 자체를 목표로 삼아왔다.

이처럼 창조세계의 화해를 위한 하느님의 선교가 아니라 교회 그 자체의 성공을 위한 선교에 모든 것을 걸고 있는 교회는 모아서 가두는 것을 목표로 삼는다. 그렇게 모아 가둔 사람들을 더욱더 철저하게 그 교회 발전을 위해서 봉사하도록 관리할 수 있는 성직자 중심적인 관리 질서를 장착하게 되고, 그와 같은 내부의 동원 질서를 정당화하기 위해 예배와 건물로 대표되는 강력한 상징질서를 필요로 한다. 그런데 이처럼 자기 내부의 결속과 외부를 향한 자기 확장을 목표로 하는 교회는 자신이 가진 물질적이고 상징적인 가치와 질서를 땅끝까지 확장해야 한다는 과도한 자기 확신을 내세우고, 정복적·승리주의적·식민주의적 선교 실천을 통해서 자신의 울타리를 더욱 견고하게 만들고 싶어 한다. 교회들이 거룩한 도시 혹은 거룩한 국가를 향한 배타주의적인 정치적 상상을 계속 생산해내고, 그와 같은 자신들의 도착적 이상을 위협할 가능성이 있는 교회 안팎의 적들을 이단시하고 배척하는 배제와 혐오의 논리를 끊임없이 만들어내는 것도 같은 자기중심적 욕망에 의해서 추동되고 있다.

한국교회가 직면한 위기의 근본 원인은 하느님의 화해 의지를 외면한 교회의 자기중심적인 삶의 행태에 있다고 할 것이다. 그 안에서 만들어져온 배타적 자기 이해, 그리고 그것을 지탱하기 위한 왜곡된 선교와 사목과 예배에 대한 이해, 나아가 교회 내부를 구성하는 불평등하고 권위적인 관계 질서 등등이 코로나와 만나 퍼펙트 스톰의 재난을 만들어내고 있다. 코로나19 바이러스는 지금까지 교회가 지켜온 물질적, 상징적 질서가 결국은 창조세계를 향한 폭력이 될 수 있음을 분명히 드러내 보여준다. 이 상황은 교회가 다소간 공적인 역할과 기여를 강화한다고 해서 치유될 문제가 아니다. 철저하고도 근본적인 반성과 변화가 없다면 치유가 어려운 병증이다. 다시 이와 같은 병증의 깊이를 무시한 채 적당한 신학적 이론이나 장치로 위기의 근본 원인을 은폐하려 한다면, 그래서 때가 되면 위기는 지나갈 것이고, 과거의 예배와 질서는 반드시 회복될 것이라고 말한다면, 그것은 이미 불경이며 신성모독이다.

자기 안에 갇히거나 폐쇄된 공동체는 교회일 수 없다. 교회와 그 교회의 성직자들과 신자들은, 하느님과 세계 사이에, 곧 인간 실존의 위험하고도 흥분되고 그러면서도 생명 충만한 '경계지대'의 긴장 속에 사는 사람들이어야 한다. 그 경계지대는 분명 불안한 모험의 땅이긴 해도 결코 빈 땅은 아니다. 이미 다른 사람들이 살고 있는 곳이다. 그곳에서 다른 사람들의 도움을 받으며 함께 살아갈 때, 삶의 모든 경험들은 거룩함의 순간을 드러낸다.[13] 그래서 교회는 철옹성 안에 갇힌 집단이 아니라, 빈 틈 가득한 울타리를 가진 집단이 되어야 한다. 항상 자신의 신념과 하느님의 방식 사이의 차이, 자신과 다른 집단들, 다른 창조물들 사이의 차이에 예민한 감각을 가지고 긴장 속에 있는 공동체여야 한다.[14] 그리고 그 긴장들을 자신을 고립시키는 방식으로 해결하는 것이 아니라, 경계 지대의 긴장과 불안을 훨씬 더 개방적으로, 지금까지 알지 못했던 새로운 삶과 공동체를 상상해내는 과정의 동력으로 삼는 공동체여야 할 것이다.

한국 사회와 교회를 새롭게 상상하기 위해서

재난이 있기 전부터 다른 생명들의 고통과 눈물이 있었다. 재난의 가능성을 알면서도, 한 사회가 지탱되기 위한 어쩔 수 없는 비용이라 여기며 무시해왔던 사람과 자연의 고통이 있었다. 그리고 그 모든 문제와 고통이 임계점에 이르러 퍼펙트 스톰으로 터져 나온 것이 현재 재난의 진실이다. 교회의 위기도 다르지 않다. 신앙을 빙자하여 질문 자체를 허용하지 않았던 많은 문제들이 잠복 상태에 있다가 임계점에 달하여 최악의 경우로 결합하여 나타난 것이 지금의 위기다. 한국 사회와 교회의 재난 경험을 이렇게 설명하는 이유는 이 재난이 생태학적이거나 생물학적

---

*

13) L. William Countryman, *Living On the Border of the Holy: Renewing the Priesthood of All*(Hardsburg, Pa.: Morehouse Publishing, 1999), p. 3.

14) Fred Wilson, ed., *The San Antonio Report*(Geneva: WGC, 1990), p. 33.

이기만 한 것이 아니라 정치적이고 사회적이고 경제적이며, 종교적이고 신학적인 재난임을 말하려는 것이다. 그리고 지금 재난으로 드러난 그 임계점은 결코 과거에 경험했던 것과 같은 의미가 아니라는 것을 말하고 싶은 것이다.

언택트 시대를 아래에서 떠받치고 있는 필수 노동 혹은 기본 노동이라는 것에 대해 생각해보라. 지배적인 문화와 이데올로기에 의해서 무의미한 인간으로, 그래서 정죄와 배제와 차별과 혐오의 희생자가 되어온 사람들의 삶을 생각해보라. 바이러스의 실제 위력을 감당해야 하는 사람들도 그들이고, 재난의 위기를 온몸으로 겪고 있는 사람들도 그들이다. 그들은 지금까지 정상적인 체제를 뒷받침해온 가장 필수적인 사람들이지만, 또한 그 체제에 의해 가장 무시되어왔던 사람들이기도 하다. 그런데 이들에게 바이러스와 재난의 실제 위력이 나타난다는 것은 무엇을 뜻하는가?

그것은 오랫동안 잠복해 있던 문제들에 대한 새로운 각성을 요하는 상황이면서, 동시에 지금의 사회와 교회의 체제와 그 체제를 떠받치고 있는 물질적 질서와 상징적·신학적 질서의 근본적 한계를 드러낸 것이라고 본다. 그래서 코로나 이전으로 돌아갈 수도 없고, 돌아가서도 안 된다. 아직 시작은 정확히 보이지 않지만, 끝은 이미 보이는 상황에 우리가 서 있는 것이 분명하다. 신자유주의적 금융자본주의 상징질서와 이데올로기의 끝을 말하는 담론[15]에서부터 문명 전환에 관한 이야기까지, 그리고 종의 멸절시대, 여섯 번째 대멸절 앞에 서 있는 시대, 혹은 지질학적 현 시기를 말하는 홀로세의 끝을 장식할 인류세와 자본세[16]에 대한 비관적 전망 등, 재난의 상황을 진단하고 전망하는 무수한 종말론적 표현들은 앞에서 말한 임계점의 의미를 더욱 예리하게 만들고 있다. 지금은 분명히 새로운 상상력이 필요한 때다. 인간과 자연에 대해서 그리고 사회와 교회에 대해서 지금까지와는 전혀 다른 그림을 그려야 할 때임이 분명하다.

하지만 새로운 상상력은 지금 여기서 현실적으로 발생하는 문제를 향한 관심을 잠시 접고 거대한 담론과 사유의 세계로 들어가야 비로소 만나게 되는 것은 아니다. 재난은 생태적 차원은 물론이고 정치, 경제, 사회, 문화, 종교적 차원이 중첩되어 일어난다. 우리가 알지 못했던 문제가 아니라 우리가 의도했고 만들어냈고 그래서 알고 있는 문제들이 결합하여 나타난 퍼펙트 스톰 같은 재난이다. 그러므로 새로운 상상력은 무엇보다 먼저 재난의 고통을 실제로 겪고 있는 우리 사회의 약자들과 타자들의 삶에서 경제적인 차원에서부터 생태나 문명의 차원에 이르기까지 문제의 중첩을 읽어낼 수 있는 상상력이어야 하며, 가장 구체적이고 물질적인 삶의 변화를 모색하는 상상력이어야 할 것이다.

---
*
---

15) 다음을 참고 바람. Lapavitsas, C., 2020, 'This crisis has exposed the absurdities of Neoliberalism. That doesn't mean it'll destroy it', Jacobin, 27 March, 2020. https://jacobinmag.com/2020/3/coronaviruspandemicgreat-recession-neoliberalism

16) 인류세와 자본세에 관해서는 다음을 참고 바람. Franciszek Chwałczyk, "Around the Anthropocene in Eighty Names—Considering the Urbanocene Proposition", *Sustainability*, 2020, 12(11). https://www.mdpi.com/2071-1050/12/11/4458

홈리스 활동가 형진은 코로나 이후를 말할 때 반드시 잊지 말아야 할 한 장면으로, 방역을 이유로 최소한의 쉴 곳마저 박탈당하는 노숙자들의 삶을 보여준다. 그리고 오랜 기간을 거리에서 살아온 한 여성 노숙자가 진심을 담아 직접 쓴 코로나 재난 상황의 경험을 전한다. 그 글 안에는 형진의 말대로 활동가들조차도 도저히 흉내 낼 수 없는 울분이 있다. 그 울분은 인격, 가치, 소유, 살림살이, 먹거리와 살 집에 대해서 우리 사회가 가지고 있는 잣대에 대한 것이다. 그리고 우리 사회를 지배하는 가치와 척도에 대한 그녀의 울분 안에는 문명적, 생태적, 경제적, 사회적 제 차원들이 서로 떨어지기보다는 연결되어 있다. 이 여성 노숙자의 울분에 귀 기울이다 보면, 아마도 거기에서 사회와 교회를 새롭게 상상할 수 있는 하나의 길이 보일지도 모르겠다.

의자 옆에 있는 개인 소유 물건. 그것이 여행가방이건 헝겊가방이건 비닐가방이건 그것은 그것을 지니고 있는 사람의 것이다. 내가 겪은 공무원, 기차역 근무자들의 의식이 없는 모든 행위는 겪는 사람의 인격모독일 뿐만 아니라 국가공무원 모두에게 좋지 않은 매김을 주게 하여 서로에게 아주 나쁜 일이 일어날 수도 있다. (……) 너희는 겉차림새대로, 너희들 머릿속에 짜여져 있는 잣대로 값어치를 매겨서 모든 것들을 대접하고 있다. 우리가 가지고 있는 모든 것들은 너희들의 집에 있는, 사는 데 있어야 할 그 모든 것들과 같은 것들이다. 먹는 것까지도 쓰레기라고 하는 너희들 공무원들은 쓰레기를 지지고 볶고 먹느냐. 쓰레기 버리라고

남의 살림살이에 대고 말하는 너희들부터, 집문서부터 쓰레기통
에 던지거라.[17]

---------------------------------- ✳ ----------------------------------

17) 형진, 「코로나 이후를 말할 때 잊어서는 안 될 네 가지 장면들」, 《밥통》 71호,
2020년 7월. https://babtong.kr/24/?q=YTozOntzOjEyOiJrZXl3b3JkX
3R5cGUiO3M6MzoiYWxsIjtzOjc6ImtleXdvcmQiO3M6OToi67Cl7JW
M64uoIjtzOjQ6InBhZ2UiO2k6MTt9&bmode=view&idx=4215299&t=
board

제1부

취약계층은

더욱

취약해지고

고독으로/부터의 연대

재난 시대의 영성

정경일

여는 말 재난이 된 종교

재난의 시간은 종교의 시간이다. 원인도 해법도 알 수 없는 재난이 닥치면 초월적 존재나 힘에 의지하려는 인간의 종교심은 더 깊어진다. 전근대만이 아니라 현대도 마찬가지다. 과학기술과 의학이 고도로 발달한 시대여도 코로나19 바이러스에 관해서는 인간이 아는 것보다 모르는 것이 아직도 더 많다. 그래서일까, 2020년 3월 11일 세계보건기구의 팬데믹 선포 직후 급증한 구글 검색어 중 하나는 '기도(prayer)'였다. 재난의 때에 인간은 위로와 구원을 기대하며 종교에 의지한다.

하지만 '코로나 원년' 한국 그리스도교의 이미지는 위로자도 구원자도 아닌 반사회 집단이었다. 시민은 각자의 욕망을 억제하며 방역에 협조했는데, 그리스도인은 딴 세상을 사는 듯 자기 욕망만 채우려 했다. 마치 교회의 위기가 사회의 위기보다 더 중요한 것처럼, '모이는 예배' 실시 여부를 놓고 요란하게 논쟁을 벌였다. 1, 2차 대유행에는 신천지 집단과 전광훈 집단의 직접적 책임이 있었고, 산발적 지역감염 확산에도 교회가 직간접으로 관련된 경우가 많았다. 대다수 그리스도인은 소위 이단, 극우 근본주의 집단과 선을 긋고 싶어 하지만 시민의 눈에는 모두 한통속이다. 팬데믹이라는 예외 상태에서도 '종교의 자유'만 주장하고 '사랑의 의무'는 소홀히 한 교회를 사회는 더 이상 신뢰하지 않는다. 코로나19 이후 한국교회의 사회적 신뢰도는 하락 정도가 아니라 몰락 지경이다. 양식 있는 그리스도인들이 "교회가 진심으로 죄송합니다"라며 사과했지만, 시민의 실망과 반감은 누그러들지 않았다. 인류 역사 초유의 대재난 앞에서도 한국교회가 사회의 안전과 안녕에 이토록 무관심하고 무책임한 이유는 무엇일까?

이와 같은 상황 인식과 문제의식에 바탕한 이 글은 우선 팬데믹 시대에 한국교회가 보이는 반사회성과 근본주의의 연관성을 살펴보고, 근본주의 신학과 영성을 강요하는 교회 내 집단주의 행태를 들여다볼 것이다. 그리고 재난의 때에 근본주의와 집단주의로부터 벗어나 공공적 책임을 지려는 시민-신자의 삶과 신앙을, 고독으로 들어가고 고독으로부터 연대로 나아가는 그리스도인의 사회적-영적 여정에서 찾아보고자 한다.

근본주의와 '파괴의 영성'

2020년 한국의 1, 2차 코로나19 대유행을 촉발한 신천지 집단과 전광훈 집단의 신학적 출발지는 같은 근본주의지만 목적지는 다르다. 조건부 종말론에 근거한 신천지 집단은 내세의 천국을 지향하고, 극우 이념을 신앙화한 전광훈 집단은 현세의 '기독교 국가'를 지향한다. 물론 현실 정치세력과 결탁하려는 데서는 두 집단의 욕망이 크게 다르지 않다. 신천지도 정치세력의 후원자요 수혜자가 되려는 행적을 보여왔다. 하지만 신천지가 '팬'으로 있으면서 선수를 응원하려고 했던 반면, 전광훈은 '선수'가 되어 경기에서 직접 뛰려고 했다. 실제로 전광훈 집단은 기독정당운동을 통해 우파 그리스도교의 정치세력화를 시도해왔다. 비록 원

내 진출에 계속 실패하긴 했지만, 기독사랑실천당, 기독자유민주당, 기독자유통일당 등으로 이름을 바꿔가며 국회의원 선거에 뛰어들었고, 박근혜 대통령 탄핵 이후 청와대 앞과 광화문 광장에서 '광야교회' 집회를 지속하며, 분열되고 약화된 극우의 새로운 구심으로 부상했다. 코로나바이러스가 휩쓴 2020년 한국 사회에서 극우의 대표는 황교안도 김문수도 조원진도 아닌 전광훈이었고, 최대 극우단체는 우리공화당이 아닌 광야교회였다.

우리가 주목해야 할 것은 서로 지향이 다르고 때로는 서로를 이단, 부패 세력으로 규정하며 충돌하기도 하는 신천지 집단과 전광훈 집단이 공통적으로 코로나19의 1, 2차 대유행 사태에 주원인이 된 현상이다. 물론 두 사태 사이에는 중요한 차이가 있다. 신천지는 방역지침이 아직 체계화되어 있지 않았던 팬데믹 선포 이전에 감염 유행의 통로가 되었던 반면, 전광훈 집단은 사회적 거리두기가 일상화한 시점에서 실내외 군중집회를 강행하며 감염 확산의 원인이 되었기 때문이다. 하지만 더 중요한 것은 1, 2차 감염 유행 전후에 두 집단이 공통적으로 보인 사회적 공감 능력과 공공의식의 결여다.

지난해 봄, 신천지 관련 감염 급증으로 온 사회가 위태로웠던 상황에서 신천지 지도부는 교인과 교육생 정보를 숨기는 등 방역을 방해했다. 무분별한 '신천지 혐오'가 그들을 궁지로 몰아넣었기 때문으로 볼 수도 있지만, 공식적 사과와 협조 약속 이후에도 은폐와 방해를 계속한 것은 사회보다 자기 집단을 더 보호하려고 했던 '모략'이 아니었는지 의심하게 된다. 전광훈 집단은 의심의 여지조차 없다. 방역 당국의 경고에도

"야외에서는 코로나19 감염 사실이 전혀 없다"라고 주장하면서 광화문 집회를 강행했고, 사랑제일교회와 광화문 집회발 집단감염이 일어나자 '바이러스 테러'를 당한 거라며 음모론을 제기했다. 확진자로 판명된 사랑제일교회 관련자들이 격리 도중 탈출하고, 심지어 도주 중 '성경'을 든 채 방역요원들과 대치하는 기이한 행태를 보이기도 해 사회를 경악시켰다.

두 근본주의 집단이 현실 정치에 대한 입장 차이에도 불구하고 공통적으로 방역을 방해하며 사회에 위해를 끼친 것은 그들이 추구하는 '나라'가 천상의 '새 하늘 새 땅(新天地)'이거나 지상의 '기독교 국가'인 것과 무관하지 않아 보인다. 신천지의 핵심 교리는 종말의 때에 '14만 4천 명'만이 구원받아 새 하늘 새 땅의 천년왕국에서 영원한 생명을 누린다는 것이다. 그들의 우선순위가 최소한 교리적으로는 이 세상이 아닌 저 세상에 있기 때문에 현실 사회에서 요구받는 책임윤리가 약할 수밖에 없었던 것이 아닐까?

전광훈의 정치적 이념은 2019년 1월 29일 한국기독교총연합회 회장으로 취임하며 했던 그의 발언에 응축되어 있다. "대한민국은 이승만 대통령이 세운 기독교 국가다. '기독교입국론'에 맞춰 나라를 다시 설계해야 한다." 그가 추구하는 기독교 국가의 이상은 기독교적이지 않은 정치 체제와 사회문화를 부정하고, 십자군처럼 세상을 정복하려고 한다. 전쟁하듯 편을 갈라 적을 지목하고 공격하는 정복주의에는 보편적 이웃 사랑이 있을 수 없다. '기독교 국가의 국민'이 아닌 비그리스도인, 비국민의 생명과 안전에는 관심도 책임도 없는 것이다.

전광훈과 극우 개신교 세력이 기독교 국가를 위한 투쟁 과제로 표방해온 것은 '반공'과 함께 '반이슬람', '반동성애' 운동이다. 같은 근본주의의 뿌리에서 나온 세 운동의 공통점은 한국 사회와 교회를 오염시키거나 위협한다고 믿는 이념적, 종교적, 문화적 타자에 대한 혐오와 배제다. 근본주의자들은 공산주의자, 무슬림, 동성애자가 없는 '청정 기독교 국가'를 욕망하는 것이다. 개신교 반동성애 집단이 성소수자를 '종북 게이'로 이름 붙여 혐오하는 것도 반공과 반동성애 운동의 유착을 보여준다.

신천지 집단의 내세적 왕국이나 반공, 반이슬람, 반동성애 집단의 현세적 기독교 국가는 모두 '그들만의 천국'을 욕망한다. 저세상의 왕국이나 이 세상의 기독교 국가를 욕망하는 근본주의자들에게 현실 국가와 정부의 방역수칙, 시민 보호 의무, 공적 책임윤리는 부차적이며 사소한 것이다. 이런 점 때문에 시민사회는 신천지 집단과 전광훈 집단을 동일한 그리스도교 집단으로 인식한다. 두 집단의 신앙과 이념 차이는 몰라도 그들이 동일하게 시민의 건강과 안전을 위협했다는 사실에 격분하는 것이다.

한국교회의 근본주의를 경계해야 하는 또 하나의 이유는, 이념과 종교와 문화의 영역에서 선과 악, 정淨과 부정不淨을 이분법적으로 나누고, 후자로 분류된 사람들을 혐오하는 언어가 실제 혐오 행동으로 이어질 가능성이 크기 때문이다. 예외 상태인 전쟁에서 증오와 폭력을 정당화하는 것처럼, 소위 선과 악의 전쟁, 거짓과 진리의 전쟁에서도 타자를 혐오하고 적대하고 파괴하는 폭력이 발생할 수 있는 것이다. 김진호는 이를 '파괴의 영성'이라고 부른다.[1] 극우 근본주의 영성의 파괴성이 가장 극단적으로 표출된 때는 한반도 분단과 한국전쟁 시기다. 반공 이념을 신앙화한 극우 개신교 집단은 북한군과의 전쟁을 지지하는 것을 넘어 직접 참전했고, 여수, 순천, 제주 등지에서 발생한 민간인 학살에도 조직적으로 참여했다.

근본주의 집단의 파괴적 영성을 지켜보면서 무겁고 불편한 물음들이 꼬리를 물고 일어난다. 내세의 구원과 현세의 권력을 욕망하는 것이 일부 근본주의 집단만의 극단적 영성인가? 내세적 도피주의, 현세적 정복주의, 소수자 혐오는 정도의 차이만 있을 뿐 한국교회 대부분이 공유해 온 가치와 태도가 아닌가? 대다수 그리스도인은 이단, 극우, 혐오 세력과 자신들을 분리하지만, 시민사회의 관점은 다 똑같다는 것인데, 이는 사실 신학적으로 정확한 관점이 아닌가? 한국교회는 같은 근본주의 신학과 영성을 단지 과격하거나 온건한 형태로 다르게 표현하고 있는 것은 아닌가?

근본주의는 일부 개신교 집단만의 유별난 문제가 아니라 한국교회 전체의 보편적 문제다. 성서문자주의, 교리주의 등 종교적 경직성과 사회적, 정치적 보수성을 특징으로 하는 근본주의는 소수 비주류 집단의 신학이 아니라 한국교회 주류의 신학이다. 이는 교회사적으로는 미국 근

<hr />

*

1) 김진호, 「극우적 열광주의자와 그 대중 : 전광훈 현상과 파괴의 영성」, NCCK, 《사건과 신학》 2020년 9월 3일. https://nccktheology2019.tistory.com/154?category=910093

본주의 신학의 영향 아래 한국 개신교가 형성된 점, 사회사적으로는 한반도 분단과 한국전쟁 과정에서 반공 이념이 신앙화된 점과 관련이 있다. 팬데믹 시대에 오래된 근본주의의 문제를 비판적으로 성찰해야 하는 까닭은 근본주의가 한국교회를 재난을 극복하는 사회적 주체가 아니라 재난을 악화시키는 반사회적 집단으로 전락시키고 있기 때문이다.

집단주의 훈육과 평신도

한국교회의 민폐는 적폐다. 바로 앞에서 '오래된 근본주의'라고 표현한 것처럼, 원래 근본주의 성향이 강했던 한국 개신교 교회의 실상이 코로나19로 더 적나라하게 드러났을 뿐이다. 놀라운 것이 있다면 '올드 노멀'이 '뉴 노멀'로 빠르게 대체되고 있는 코로나19 상황에서도 한국교회는 변화에 대한 관심과 변화할 의지를 보이고 있지 않다는 사실이다.

2020년 각 교단 총회에서도 변화는 비대면 형식의 부분적 도입 정도였을 뿐, 쟁점 이슈는 팬데믹 이전과 별로 달라진 게 없었다. 예수교장로회 합동 총회는 여성 성직자 안수 건에 대해 "성경에 안 나온다. 성경 무오성을 포기하는 일이다. 동성애 허용으로 이어질 것이다"라는 이유를 들어 또다시 불가 결정을 내렸다. 문자주의, 성차별, 반동성애를 압축해서 보여주는 징후적 현상이었다. 거의 모든 교단에서 교회 세습, 목회자 성범죄, 극우 그리스도교 집단의 폐해 등에 대한 반성은 부재하거나 미약했다. 재난에 지친 사회를 위로하고 치유하는 감동적 메시지도 없었다.

개신교 교단 총회들은 왜 그리 보수적이고 반시대적일까? 제도적으로는, 총회 참석 권한을 갖는 대의원(총대)의 평균 연령과 성별 불균형 때문일 것이다. 예수교장로회 통합의 2020년 총대 평균 연령은 62세였고, 전체 총대 1,500명 중 여성은 1.7퍼센트인 26명에 불과했다. 진보 교단인 한국기독교장로회도 전체 총대 652명 중 여성은 68명으로 10.4퍼센트였다. 예수교장로회 통합 교단이나 아예 여성 총대가 없는 예수교장로회 합동 교단보다는 진보적이지만, 기독교장로회 자체로 보면 성평등은 아직 요원하다. 21세기에도 이념, 종교, 문화에 대한 한국 개신교의 인식과 입장을 권위주의에 중독된 평균 연령 60대 남성 집단이 대표하며 결정하고 있는 것이다. 사회 문제가 되어버린 교회 문제도 대부분 교회와 교단을 장악한 남성 목사와 장로 등 소수 교권 세력 때문에 발생한다. 하지만, "죄를 짓는 자는 소수지만 책임은 모두에게 있다"라고 한 아브라함 요수아 헤셸의 통찰처럼, 교권 세력이 저지르는 문제의 책임은 그것을 소극적으로 방관하거나 적극적으로 공모해온 그리스도인 모두에게 있고, 따라서 교회의 절대다수인 평신도의 책임도 크다.

비그리스도인들이 이해하지 못하는 개신교 풍토 중 하나는 교육 정도도 높고 사회 경험도 풍부한 개신교 평신도들이 왜 일부 목사들의 몰상식한 언행을 제지하지 않고 맹목적으로 추종하느냐는 것이다. 근본주의 신학의 영향, 반공 이념의 신앙화, 위계적 성직주의, 평신도 보수화 등 원인은 복잡하고 복합적이지만, 우리가 주목해야 할 것은 그런 모든 문제를 관통하는 개신교 특유의 '집단주의'다.

한국 개신교는 예배, 영성, 교육, 친교, 봉사 등 거의 모든 영역에서 집단주의 문화가 강하다. 평신도는 집단적 '교회생활'로 항상 분주하다. 20세기의 평신도는 주일 아침 예배와 저녁 예배 참석은 기본이고, 주중에도 수요기도회, 금요 철야기도회, 새벽기도회, 구역예배, 성경 공부 등 각종 집회와 모임에 빠짐없이 참석할 것을 요구받았다. 연례적 부흥회와 전 교인 수련회도 빠져서는 안 될 중요한 집단 행사였다. 21세기에도 그런 집회 문화가 남아 있는 교회들이 적지 않다. 게다가 각종 자기계발 프로그램 등으로 교회 내 활동이 다변화되면서 교회생활로 바쁘기는 오늘의 평신도도 마찬가지다.

열심히 교회에 모이는 것 자체는 문제가 아니다. 중요한 것은 모여서 무엇을 하는가다. 교회의 각종 모임과 프로그램은 신자를 데려오거나 붙잡아두기 위한 교회 유지와 성장의 수단이다. '좋은 신자'가 되기 위해 성서도 많이 읽고 기도와 활동도 열심이지만, '좋은 시민'이 되기 위한 비판적 사유와 실천은 턱없이 부족하다. 그 많은 교회 내 예배와 모임에서 사회적 지성과 영성을 길렀다면 한국 개신교가 이렇게까지 몰락하지는 않았을 것이다.

'묻지 마 신앙'이라는 표현이 상징하듯, 한국 개신교는 사유 없는 신앙을 강요해왔다. 교권 세력은 교인들에게 생각할 틈을 주면 큰일 날 것처럼 교인들을 몰아붙였고, 군대식으로 교인들을 집단 훈육했다. 실제로 '영적 군사훈련'이라는 표현은 진부하게 들릴 정도로 익숙하다. 그런 집단주의적 훈육과 교회생활에 사로잡혀 있었기에, 팬데믹 이후 모이지 못하는 현실이 개신교 목사와 평신도 모두에게 엄청난 충격이었던 것이다.

한국교회의 반지성적, 반사회적 태도는 소수 교권 세력의 일방적 훈육 때문만이 아니라 다수 평신도의 자발적 동의 때문이기도 하다. 김진호가 '웰빙보수주의'를 수용하는 '주권 신자' 현상을 비판적으로 분석했듯이,[2] 오늘의 한국교회 평신도는 '종교 소비자'가 되어 있다. 종교 상인인 교권 세력은 평신도의 종교 문화적 기호를 창출하기도 하지만 반영하기도 한다. 소비자가 욕망하는 상품을 생산하여 유통, 판매하는 것이다. 따라서 한국교회가 집단주의에서 벗어나기 위해서는 평신도의 종교적, 사회적 욕망을 이해할 필요가 있다.

평신도가 집단주의적 교회생활에 자발적으로 동참하는 것은 내면적 성찰과 사회적 책임이 두렵고 버거워서다. 자신의 내면을 응시하며 성찰하는 것은 고통스러운 일이고, 사회에서 빛과 소금으로 살아가는 것은 고단한 일인 것이다. 그러니 자기성찰보다는 자기계발에 몰두하고, 위험한 세상으로부터 교회라는 안전한 방주 안으로 도피한다. 게다가 웰빙보수주의 대형 교회의 방주는 평신도의 종교적 욕구만이 아니라 사업, 친교, 결혼, 장례 등 사회적 욕구까지 충족시켜주는 '다기능 복합 크루즈'다. 평신도는 교권 세력이 제공하는 종교 상품과 서비스를 소비하는 대가로 교권 세력의 정치적, 종교적, 문화적 보수주의에 자발적으로 동의하며 동참한다. 이러한 동의와 동참 역시 집단적으로 이루어진다. 집단주의의 힘은 권력에게는 통제의 용이함이고 대중에게는 타협의 편이함이다. 종교 소비자가 된 평신도는 자기만이 아니라 남들도 다 그렇게

---

*

2) 김진호, 『대형교회와 웰빙보수주의』(오월의봄, 2020), 3장과 4장 참조.

생각하고 행동한다고 믿으며 의문과 문제의식을 지워버리는 것이다.

한국교회는 소수 교권 세력과 다수 평신도를 공모 관계로 만드는 집단주의 때문에 파국으로 치닫고 있다. 파국을 피하려면 교회의 다수 평신도가 집단 훈육 구조를 벗어나 자유롭게 사유하고 책임 있게 행동하는 시민-신자가 되어야 한다. 이를 위해 필요한 것 중 하나가 이 글에서 강조하는 '고독'이다. 노명우는 타자와 집단에 휘둘리지 않고 "권능과 개성의 원천으로서의 혼자"가 되는 고독이 "성숙을 위해 누구나 불가피하게 거쳐야 하는 통과의례"[3]라고 한다. 사회학자인 그의 말이 마치 종교적 지혜처럼 들린다.

아이러니한 것은 코로나19 재난이 평신도를 집단주의 훈육 구조로부터 거의 강제적으로 빼내 고독 속으로 밀어 넣었다는 사실이다. 사회적 거리두기에 따라 교회생활이 대부분 중지되고 목사의 전통적 기능과 역할도 상당 부분 중단되면서 평신도 스스로 각자의 신앙과 삶을 영위해야 하는 상황이 된 것이다. 팬데믹 초기, 전 지구적으로 격리와 봉쇄가 실행될 때는 교회 절기상 '사순절'이었는데, 흥미롭게도, '격리'를 뜻하는 영단어 'quarantine'에는 '40일'의 의미가 들어 있다. 아무튼, 격리와 봉쇄 속에 사순절을 보낸 그리스도인 중에는 고독 가운데 예수의 삶과 죽음과 부활의 의미를 묵상하며 기도했다는 이들이 꽤 있다. 팬데믹으로 인한 갑작스러운 고독의 경험이 그리스도인을 성찰적, 공공적 시민-신자로 변화시킬 수 있을까?

———————————————— * ————————————————

3) 노명우, 『혼자 산다는 것에 대하여』(사월의책, 2013), 160쪽.

'외로움의 팬데믹'

　고독을 말할 때 주의해야 할 점이 있다. 고독에는 이중적 의미가 있다는 사실이다. 김현승 시인이 "무한의 눈물겨운 끝"에 이르러 체험한 '절대 고독'처럼 숭고한 고독도 있고, 특수청소부 김완이 "자비 없는 세상을 원망하고 죽은 인간"의 냄새에는 "자비가 없다"[4]고 한 '고독사'처럼 비참한 고독도 있다. 고독은 부유한 자의 사치로 여겨지기도 하고 가난한 자의 비참으로 여겨지기도 한다. 하지만 고독은 대체로 긍정적 의미로 이해된다. 집단주의와 경쟁에 지친 이들은 고독을 동경한다. 절망의 벽에 부딪혔을 때 고독의 관문을 통해 새로운 삶으로 나아가기도 한다. 의미 혼동을 피할 수 있는 가장 단순한 방법은 고독을 외로움과 구별하는 것이다.

　재난 시대의 고독을 이야기할 때 우리가 망각하지 말아야 할 또 하나의 재난은 외로움이다. 홀로 있는 형태는 비슷하지만 외로움과 고독은 경험과 의미가 다르다. 영어로도 'loneliness(외로움)'와 'solitude(고독)'의 의미 차이는 크다. 외로움은 원하지 않는 사회적 고립에서 오는 부정적 경험이지만 고독은 자발적으로 선택하는 긍정적 경험이다. 외로움은 불안한 상태지만 고독은 평안한 상태다. 인간은 평안한 고독은 동경하지만 불안한 외로움은 회피한다.

　외로움은 개인을 괴롭히는 감정적 문제만이 아니라 의료적, 사회적 문

———————————————— * ————————————————

4) 김완, 『죽은 자의 집 청소』(김영사, 2020), 23쪽.

제이기도 하다. 보건의료 전문가들도 외로움을 질병으로 분류한다. 외로움 때문에 정신적, 육체적 질병이 발생하거나 악화되는 사례가 실제 보건의료 현장에서 나타나고 있기 때문이다. 또한 외로움은 사회적 질병이기도 하다. 외로움으로 인한 자기혐오와 타자혐오가 자신과 타자를 향한 폭력을 초래하기도 한다. 미국에서 빈번한 총기 난사 범죄나 한국에서 끊이지 않는 '묻지 마 폭력'은 외로움에 시달리는 이들이 저지르는 경우가 많다. 영화 〈조커〉에서 고담시의 아서 플렉을 '조커'로 만든 것은 무자비한 세계에서 그가 겪은 외로움의 질병이다. 이와 같은 외로움의 보건의료적, 사회적 병리 현상 때문에 영국 정부는 2018년에 '외로움 담당 장관(Minister for Loneliness)'을 임명하기에 이르렀다. 사회적 연계지수가 경제협력개발기구(OECD) 최저인 한국 사회에도 외로움 담당부와 장관이 시급히 필요하지 않을까.

안전하고 안락하게 고독을 누릴 수 없는 사회적 약자, 재난 약자의 경제적 조건도 간과해서는 안 된다. 버지니아 울프가 자유로운 여성이 되는 데 필요하다고 했던 '자기만의 방'과 '소득'을 가질 수 없는 이들이 너무 많은 것이다. 로버트 라이시가 분류한 대로, 팬데믹 상황에서 안전하게 비대면 재택 노동을 할 수 없는 '필수 노동자', '무임금 노동자', '잊힌 노동자'는 고독을 누리기 전에 고립에 걸려 넘어진다. 따라서 고독이 누구에게나 필요하다면 재난기본소득이나 전 국민 고용·소득보험 등, 고독을 위한 사회보장제도가 있어야 한다.

하지만 여기서 한 가지 주의할 점이 또 있다. 고독을 은자隱者나 부자의 배타적 특권이나 사치처럼 여기는 것 역시 사회적 불평등을 기정사실화하는 것일 수 있다는 점이다. 고독이 인격 성숙에 필요하고 바람직하다면 고독은 모두의 보편적 권리여야 하기 때문이다. 사실 고독의 병리화와 특권화는 인류 역사에서 비교적 최근에 나타난 현상이다. 전통사회에서는 고독이 누구에게나 생활의 일부였다. 북미 원주민의 '비전 퀘스트Vision Quest'처럼 인생의 일정 단계에서 통과의례로 고독을 경험하는 경우도 있었고, 일상에서도 고독은 공동체의 풍경 속에 자연스럽게 자리 잡고 있었다. 유목사회는 물론이고 농경사회에서도 고독은 노동과 생활의 일부였다. 아침에 자기 논이나 밭에 가서 저녁까지 홀로 일하던 농민에게 고독은 동료요 친구였다.

현대 산업사회의 도시 생활자도 아주 예외는 아니다. 출퇴근길, 아침 저녁, 주말과 휴일 등, 많든 적든 고독의 물리적 시간과 기회는 있다. 문제는 홀로 있는 시간을 고독의 기회가 아니라 고립의 위기로 여기며 두려워한다는 사실이다. 현대인은 홀로 있을 때도 늘 인터넷과 SNS에 접속되어 있으려고 한다. 마치, 접속이 끊기면 존재가 사라지는 것처럼. 하지만 24시간 접속해 있어도 24시간 외롭다. 기술적 연결(connection)이 곧 관계적 소통(communication)은 아니기 때문이다. 온라인의 피상적 관계는 외로움과 피로감만 가중할 뿐이다.

관계의 피상성만큼 현대인의 정신도 피상적이다. 인간이 획득하는 정보 용량은 과거와 비교해 비약적으로 늘었지만 정신 역량은 오히려 빈약해졌다. 디지털 문명의 신인류인 '포노 사피엔스Phono Sapiens'의 지식은 과거 인류가 갖고 있던 지식의 수백, 수천 배겠지만, 오늘의 인류가 어제의 인류보다 더 지혜롭고 행복한 것 같지는 않다. 지혜 없는 지식과

정보의 과잉은 불안을 줄여주지 못한다. 초연결 시대, 정보의 격랑 속에서 살아가는 현대인은 늘 불안하고 불행하고 외롭다.

결정적으로 자본의 시계가 현대인의 삶에서 고독의 시간을 없애버렸다. 생활이 아닌 생존이 목표가 되어버린 신자유주의 시대의 인간은 고독할 틈이 없다. 함께 있을 때는 경쟁하고 홀로 있을 때는 경쟁을 준비하느라 분주하다. 아무것도 안 해도 되는 여가는 무언가를 준비해야만 하는 자기계발, 아니 자기착취의 시간으로 바뀌었다. 존재(being)보다 행위(doing)가 삶의 중심 방식이 되면서 아무것도 안 하며 홀로 있는 것을 견디지 못한다. 2014년 7월 과학전문 주간지 《사이언스》는 흥미로운 심리실험을 소개했는데, 자기 몸에 전기충격을 주는 버튼 외에는 아무것도 없는 방에서 홀로 15분을 앉아 있게 했을 때, 실험 참가자 중 남성 67퍼센트와 여성 25퍼센트가 버튼을 눌렀다.[5] 고독하게 있으면서 아무것도 못 하느니 차라리 신체적 고통이라도 겪는 게 더 낫다는 것이다. 신자유주의 시대는 인류 역사에서 고독을 가장 두려워하게 된 시대다.

그리고 팬데믹이 왔다. 팬데믹은 자본주의를 일시 정지시키면서 사회적 거리두기에 따른 고립을 모두에게 강제했다. 재난은 우리의 의지와 상관없이 일어났지만, 재난에 대한 반응은 우리의 의지와 선택에 달려 있다. 그렇다면 거리두기와 격리로 인한 고립의 부정적 경험을 고독의

---

*

5) Nadia Whitehead, "People would rather be electrically shocked than left alone with their thoughts", *Science* Jul. 3, 2014. https://www.sciencemag.org/news/2014/07/people-would-rather-be-electrically-shocked-left-alone-their-thoughts

긍정적 경험으로 변화시킬 수는 없을까? 개인의 고독을 집단주의의 해독제로 사용할 수는 없을까? 고독을 부유한 자만이 누리는 특권이 아니라 가난하고 약한 자도 누리는 보편적 권리로 만드는 '고독의 민주화'가 가능할까?

고독으로/부터: 만남, 성찰, 치유, 연대

'고독으로/부터'의 연대라는 표현에는 고독과 연대를 분리된 정적 상태가 아니라 연결된 동적 과정 또는 운동으로 봐야 한다는 의미가 들어 있다. 고독으로 들어가 자유로운 성찰적 주체가 되고, 고독으로부터 나아와 책임 있는 관계적 주체가 되는 것이다. 이러한 연속적 과정에서 고독과 연대, 개인과 공동체는 서로 반대가 아니다. 고독한 이들이 공동체를 형성하고, 공동체는 개인의 고독을 존중한다. 고독 속에 자유로워진 이들이 교회와 사회를 건강하고 성숙하게 한다. 고독은 그 자체로 목적이 아니다. 고독의 목적지는 공동체다. 고독으로/부터 공동체에 이르는 길은 만남, 성찰, 치유, 연대로 이어진다.

고독은 만남의 사건이다.

고독은 단지 홀로 있는 것이 아니다. 고독 속에서 우리는 '참자기(true self)'와, 하느님과 함께 있기 때문이다. 심리학적으로 고독은 칼 융이 말하는 표층적 의식인 자아(ego)를 넘어 의식과 무의식이 통합된 자기

(self)를 만나는 사건이고, 영적으로 고독은 우리의 가장 깊은 곳에서 '나(자아)'보다 '나(자기)'에게 더 가까이 있는 하느님을 만나는 사건이다. 그것은 바울이 말하는 "그리스도께서 내 안에서 사시는 것"(갈라디아서 2:20)과 같은 자기초월적 경험이다. 고독 속에서 참자기와 하느님을 만날 때 비로소 우리는 분열되지 않은 통합된 존재로 살아갈 수 있게 된다.

고독 속에서 하느님을 만날 수 있다는 사실은 사회적 거리두기와 언택트 시대의 그리스도인에게 특별한 의미가 있다. 하느님이 인간의 내면 가장 깊은 곳에 있다는 믿음은, 교회에 가지 못하고 성지순례를 못 가도, 언제 어디서나 하느님을 만날 수 있다는 것을 뜻하기 때문이다. 예수가 사마리아 여성에게 사마리아 산도 아니고 예루살렘도 아닌 데서 "영과 진리로 예배드려야 한다"(요한복음 4:21~24)고 한 말은 팬데믹 시대에 더 실제적인 가르침으로 다가온다. 특정한 장소에 모이지 않아도, 언제 어디서나 예배할 수 있다는 뜻이기 때문이다. 우리의 가장 깊은 곳에 하느님이 계시므로 우리가 있는 모든 곳이 성소聖所이며 우리가 하는 모든 것이 성사聖事요 예배다.

고독은 성찰의 시간이다.

재난 전에 재난이 있었다. 2014년 세월호 참사 전에 1993년 서해훼리호 참사가, 1970년 제주 남영호 침몰 참사가 있었다. 1995년 삼풍백화점 붕괴 전에 1994년 성수대교 붕괴 참사가, 1970년 와우아파트 붕괴 참사가 있었다. 코로나19 전에 메르스가 있었고 메르스 전에 사스가 있었다. 역사 속에서 같은 재난이 반복되는 것은 근원적 성찰과 전환이 없기 때문이다. 성찰을 위해 필요한 것 중 하나가 고독이다. 한나 아렌트가 말한 것처럼 비판적으로 읽고 쓰고 생각하는 것은 고독 속에서 이루어지는 행위이기 때문이다. 공포와 불안을 조장하고 음모론을 퍼뜨리고 약자 혐오를 선동하는 몰지성적 '인포데믹infodemic'이 사태를 더 악화시키기도 하는 팬데믹 시대에 고독 속의 성찰은 더욱 절실하다.

교회의 평신도에게도 고독을 통한 성찰의 시간이 필요하다. 사회생활에서는 합리적이고 지성적인 시민이 교회생활에서는 비합리적이고 반지성적인 신자가 되면서 교회의 몰락이 가속화되고 있기 때문이다. 이런 현상의 원인 중 하나는 목회자의 근본주의 신학을 맹목적으로 믿고 따르는 평신도의 습성이다. 세상일에 관해서는 전문가인 평신도가 비전문가인 목사의 세계관을 절대적 진리인 것처럼 맹종하면서 교회의 집단적 의식이 시민사회의 의식과 상식에 못 미치고 있다. 이러한 사태를 고착시키고 악화하는 것이 집단주의 행태다. 따라서 평신도 스스로 세계의 실상을 비판적으로 바라보고 주체적으로 생각하며 행동하기 위한 고독이 필요하다. 고독의 시간은 그리스도인에게 자유로운 신자이면서 책임 있는 시민이 되게 해주는 성찰의 시간이다.

고독은 치유의 장소다.

고독을 포함한 영성 수행은 지금 같은 재난 시대의 사람들에게 실제적 도움이 될 수 있다. 팬데믹의 장기화에 따라 '코로나 블루'(우울), '코로나 레드'(분노), '코로나 블랙'(절망)이 바이러스처럼 퍼지고 있기 때문이다. 2020년 7월 성인 남녀 1천 명을 대상으로 실시한 한 여론조사에 따르면 응답자의 35.2퍼센트가 코로나 블루를 경험했다. 여성과 청년층의 비율은 더 높다. 개인적 우울이 방치되면 무기력, 분노, 혐오로 발전하면서 사회를 위협할 수 있다. 정부에서 '심리 방역'에도 힘을 쏟은 이유가 여기에 있다. 팬데믹 시대에 종교가 할 수 있는 일 중 하나가 바로 이 심리 방역에 기여하는 것이다. 수천 년 동안 인간의 마음을 탐구하고 치유해온 종교는 안전安全의 문제는 몰라도 안심安心의 문제는 책임질 수 있다. 종교의 다양한 영성 수행법을 활용해 마음의 면역력을 길러줄 수 있는 것이다. 우리의 몸, 생각, 느낌, 현상을 마음챙겨 알아차리는 것, 불안과 두려움을 일으키는 생각과 감정이 '나'가 아니라는 것을 깨닫는 것, 멀고 가까운 곳에서 고통을 겪고 있는 서로를 위해 중보기도를 하는 것 등은 고독 속에서 우리가 할 수 있는 영적-심리적 방역이며 수행이다.

고독은 누구에게나 필요하지만, 특히 이웃을 돌보는 사람, 사회 변화를 위해 일하는 사람에게 더욱 필요하다. 고통의 현장에 있다 보면 고통에 압도당하기도 하고, 과로와 스트레스로 소진되기도 하고, 관계의 갈등으로 상처 입기도 하고, 악과 싸우다 악에 물들 수도 있기 때문이다. 평화를 만드는 사람의 마음이 전쟁터일 수 있고, 정의를 위해 일하는 사람이 '자기의'에 사로잡힐 수 있다. 그럴 때 고독은 돌보는 사람이나 사회운동가가 자아에 몰두하지 않고, 교만과 독선에 빠지지 않고, 눈에 보이는 성취에 집착하지 않고, 자신의 사회적 소명을 실현하게 해준다. 고독을 통해 자신을 돌보며 내적 힘을 기른 사람은 이웃을 더 잘 돌볼 수 있고, 자신을 변화시켜 평화로워진 사람은 세상을 평화롭게 변화시킬 수 있다. 고독은 사회적 돌봄과 변화의 사건이 시작하는 치유의 장소다.

넷째, 고독은 연대로 나아가는 출발점이다.

고독 속에서 자기를 만나는 사람은 타자와의 연대로 나아간다. 연대로 나아가지 않는 고독은 아무리 경건해도 결국 고립일 뿐이다. 종교 전통에는 고독으로 들어가고 고독으로부터 나아오는 영성의 모델이 풍부하다. 고독의 가장 깊은 곳에 도달한 성인聖人은 고독에 안주하지 않고 세상으로 돌아와 지혜와 자비의 삶을 산다. 깨달음을 이룬 붓다는 홀로 열반에 들라는 마라의 유혹을 물리치고 바라나시로 걸어가 수행 공동체(sangha)를 만들었고, 광야에서 사탄의 시험을 이긴 예수도 천사가 시중드는 천상적 신비에 홀로 머물지 않고 고통의 땅 갈릴래아로 걸어가 하느님 나라 공동체를 이루었다. 특히, 예수가 찾아간 갈릴래아는 당시 사회의 가장 주변부였고 그가 연대한 사람들은 사회의 가장 밑바닥 사람들이었다. 이 사회적 '주변부'와 '밑바닥' 사람들에 대한 우선적 선택과 사랑이 그리스도교 영성의 가장 중요한 특성이다.

고독으로 들어간 사람이 고독에 머물지 않고 세상을 향해, 이웃을 향해 나아가는 것은 고독을 포기하고 연대를 선택하는 것이 아니라 고독을 연대로 확장하는 것이다. 역설적으로, 고독으로 깊이 들어갈수록 세상과 더 깊이 연대하게 된다. 고독 속에서 우리는 외톨이가 아니라 관계적 존재임을 깨닫게 되기 때문이다. 토머스 머튼이 "사람들을 피하기 위해서가 아니라 하느님 안에서 그들을 찾기 위해 사막으로 가십시오"[6]라고 말한 것은 고독의 목적이 홀로 있음이 아니라 더불어 있음임을 알려준다. 우리에게 필요한 고독은 세상의 고통을 등지는 소승小乘적 고독이 아닌 세상의 고통을 등에 지는 대승大乘적 고독이다. 깨달음을 이룬 붓다와 예수가 고통의 땅으로 돌아온 것처럼, 우리가 고독으로부터 나와 향하는 영성의 목적지요 실현지는 세상에서 고통받는 이들의 삶이다. 재난 시대 영성의 장소는 재난으로 고통받는 이들의 삶이다. 재난 이전부터 삶이 재난이었던 사람들 곁에 다가가 함께 고통을 겪는 것, 그것이 팬데믹 시대의 그리스도교 영성이다.

맺는말 재난은 지나가고, 사랑은 영원하다

팬데믹이 우리에게 던지는 물음은 '재난 이후에 어떻게 살 것인가?'가 아니라 '재난 속에서 어떻게 살 것인가?'다. 코로나 시대를 우리가 어떻게 사느냐에 따라 포스트 코로나 시대의 세계가 달라질 것이다. 내일 더 나은 세계를 만들려면, 오늘의 재난 속에서 우리의 최악이 아닌 최선을 발현해야 한다. 문제는 최악과 최선이 가라지와 알곡처럼 교회 안에서, 우리 안에서 함께 자라고 있다는 사실이다. 앞에서 이야기한 것처럼, 타자의 안전과 안녕에 대해 무관심과 무책임을 보이고 있는 근본주의에도 '영성'이 있다. 그것이 가라지인지 알곡인지, 영의 식별이 필요한

---

6) 토머스 머튼, 『새 명상의 씨』, 오지영 옮김(가톨릭출판사, 2005), 69~70쪽.

이유다. 영을 식별하는 기준은 복잡하지 않다. "성령의 열매는 사랑과 기쁨과 화평과 인내와 친절과 선함과 신실과 온유와 절제입니다."(갈라디아서 5:22-23) 바울이 말하는 성령의 열매는 모두 천상의 신비한 이상이 아니라 지상의 사회적, 관계적 덕목이다. 성서적 영성은 '사회적 영성'이다.

우리는 이 글에서 재난 시대 근본주의의 반사회적 영성을 거스르는 사회적 영성의 길을 고독으로/부터의 연대에서 찾고자 했다. 하지만 고독 속에서 어떻게 기도하고 명상해야 하는지는 특별히 강조해 이야기하지 않았다. 평상시에는 새로운 영성 수행 방법을 찾아 배워보는 것도 좋겠지만, 재난의 때에는 각자에게 익숙한 기도와 명상법에 충실하는 게 더 낫겠다는 생각에서였다. 방법은 길일 뿐이다. 어느 길로 가든 목적지에만 도달하면 된다. 침묵기도, 관상기도, 예수기도, 중보기도, 거룩한 독서, 마음챙김 등, 자기에게 편하고 익숙한 수행법을 따르면 된다. 중요한 것은 영적 수행의 진정성과 목적이다. 고독 속으로 들어가 이기적 자아를 버리고 관계적 자기를 찾는 것, 고독으로부터 나와 고통받는 이웃과 연대하는 것, 그것이 사회적 영성의 목적이다.

기도나 명상만이 아니라 재난 약자와 함께하며 불의에 맞서 싸우는 행동도 사회적 영성 수행일 수 있다. 이기적 자아를 초월해 이웃과 하나 되고 이웃을 자기 몸처럼 사랑하는 공감과 연대의 삶이야말로 영성의 이상이며 목적이기 때문이다. 어떤 의미에서는, 사회적 영성은 교회가 사회에 가르쳐줄 것이 아니라 교회가 사회로부터 배워야 하는 것인지도 모른다. 위험을 무릅쓰고 재난 현장을 지키는 보건의료인과 돌봄 노동자, 격리와 봉쇄 속에서도 시민의 생존과 생활이 가능하게 해주는 플랫폼 노동자, 공공의 안전과 안녕을 위해 개인의 불편을 자발적으로 감수하는 시민, 그들이 교회의 안위만 걱정하고 있는 그리스도인보다 더 영적이고 더 사회적이기 때문이다.

재난은 우리의 예상과 바람보다 더 오래 지속되고 있지만, 영원하지는 않을 것이다. 모든 것은 무상하기 때문이다. 영원한 것은 사랑이다. "사랑은 없어지지 않습니다. 그러나 예언도 사라지고, 방언도 그치고, 지식도 사라집니다."(고린도전서 13:8) 재난 속에서 고통받는 서로를 돌보고, 우리 안의 약자를 우선적으로 돌보고 사랑할 수 있다면, 그래서 레베카 솔닛이 말한 지옥 속에 있는 '잠재적 낙원의 문'을 발견할 수 있다면,7) 코로나19 이후의 세계는 지금보다 더 자비롭고 더 정의로울 것이다. 재난에도 변함없이 자비를 실천하고 있는 대만의 국제봉사단체 자제공덕회慈濟功德會 불자들이 기원한다. "전염병은 지나갈 것입니다. 사랑은 영원히 멈추지 않기를 기원합니다(疫情會過去 願愛永不止息)." 재난은 지나가고, 사랑은 영원하다. 재난 시대의 복음이다.

---
*
---

7) 레베카 솔닛, 『이 폐허를 응시하라』, 정해영 옮김(펜타그램, 2012), 22쪽.

코로나19 전쟁(?) 시대, 여성을 이야기하다

돌봄, 쉼, 치유의 교회 공동체

배근주

2020년 4월 5일, 영국의 엘리자베스 여왕은 "우리 다시 만나요 (We will meet again)"라는 구절로 대국민담화를 끝냈다. 여왕의 담화는 1939년, 영국이 제2차 세계대전에 참전하던 당시 가수 베라 린Vera Lynn이 부른 국민 발라드 〈우리 다시 만나요(We'll Meet Again)〉를 연상시켰다.[1] 그보다 앞선 3월, 코로나19로 미국 대부분의 주지사들이 강력한 사회적 거리두기와 자택 거주 명령을 내렸을 때, 트럼프 대통령은 자신을 '전시 대통령(war president)'이라 불렀다. 트럼프 대통령뿐만 아니라, 많은 국가 지도자들이 전쟁 은유를 통해, 국민들에게 코로나19에 대한 경각심을 일깨우고, 국가비상사태 선포를 정당화하였다. 한국도 예외가 아니어서 코로나 발병 초기, 바이러스에 대한 전쟁을 선포하고, 먼저 군의관들과 군간호사들을 결집하여 이들을 초기 대응 응급 의료진으로 배치했고, 군인들을 격리시설 등으로 보내 관리하는 일을 하도록 했다.[2] 질병관리청에서 하루에 두 차례 코로나19 상황 보고를 할 때면, 코로나와 '사투'를 벌이는 의료진들을 전장의 영웅처럼 묘사하는 경우

＊
---

1) 엘리자베스 여왕과 트럼프 대통령의 이야기는 아래 자료를 참조하였다. Costanza Musu, "War Metaphors for Covid-19 Are Compelling but Also Dangerous", *The Conversation* April 4, 2020. https://theconversation.com/war-metaphors-used-for-covid-19-are-compelling-but-also-dangerous-135406

2) Saerom Kim, Jin-Hwan Kim, Yukyung Park, Sun Kim, and Chang-yup Kim, "Gender Analysis of COVID-19 Outbreak in South Korea: A Common Challenge and Call for Action", *Health Eudcation and Behavior* 47, no. 4, 2020, p. 527.

가 많았다.

코로나19 시대로 접어든 지 거의 1년이 되어가고 있던 2020년 11월에 미국의 존스 홉킨스 대학에 의하면 전 세계 189개 국가에서 5천 2백만 명이 바이러스에 감염되었고, 130만 명 가까이 목숨을 잃었다고 한다.[3] 네이버나 다음의 포털사이트 첫 화면에 뜨는 확진 환자, 격리 해제, 사망자를 표시하는 숫자들, 스크린 위에 빨간색, 파란색으로 표시되는 죽음의 숫자를 보고 있으면, 실제로 내가 전쟁터에 있다는 착각마저 든다. 미국에서 주변인으로 살고 있는 나는, '만약 코로나19에 감염되면, 우리 아이들은 어떻게 될까', '나 같은 이민자에게도 병원에서 인공호흡기를 제공할까' 하는 불안한 감정들과 동거하고 있다. 이 감정들은 카메룬 출신의 탈식민주의 학자 아쉴 음벰베Achille Mbembe의 이론 '네크로폴리틱스necropolitics' 또는 '죽음의 정치학'을 떠오르게 한다. 음벰베가 전쟁을 "누군가를 죽일 수 있는 권리를 통해 국가가 그 힘을 증명"하는 정치학이라 했던 것처럼, 코로나19 시대는 죽음의 시대, 즉 국가가 보호하지 않는 사람들이 더 고통받고, 아프고, 죽음에 근접해 살거나, 죽어 나가는 시간이다.[4]

하지만 코로나19가 보여주는 죽음의 정치학은 "국가가 누가 살 수 있는지 허락하는 권리를 통해 그 힘을 보여준다"라는 생명정치(biopolitics)

---
*

3) Johns Hopkins Coronavirus Resource Center, https://coronovirus. jhu.edu, 2020년 11월 13일 통계.

4) Achille Mbembe, *Necropolitics*, translated by Steven Corcoran (Durham, NC: University of North Carolina, 2019), p. 66.

와 복잡하게 얽혀 있다. 마치 전쟁이 적을 '죽임'으로써 우리가 살 수 있다는 논리 위에 정당화되듯이 말이다. 가난한 사람들, 특히 도시빈민들과 노인들, 유색인종과 난민들이 코로나19와 봉쇄 정책으로 죽어가는 모습을 통해 죽음의 정치를 형상화하고 있다면, 세계 곳곳의 정치권력들이 강조하는 생존과 자국민 보호, 공공의료의 필요성 등은 생명정치 모습을 한 수사학이라 할 수 있다. 삶과 죽음의 구별이 더 이상 무의미한 시대, 바이러스에 의해 죽는지 사회 불평등으로 인해 죽는지 모르는 시대, 국가주의와 집단 이기주의, 부의 양극화를 강화시키는, 코로나19 전쟁 시대에 여성, 젠더, 페미니즘을 이야기한다는 것은 어떤 신학적 의미를 가질까? 돌봄의 모성애가 영웅시되는 위기의 시대에 여성과 젠더 불평등을 화두로 꺼낼 수 있을까?

이 글은 페미니스트 신학과 평화 윤리 관점에서 코로나19를 전쟁으로 은유하는 행위를 비판적으로 바라보고, 포스트 코로나 시대를 위해 만들어가야 할 새로운 돌봄의 윤리, 돌봄의 공동체를 생각해본다. 코로나19 시대를 전시에 빗대어 헤쳐 나가려 할 때 외면하는 문제들, 특히 가부장제에 기반을 둔 성역할의 고착화로 인해 어떤 이들에게는 폭력이 될 수 있는 '돌봄'에 대해 분석한다. 돌봄의 폭력화는 단순히 여성에게 국한된 문제만이 아니라, 사회구조적으로 돌봄을 떠맡아야 하는 모든 사람의 문제다. 자신의 생명과 건강이 위험에 처함을 알면서도, 돌봄노동을 감당해야 하는 사람들 말이다. 정신적, 육체적 상해들, 이를테면 '도덕적 상해'는 이러한 노동을 감당하는 사람들이 겪을 수 있는 문제다. 만약 교회가 영성 돌봄의 공동체가 되기를 원한다면, 돌봄에 대한 새로운 신학적 담론을 만들어가야 할 것이다. 이 글의 후반부는 지금 살아내고 있는 코로나 시대와 그 후의 시대를 위해, 돌봄에 대한 새로운 기억과 이야기에 대한 작업이다. 도덕적 상해를 보듬는 교회 공동체의 중요성을 강조한 신학적 고찰을 중심으로, 젠더 관점에서 새로운 돌봄 공동체로서의 교회 공간에 대해 생각해보려고 한다.

코로나19와 젠더: 돌봄과 폭력 사이

2020년 9월 UN에서는 젠더 폭력을 또 다른 형태의 '전염병'이라 부르며, 코로나 기간 동안 증가하는 젠더 폭력을 규탄하고, 이 폭력을 막는 것에 전 세계가 동참해줄 것을 부탁했다. 젠더 폭력은 여성과 성소수자들, 전통적인 남성성과 여성성에 부합하지 않는 사람들을 상대로 행해지는 정신적, 육체적, 언어적, 사회구조적 폭력을 포함한다. 성폭력, 가정 폭력, 데이트 폭력 등이 젠더 폭력의 대표적 예로 자주 거론된다. 코로나19로 전 세계에 걸쳐 자가 격리 기간이 늘어나자, 가정 폭력 또한 일반적으로 두 배 이상 증가했다는 보도가 나오고 있다. 가정 폭력 피해자의 대다수는 여성과 아이들이며, 미국의 경우에는 약 10퍼센트 정도의 피해자가 남성이란 통계가 있다. 아이러니하게도, 한국의 경우 지난 3~4월에 경찰이나 여성단체에 신고된 가정 폭력의 수는 줄었다고 한다. 그러나 가정 폭력 신고가 줄었다고 해서 실제 가정 폭력이 줄었다는 결론을 내기엔 조심스럽다. 미국의 《뉴잉글랜드 의학 저널(New

England Journal of Medicine)》에 의하면, 미국에서도 자가 격리 정책이 전국적으로 시행된 4월에, 가정 폭력 쉼터를 찾는 피해 여성들의 문의가 잠시 줄었다고 한다. 그 이유는 사회적 거리두기와 자가 격리가 이루어지는 기간 동안 쉼터가 제 역할을 감당할 수 없었고, 많은 피해 여성 또한 갈 곳을 찾지 못해서 가정 폭력을 신고하지 않았기 때문이다.[5]

엄밀히 말하면 코로나19가 전시 상황이 아니기 때문에, 전쟁과 젠더 폭력의 상관관계를 통해 코로나와 젠더 폭력을 설명하는 데는 어려움이 있지만, 전쟁을 반대하는 페미니스트들의 연구를 통해 그 상관관계를 유추해볼 수는 있다. 전쟁과 같은 위기 상황에서는 가부장제의 위계에 의한 양성 논리가 강화된다. 남성은 위기에서 여성과 아이들을 보호하고 국가를 구할 역할을 감당하는 사람들로, 여성들은 이런 남성들을 보조하며 아이들을 돌보고 국가에 도움을 주는 일을 하는 사람으로 역할이 재활성화된다. 전방의 일은 남성이, 후방의 일은 여성이 감당하는 것으로 성역할과 영역이 구분되어, 감정노동과 생활 노동, 돌봄노동이 여성에게 이전보다 더 집중되는 현상이 나타나는 것이다. 전통적인 가부장제가 만든 성역할에 기반을 둔 돌봄노동은 가정과 교회를 포함한 사회 전반에 걸쳐 나타난다. 코로나19 기간 동안 여성이 담당한 가정에서의 돌봄노동은 다양하다. 집 안에서 보내는 시간이 많아진 가족

---
*
---

5) Megan Evans, Margo Lindauer, and Maureen Farrell, "A Pandemic within a Pandemic—Intimate Partner Violence during Covid-19", *The New England Journal of Medicine*, 2020. https://www.nejm.org/doi/full/10.1056/NEJMp2024046

의 식사 챙기기부터 비대면 수업에 참여하는 자녀들을 챙기는 일까지, 여성이 감당하는 가사노동의 강도와 시간은 코로나바이러스 기간과 함께 늘어났다. 평상시에도 여성의 가사노동은 사회에서 중요하게 여겨지지 않았는데, 이제 모두가 바이러스와 싸워야 하는 코로나19 '전쟁' 기간의 가사노동은 여성이, 어머니가 불평 없이 짊어져야 할 당연한 일이 되었다. 마치 전쟁 중 여성과 소녀병들이 군부대에서 식사와 빨래 등을 담당하거나, 남성의 부재 속에 후방에서 가정을 책임져 나가는 모습이라고 할까? 전쟁과 같은 위기 상황에서는 개인으로서의 여성이 아닌 집단의 생존을 위한 강인한 어머니와 아내의 상이 강조된다. 이러한 여성상에 맞지 않거나 K-방역에 도움이 되지 않는 사람들은 공공의 적으로 취급될 수 있다.

공적 영역에서 돌봄을 담당하는 노동자들의 대부분은 여성이다. 코로나바이러스 감염에 취약한 계층도 돌봄 노동자들이고, 바이러스로 인한 사회적 거리두기로 인해 경제적 타격을 가장 많이 받은 계층도 돌봄 노동자들이다. 한국여성정책연구소가 2020년 7월에 발표한 보고서에 의하면, 가사 근로자, 아이 돌보미, 방과후 학교 강사 등 1,000여 명의 여성 돌봄 노동자들을 인터뷰한 결과, 코로나19로 인한 거리두기 정책과 경기 침체가 이들 노동자들의 노동시간 감소와 소득 감소로 이어졌다. 가사 근로자들과 방과후 학교 강사들은 비임금 노동자여서 고용보험 가입률이 낮았고, 아이 돌보미들은 고용보험 가입률이 상대적으로 높았지만, 고용인들의 감염 걱정으로 인해 일자리가 줄었다.[6] 문제는 이들 대부분이 생계형 노동자들로, 소득 감소와 일자리 감소는 이들의 생

존과 삶의 질을 직접적으로 위협하는 요소가 된다는 점이다. 코로나19
로 인해 겪게 되는 여성의 경제적 불평등은 한국에서만 나타나는 문제
가 아니다. 미국의 《워싱턴 포스트》는 2020년 9월, 코로나19로 인해 직
장을 떠난 사람들 중, 초등학생 연령의 자녀를 둔 여성들의 직업 회복률
은 45퍼센트였으며, 특히 흑인 여성들의 회복률은 34퍼센트에 불과하다
고 보도했다. 반면에 남성들은 자녀 유무에 상관없이 70퍼센트의 회복
률을 보였다.[7]

이미 전 세계의 다양한 연구가들이 젠더 관점에서 유색인종, 노인, 빈
민층, 전쟁 피난민 등 다양한 사회 취약계층의 여성들과 성소수자들이
코로나19에도 취약하다는 조사 결과를 발표했다. 이 취약성은 이들이
바이러스에 노출되기 쉽고, 사회적 거리두기 실천이 어려운 환경에서 살
고 있으며, 의료시설 접근이 용이하지 않기 때문에 일어난다. 동시에 코
로나19로 사회 전반에 걸친 불평등이 가속화되면서 성, 인종, 종교, 장
애, 경제 계층을 통해 형성된 사회적 약자들의 고통이 더 심화되고 있
다. 또한 돌봄노동의 영역뿐만 아니라, 여성 노동력이 집중된 경제 영역

---

6) 전기택·배진경, 「코로나19의 여성 노동위기 현황과 정책과제」, 《KWDI Brief》
   58, 2020. https://www.kwdi.re.kr/publications/kwdiBriefView.
   do?p=1&idx=126148
7) Heather Long, Andrew Van Dam, Alyssa Fowers, and Leslie
   Shapiro, "The COVID-19 Recession is the Most Unequal in Modern
   U.S. History", *The Washington Post* September 30, 2020. https://
   www.washingtonpost.com/graphics/2020/business/coronavirus-
   recession-equality/

이 코로나바이러스로 가장 큰 타격을 받고 있다. 베를린에 본부를 둔 비영리 연구단체 하인리히 뵐 스티프퉁Heinrich Böll Stiftung의 워싱턴 D.C. 연구소는 젠더 관점에서 코로나19 시대에 우리가 미처 보지 못하는 성불평등의 모습을 보고서로 내놓았다. 노동자의 71퍼센트가 여성인 호텔, 식당, 마트, 의류산업, 여성 이주 노동자들과 불법 이민자들의 삶, 여성 인구가 집중된 사회복지 사업, 임산부들과 성소수자들이 겪는 사회 격리와 의료서비스 접근 등을 들여다보면, 젠더화된 사회 불평등의 패턴을 볼 수 있다.[8] 전쟁 은유에 기댄 코로나19의 문제는 모든 사회 자원이 바이러스와 싸우는 데 집중되기 때문에, 다른 사회 불평등 문제는 무시되기 쉽다. 페미니스트 평화학자들이 오랫동안 주장해온 것처럼 젠더화된 불평등을 극복하고, 인간 안보에 기초한 정의 사회를 이루기 위해서는 위기 상황의 분석과 회복 단계 모두에서 젠더 관점이 요구된다.

돌봄노동과 도덕적 상해

돌봄이 어려운 노동이지만, 많은 돌봄 노동자들이 그들의 일에 자부

---
*
---

[8] Liane Schalatek, "The Invisible Coronavirus makes Systemic Gender Inequalities and Injustices Visible", Heinrich Böll Stiftung(Washington D.C., 2020). https://us.boell.org/en/2020/04/30/invisible-coronavirus-makes-systemic-gender-inequalities-and-injustices-visible

심을 가지고 적은 임금에도 최선을 다해 일한다. 돌봄노동이 다른 노동과 구별되는 가장 큰 특성은, 인간과 인간이 직접 접촉을 통해 연민, 공감, 증오, 애정 등의 복잡한 감정을 동반하는 관계를 형성하는 데 있다. 비록 미디어에서는 아이들을 학대하는 돌보미들을 보도하는 데 많은 에너지를 소모하지만, 재미 신학자 조원희(Wonhee Anne Joh)가 아이 돌보미들의 마음을 신학적 의미로 해석한 정情, 또는 멍든 예수의 마음에 빗댄 것처럼 실제로는 많은 돌봄 노동자들이 돌봄의 대상에 깊은 공감과 애정을 느낀다.[9] 이런 복잡한 상황 속에서 소위 '전방'에서 코로나 바이러스와 싸우는 의료 돌봄 노동자들이 겪는 어려움을 일반인이 상상하기는 어려울 것이다. 이들에게도 집에 남겨둔 가족들이 있을 것이고, 이들의 아이들을 돌봐주는 사람들이 있을 것이다. 병원에서의 돌봄 노동은 코로나19 감염의 위험과 함께, 연민과 공감의 감정, 윤리적 선택의 문제로 인한 '도덕적 상해'의 위험을 동반할 수 있다.

'도덕적 상해(moral injury)'는 베트남 참전군인들의 '외상 후 스트레스 장애(PTSD)'를 치료하고 연구하는 정신의학자 조나단 셰이Jonathan Shay가 처음 사용한 용어다. 전쟁 상황에서 군인들은 자신의 도덕적 신념에 위배되는 행위에 참여하거나, 그 행위가 일어나는 상황을 무기력하

---
*

9) Wonhee Anne Joh, "Relating Household Labor Justly", *Justice in a Global Economy: Strategies for Home, Community, and World*, edited by Pamela Brubaker, Rebecca Todd Peters, and Laura Stivers (Louisville, KY: Westminster John Knox Press, 2006), pp. 31~33.

게 지켜볼 수밖에 없었던 경우에 발생하는 깊은 죄책감으로 인해 도덕적 상해를 경험할 수 있다. 예를 들어 일반 시민을 (의도치 않게) 죽이게 되었을 때, 조직적 살상 또는 성폭행을 보게 되거나 자신의 의지에 반하여 그 행위에 참여하게 됐을 때, 동료들을 전투에서 지켜주지 못했거나 전투에서 혼자 살아남았을 때, 군인들은 지독한 죄책감을 느끼게 되고, 자신의 도덕적 판단 능력과 인간성에 대해 의심을 갖게 된다. 자신이 신뢰하는 국가나 군대 조직이 비도덕적인 일을 하는 것을 보게 됐을 때도 도덕적 상해를 입을 수 있다. 자신의 도덕성을 더 이상 신뢰할 수 없게 된 참전군인들은 정신적 고통을 이기기 위해 약물중독에 빠지거나 스스로를 학대하고 가족들에게 폭력을 휘두르기도 하며, 심한 경우엔 죄책감을 이기지 못하고 자살을 한다. 도덕적 상해는 전쟁과 같이 인간 고통이 결집되는 지독한 상황을 경험한 사람들에게 발생하기 쉽다.[10]

미국 보훈처 산하의 PTSD센터는 코로나19 사태로 인해 의료진들이 겪을 수 있는 도덕적 상해에 대해 경고하며, 그 원인들로 "환자의 삶과 죽음에 대한 결정을 두고 제한된 자원을 분배해야 하는 '트리아지

---------------------------------- * ----------------------------------

10) Jonathan Shay, "Moral Injury", *Psychoanalytic Psychology* 31 no. 2, 2014, pp. 182~191.
11) 트리아지는 대규모의 응급 환자들이 발생했을 때, 제한된 의료자원을 효율적으로 사용하기 위해, 환자들의 상태를 생존 가능성에 기반하여 빠르게 분류한 후, 효과적인 치료를 통하여 더 많은 환자들을 살리는 데 목적을 두고 있다. 한국에서는 응급, 비응급 환자로 구별하던 것을 다섯 단계로 세분화하였다. 코로나19 트리아지 프로토콜도 마련되어 중증, 경증 환자로 구별하여, 차별화된 의료서비스를 제공한다.

(triage, 응급의료환자 분류체계)'[11] 프로토콜에 의해 덜 위급해 보이는 환자를 내버려두어야 하는 경우, 코로나 사태가 아니었다면 살릴 수 있었던 환자가 죽었을 경우, 또는 의료 정책이 비윤리적이거나 불합리하다고 보이는 상황에서 침묵할 수밖에 없는 경우" 등을 들고 있다.[12] 그 외에도 자신으로 인해 가족들이 감염 위험에 노출되고 있다는 죄책감, 환자들이 죽어가는 상황에서 자신은 코로나바이러스에 감염되었다가 살아난 경우, 가까운 직장 동료 또는 직장 밖의 가족이나 친한 친구들이 코로나로 고통받거나 사망한 경우에도 의료진들은 도덕적 상해를 입을 수 있다. 특히 이러한 상황에 장기적으로 노출될 때 도덕적 상해의 위험 요소가 증가한다. 미국정신의학협회는 코로나19 시대에 의료진들이 겪는 도덕적 상해가 참전군인들이 겪는 것과는 다르지만, 이것이 장기화되면 의료 체계 전반에 걸쳐 다양한 노동자들에게 나타날 것이라고 경고한다.[13]

도덕적 상해는 사회가 보호해야 할 노인이나 여성, 어린이를 살리지

---

*

12) National Center for PTSD, U.S. Department of Veterans Affairs, "Moral Injury in Healthcare Workers on the Frontlines of the Coronavirus(COVID-19) Outbreak". www.ptsd.va.gov

13) American Psychiatric Association, The APA Committee on the Psychiatric Dimensions of Disaster and COVID-19, "COVID-19 Pandemic Guidance Document: Moral Injury During the COVID-19 Pandemic". https://www.psychiatry.org/psychiatrists/covid-19-coronavirus?utm_source=Internal-Link&utm_medium=Side-Hero&utm_campaign=Covid-19

못했을 때 더 심해지는 경향이 있다. 이미 지난 3월 코로나 환자들로 넘쳐나던 북부 이탈리아의 병원 노동자들이 노인 환자들에게 제대로 된 치료를 하지 못하고, 이들이 죽어가는 모습을 보면서 극심한 죄책감과 정신적 고통을 호소했다. 미국에서도 지난 4월 코로나바이러스에 감염된 환자들을 돌보던 중 자신도 바이러스에 감염되었다가 완치된 의사 로르나 브린Lorna Breen의 자살 소식이 들렸다. 《뉴욕타임스》와의 인터뷰에서 그녀의 아버지는, 닥터 브린이 뉴욕 맨해튼의 뉴욕-장로교 병원의 응급의학과 디렉터로 일하면서, 코로나바이러스로 많은 환자들이 죽어가는 것에 깊은 죄책감을 느꼈고, 자신이 코로나19 감염 후 완치되었을 때 그 죄책감이 극에 달했다고 이야기했다.[14]

전쟁 은유는 의료자원을 코로나19와 관련된 이슈에만 집중시키고 의료 노동자들의 노동력을 착취할 우려가 있다. 전시 중엔 군인들이나 전쟁을 겪는 시민들의 육체적, 정신적 고통이 무시되는 것처럼, 코로나19 전쟁 시대엔 군인으로 여겨지는 의료 노동자들이 겪는 고통, 강도 높은 업무량을 논의하기 어렵다. 의료 노동 또한 여성이 담당하는 돌봄의 영역이 크다. 환자들을 직접 돌보는 시간이 많은 간호사의 대다수가 여성인 점을 생각하면, 도덕적 상해 또한 젠더 관점에서 들여다봐야 한다.

---
*

14) Ali Watkins, Micahel Rothfeld, William K. Rashbaum, and Brian Rosenthal, "Top E.R. Doctor Who Treated Virus Patienst Dies by Suicide", *New York Times* April 27, 2020. https://www.nytimes.com/2020/04/27/nyregion/new-york-city-doctor-suicide-coronavirus.html

포스트 코로나 시대의 교회 공동체: 새로운 돌봄과 쉼의 공동체

참전군인들의 도덕적 상해를 신학적 관점에서 접근한 페미니스트 신학자 리타 나카시마 브록Rita Nakashima Brock은, 이들을 위한 교회의 치유 역할에 대해 강조한다. 교회가 공동체로서 도덕적 상해에 대해 공부한 뒤, 참전군인들을 있는 그대로 받아들이고 그들의 아픔에 공감하며 이야기를 들어주거나 공동체로서 묵묵히 옆에서 지켜봐줄 때, 참전군인들은 도덕적 상해를 가지고도 살아갈 힘을 얻게 된다. 도덕적 상해는 완전히 없어지거나 치유되는 것이 아니다. 큰 사고를 겪은 사람들이 몸에 남은 상처 자국을 보면서 남은 생을 사는 것처럼, 도덕적 상해로 인해 영혼에 상처를 입은 사람들은 공동체의 돌봄 속에서 그 상처를 보듬고 바라보며 살아갈 힘을 얻는다. 이 힘은 자신이 한 일을 부인하거나 과거의 상황에서 도망치지 않고, 깊은 참회와 자기 용서의 과정을 거치면서 얻어진다. 인간의 삶과 하느님의 용서에 대한 새로운 신학적 이해, 전쟁의 참혹함에 대한 진실, 그리고 더 이상 무의미한 죽음과 인간의 고통에 대해 침묵하지 않겠다는 용기, 공동체와의 상호작용을 통해 윤리적 결정을 내릴 수 있는 자신의 능력에 대한 신뢰를 회복한 많은 군인들이 도덕적 상해를 보듬으며 살아간다.[15]

---

*

15) Rita Nakashima Brock and Gabrielle Lettini, *Soul Repair: Recovering from Moral Injury after War*(Boston, MA: Beacon Press, 2012).

앞에서 언급했듯이 코로나19 상황은 폭탄이 떨어지고, 피난을 가고, 눈 앞에서 사람의 팔다리가 잘리며 죽어 나가는 전시 상황이 아니기 때문에, 참전군인들의 경험에 기댄 도덕적 상해에 대한 신학 논의를 그대로 이용하는 데는 무리가 따른다. 하지만 공동체의 필요성을 강조한 점, 특히 교회의 공동체성을 강조한 점에서 포스트 코로나 시대를 준비하며 지향해야 할 교회의 모습을 젠더 관점에서 세 가지 정도 생각해볼 수 있을 것 같다.

첫째, 교회가 돌봄의 공간, 특히 여성들을 위한 쉼의 공동체가 될 수 있는가 하는 것이다. 코로나19는 교회란 무엇인가, 사회에서 교회의 역할이 무엇인가 하는 묵직한 화두를 던졌다. 비록 코로나 시대에 많은 복음주의 교회들이 예배를 강조하는 제사장의 역할을 앞세워 사회적 거리두기에 반기를 들었지만, 그 이전엔 대다수의 교회들이 '영혼의 쉼터'임을 자청했다. 신자유주의적 자본주의 사회에서 교회뿐만 아니라 많은 종교 단체들이 일상에 지친 사람들에게 자신을 돌아보고, 마음과 영혼이 쉴 수 있는 공간임을 내세웠다. 아이러니하게도 쉼의 공간으로 존재하기 위해 교회는 가정과의 연장선에서 여성들의 돌봄노동에 의존해왔다. 하느님의 가족을 돌봐야 하는 교회에서 여성들은 전도사로, 부목사로, 교회학교 교사로, 식당 봉사요원으로 '섬김'의 일을 해왔다. 나는 여성들이 이런 일들을 하지 말아야 한다거나 섬김의 일을 그만둬야 한다고 주장하는 것이 아니라, 교회 공동체가 여성의 리더십을 인정하고 도와주며, 섬김과 돌봄의 일이 여성들에게만 집중되는 것이 아니라 교회 공동체 안에서 균등히 나눠져야 한다고 생각한다. 이것을 위해 교회 안에서 이뤄지는 모든 의사 결정 단계에서 젠더 관점이 적극적으로 반영되어야 한다. 예를 들면 어떠한 결정이 여성과 남성 교인들, 자녀를 둔 여성 교인들에게 어떤 영향을 미칠 것인지를 의사 결정 전에 진지하게 생각해야 한다. 또한 교회가 상업화된 웰빙으로 포장된 공간이 아니라, 진정한 돌봄과 쉼에 대해 신학적으로 고민했으면 좋겠다. 많은 프로그램으로, 커다란 빌딩으로 여성들의 '섬김' 노동에 의존해 교인들을 바쁘게 돌리는 게 아니라, 돌봄노동으로 자신을 잃어간다고 느끼는 많은 사람들이 삶에 대해 깊이 묵상하고, 생명을 살리는 돌봄의 의미와 비판적 시각으로 돌봄노동을 바라보는 담론이 가능한 교회 공동체가 코로나 시대에 더 필요하다고 생각된다.

둘째, 교회가 전쟁 은유를 넘어 코로나19에 대한 새로운 신학적 내러티브와 기억을 만들어가야 한다. 한국에서도 번역 출판된 『동조자』의 저자인 베트남계 미국인 비엣 탄 응우옌Viet Thanh Nguyen은 "모든 전쟁은 두 번 치러진다. 전쟁터에서 그리고 사람들의 기억에서"라고 했다.[16] 전쟁에 대한 기억은 몇 세대에 걸쳐 재생산되기 때문에, 응우옌은 우리가 어떠한 기억을 어떻게 만들어가고 잊어버리는지에 대해 주목해야 한다고 주장한다. 즉 '정의로운 기억'이 무엇인가에 대해 끊임없이 질문하고 답하는 '윤리적 기억'이 필요하다. 도덕적 상해는 전쟁에서 잊힌 기억이, 또는 잊어버리려는 기억이 참전군인들의 몸과 영혼에 박혀 끊임없이 죄책감을 불러일으키기 때문에 생긴다. 전쟁에서 소모되고 잊히고

　＊

16) Viet Thanh Nguyen, *Nothing Ever Dies: Vietnam and the Memory of War*(Cambridge, MA: Harvard University Press, 2016), p. 4.

버려지는 군인들을 비롯한 수많은 사람들이 죽음의 정치를 몸으로 보여주는 사람들이다.

코로나19가 이런 선생으로 은유될 수 있을까? 꼭 전쟁 은유를 사용해야 코로나19의 심각성과 파괴성을 알 수 있는 것일까? 전쟁 은유를 통해 우리는 전쟁에 대한 어떠한 기억을 만들어가고 어떠한 기억을 지워가고 있는 것일까? 정치인들과 교회가 습관적으로 전쟁 은유를 사용하는 이면에는 무엇이 있을까? 전쟁 은유를 통해 만들어지는 코로나19는 과연 미래에 어떠한 기억을 남겨놓을까? 포스트 코로나 시대를 준비하며 교회는 이러한 질문들을 신학적으로 고민해야 한다.

기독교인들을 하느님의 군사로, 인간의 삶을 영적 전쟁의 장으로 표현하는 군사화된 기독교는 전쟁으로 표현되는 코로나19와 이념적으로 잘 맞는다. 그러나 전쟁이 아닌 상황을 전쟁에 빗대는 것은 위험하고 잘못된 행동을 불러올 수 있다. 전쟁 용어는 우리에게 알 수 없는 적개심을 불러일으키고, 끊임없이 누가 적인지를 찾게 만든다. 보이지 않는 적, 코로나바이러스를 퍼뜨렸다고 생각되는 중국인들, 집단 방역지침을 따르지 않는 사람들, 돌봄노동에 피로와 불만을 호소하는 사람들, 힘들게 만들어놓은 K-방역 체계와 의료시스템에 무임승차하는 외국인들, 교회 모임을 막는 정부, 교회 모임을 강행하는 교회들. 코로나19를 전쟁으로 받아들이는 한, 우리 사회는 지속적으로 적을 만들어낸다. 끊임없는 분열과 적대감을 조장하는 전쟁 은유가 아니라 삶의 깊은 의미를 되돌아보고, 더불어 사는 공동체의 모습을 만들어갈 수 있는 코로나19에 대한 새로운 신학적 내러티브가 필요하다.

마지막으로 교회가 이끌어갈 새로운 젠더 담론이 필요하다. 리타 나카시마 브록은 예수의 폭력적 죽음을 강조하는 기독교의 구원 사상이 인간 세상의 폭력, 특히 가부장제에 의한 폭력을 정당화시킨다고 비판했다.[17] 아직도 많은 기독교도 여성들과 아이들이 가정 폭력과 사회적 차별을 겪을 때 교회에서 위로를 받기보다는, 예수가 십자가를 지고 묵묵히 고통을 참고 견뎠던 것처럼, 너의 십자가를 지고 견디라는 인내(?)의 말을 듣는다. 양성 위계질서가 당연시되고, 고통이 구원을 받기 위한 전제 조건으로 미화되며, 희생하는 마리아 어머니상이 대표적인 기독교 여성상이 되는 이상, 교회는 여성과 약자들을 향한 사회적 폭력의 가담자 범주에서 벗어나기 어렵다. 코로나19의 파괴력은 그 바이러스 자체뿐만 아니라, 사회 폭력을 야기해, 자본주의 사회가 '잉여인간'으로 분류한 사람들을 죽음의 공간으로 몰아가는 데 있다. 자본주의의 사회 폭력은 가부장제가 받쳐주지 않는 한 지속될 수 없다. 이런 의미에서 최근 여성 구약성서학자들이 모여 만든 책『이런 악한 일을 내게 하지 말라: 구약성서와 성폭력 그리고 권력』은『구약성서』에 깊이 뿌리박힌 가부장제 성폭력을 파헤친 아주 소중한 책이다. 코로나19가 새로운 담론과 사회구조를 필요로 하듯,『이런 악한 일을 내게 하지 말라』와 같은 책들이 많이 나오길 소망해본다.

---

*

17) Rita Nakashima Brock and Rebecca Parker, *Proverbs of Ashes: Violence, Redemptive Suffering, and the Search for What Saves Us* (Boston, MA: Beacon Press, 2002), p. 248.

포스트 코로나를 살며……

얼마 전 포스트 코로나 시대에 달라질 세상을 준비하라는 자기계발서 광고를 보게 됐다. 자본주의 사회에서 막대한 부와 지식, 힘을 거머쥔 유럽과 미국의 백인 남성들만 골라 담아 만든 책의 광고를 보며 화가 났다. 코로나19 사태에 책임을 져야 할 경쟁과 파괴로 점철된 신자유주의적 후기자본주의가 새로운 형태로 진화하고 있음을 느꼈기 때문이다. 교회도 진화해야 한다. 이기적인 시장 자본주의가 우리의 삶을 지배하도록 내버려둘 수 없다. 코로나19 시대에서 생존하여 어떻게 포스트 코로나 시대를 준비할까가 아니라, 어떻게 사회를 치유할까를 고민해야 하고, 삶에 대한 불확실성에 공포감을 느끼는 사람들에게 불확실성 자체가 삶이란 걸 볼 수 있게 도와야 한다. 참공동체로 회복한 교회의 모습이 널리 퍼지길 바라며 이 글을 마친다.

우리의 불안과 그들의 취약함이 입을 맞출 때

2020년 이태원 집단감염 사건을 돌아보며[1]

시우

의학 연구자 최은경이 이야기한 것처럼 감염병이라는 질병에 걸리는 것은 생물학적 사건이지만 감염병의 발생과 전파는 사회적 사건이다.[2] 이는 감염병으로 인한 위기에서 무엇이 문제로 인식되는지, 감염병이 확산되는 상황에 어떻게 대응하는지, 감염병에 어떤 의미가 부여되는지와 같은 질문이 한 사회가 지닌 정치적 제도, 경제적 조건, 역사적 경험, 문화적 이해와 밀접한 관계가 있다는 뜻이다. 코로나19는 한국 사회가 어떤 정치, 경제, 역사, 문화에 기대고 있는지를 드러내며 우리 모두를 새로운 세계로 이끌고 있다. 한국은 전 지구적 위기 가운데서도 감염 상황에 대한 통제력을 비교적 높은 수준으로 유지하면서 'K-방역'을 널리 알린 한편, 시설화된 사회에서 피할 수 없는 취약성의 문제,[3] 사회적 소수자에 대한 차별과 폭력의 문제, 한정된 자원의 효율적인 분배를 둘러싼 의사 결정의 문제 등을 경험하고 있다.

---

*

1) 이 글은 '오류동퀴어세미나'에서 나눈 풍성한 논의와 '코로나19 성소수자 긴급 대책본부'가 전개한 의미 있는 실천에 많은 부분 기대고 있다. 특히 퀴어 정치와 급진적 돌봄에 대한 통찰력 있는 해석을 제시한 김순남 선생님과 인권 원칙과 방역 행정에 대한 비판적인 질문을 던진 타리에게 깊은 감사를 전한다.

2) 최은경, 「인류는 '질병 공동체' ②」, 《한겨레21》 2020년 5월 29일자.

3) 시설화는 지배권력이 특정 개인이나 집단을 '보호/관리'의 대상으로 규정하고, 사회와 분리하여 권리와 자원을 차단함으로써 '불능화/무력화된' 존재로 만들며, 자신의 삶에 대한 통제권을 제한하여 주체성을 상실시키는 전 과정을 가리킨다. 조미경, 「장애인 탈시설 운동에서 이뤄질 '불구의 정치' 간 연대를 기대하며」, 나영정 외, 장애여성공감 엮음, 『시설사회: 시설화된 장소, 저항하는 몸들』 (와온, 2020), 285쪽.

이 글은 2020년 5월을 전후로 발생한 서울시 이태원 지역 집단감염 사건을 되짚어보면서 사회적 소수자가 위기 상황에서 어디에 배치되고 어떻게 해석되며 무엇과 부딪히는지를 분석한다. 신종 감염병이 앞으로 주기적으로 유행할 것이라는 전문가들의 엄중한 진단을 떠올려볼 때, 이태원 집단감염 사건을 살펴보는 일은 한국 사회의 현재와 미래를 읽어내려는 시도가 될 것이다. 먼저 이태원 집단감염 사건에서 퀴어 집단이 반사회적인 존재로 재현된 현상을 조명하면서 보수 개신교회의 반퀴어 운동을 비판적으로 추적한다. 이어서 '코로나19 성소수자 긴급 대책본부'의 활동에 주목함으로써 돌봄과 정동(affects)의 관점에서 소수자 정치를 모색한다. 마지막으로 거짓말, 연락 두절, 추적 불가능으로 표현되는 신뢰의 문제를 퀴어 경험을 중심으로 재검토한다. 이를 통해 전례 없는 위기를 살아내는 우리 모두의 불안과 취약함이 서로 친밀하게 만나는 지점을 읽어내고자 한다.

오염된 벽장과 열매 없는 무화과나무

어떤 사람들이 예수께 와서 빌라도가 희생물을 드리던 갈릴래아 사람들을 학살하여 그 흘린 피가 제물에 물들었다는 이야기를 일러드렸다. 예수께서 이 말을 들으시고 그들에게 말씀하셨다. "그 갈릴래아 사람들이 다른 모든 갈릴래아 사람보다 더 죄가 많아서 그런 변을 당한 줄 아느냐? 아니다. 잘 들어라. 너희도

회개하지 않으면 모두 그렇게 망할 것이다. 또 실로암 탑이 무너
질 때 깔려 죽은 열여덟 사람은 예루살렘에 사는 다른 모든 사
람보다 더 죄가 많은 사람들인 줄 아느냐? 아니다. 잘 들어라. 너
희도 회개하지 않으면 모두 그렇게 망할 것이다."

—『루가복음』 13:1~5(공동번역 개정판)

2020년 5월 6일 이태원에 위치한 A 사업장은 며칠 전 가게를 방문
한 사람 가운데 코로나19 확진 판정을 받은 사람이 있음을 SNS를 통해
서 알렸다. A 사업장은 영업일마다 방역을 진행했고, 방문자에 대한 발
열 상태 확인과 방명록 작성을 준수했으며, 손 소독 절차와 마스크 착
용 점검을 빠뜨리지 않았다. A 사업장은 확진자의 방문 사실을 접하고
필요한 방역 조치를 완료한 이후 다른 사람의 안전을 위해 일정 부분
피해를 감수하면서 관련 정보를 공개했다. 신속하고 책임감 있게 대응했
다는 평가를 받아야 하지만, 문제는 예상하지 못한 곳에서 일어났다. A
사업장에서 공지사항을 게시한 바로 다음 날, 보수 개신교회를 주요 배
경으로 하는 언론사 《국민일보》에서 「이태원 게이클럽에 코로나19 확진
자 다녀갔다」(유영대 기자)라는 표제를 단 기사를 작성했다.[4] 기사는 '게
이클럽'을 코로나19 확산의 근거지로 지목하고 더 나아가 확진자의 거

---

*

4) 「이태원 유명 클럽에 코로나19 확진자 다녀갔다」, 《국민일보》 2020년 5월 7일
   자. 해당 기사가 성소수자에 대한 편견을 조장한다는 비판이 이어지자 이후에
   제목 수정이 이루어졌다.

주지, 나이, 성별, 직장 위치, 직종 등을 모두 노출했다.

　이태원 집단감염 사건은 4월 30일 부처님 오신 날부터 5월 1일 노동절, 5월 2~3일 주말, 5월 5일 어린이날까지 연휴가 길게 이어진 기간에 발생했다. 신규 확진자가 한 자릿수에 머무는 상황이 2주 정도 유지되고 지역감염이 높은 수준으로 통제되면서 정부가 가장 낮은 수준의 거리두기인 '생활 속 거리두기'로 전환하겠다고 발표한 시점이었다. 이후 진행된 역학조사에 따르면 집단감염은 4월 말에서 5월 초에 시작됐고 클럽, 음식점, 편의점 등 다양한 장소에서 코로나19 확산이 이루어졌다. 그러나 A 사업장이 성소수자가 많이 찾는 곳이라는 점은 이 모든 맥락을 압도했다. 일반 시민이 이기적인 성소수자로 인해 무고한 피해를 겪었다는 식의 재현이 반복됐고, 성소수자가 존재하지 않았다면 '우리'가 모두 행복하고 안전한 사회에서 살았을 것이라는 메시지가 전해졌다. 《국민일보》의 보도 이후 비슷한 내용의 선정적인 기사가 쏟아졌고, "이태원에 모여든 기자들 때문에 코로나19 확산이 가속화될지 모른다는 염려가 될 정도로"[5] 문이 닫힌 A 사업장 앞에서 취재 경쟁이 벌어졌다.

　글을 시작하면서 인용한 최은경의 논의를 떠올려보면 코로나19에 감염되는 것은 생물학적 사건이지만 감염병 발생과 전파에 어떠한 의미가 부여되는지는 사회적 사건이다. 이태원 집단감염 사건을 다룬 자극적인 언론보도는 한국에서 사회적 소수자에 대한 차별과 낙인이 얼마나 쉽

--- * ---

5) 에디, 「그날의 이태원, 그날의 에디」, 『제12회 성소수자 인권포럼 자료집: 인권을 켜다 평등을 켜다』, 성소수자차별반대 무지개행동 주최, 2020. 8. 22.

게 용인되는지 깨닫게 했다. 몇몇 언론사는 성소수자가 코로나19 확산을 촉발했다는 점에서 반사회적이며, 코로나19 위기에도 클럽에서 어울렸다는 점에서 무책임했다는 논조의 기사를 생산했다. 그러나 언론이야 말로 시민의 한 사람인 확진자의 권리를 보호하기는커녕 이들에 대한 공격에 앞장섰다는 점에서 반사회적이었고, 확진자가 감염 사실보다 다른 사람의 비난을 더 걱정하도록 만들었다는 점에서 무책임했다.[6] 심지어 중앙방역대책본부가 "감염인에 대한 취재 보도를 할 때 감염인과 그 가족의 개인정보를 보호하고 사생활을 존중하는 감염병 보도준칙의 준수를 부탁한다"라고 당부할 정도였다.[7]

문제가 된 여러 기사는 짐짓 방역을 걱정하는 듯한 태도를 보였지만, 이들의 보도는 실제 방역에 도움이 되지 않았을 뿐만 아니라 오히려 방해 요인으로 작동했다. 이태원 지역 전체가 성소수자로 인해 '오염된 벽

---

*

6) 차별과 혐오를 조장한 대표적인 기사는 다음과 같다. 백상현 기자, 「"결국 터졌다"… 동성애자 제일 우려하던 '찜방'서 확진자 나와」, 《국민일보》 2020년 5월 9일자. ; 이동우·김사무엘 기자, 「컴컴한 방서 민망한 소리가… 5년 전 차마 못 쓴 블랙수면방 취재기」, 《머니투데이》 2020년 5월 12일자. ; 차창희 기자, 「이태원 이어 종로 男성소수자 '모임 장소서 확진자 급증… 정부 집합금지명령 '구멍'」, 《매일경제》 2020년 5월 13일자. ; 천영준 기자, 「이태원발 코로나19 검사자 에이즈환자 소문 뒤숭숭… 충북도 "확인 안 돼"」, 《뉴시스》 2020년 5월 14일자. 2020년 6월 10일 한국신문윤리위원회는 이태원 집단감염 사건을 다룬 30여 개 기사가 신문윤리실천요강 제1조 제4항 '차별과 편견의 금지' 등을 위반했다고 판단하고 징계 결정을 내렸다.
7) 「중앙방역대책본부 브리핑」, YTN, 2020년 5월 7일.

장'으로 묘사되면서 성소수자는 물론이고 집단감염이 발생한 시기에 이태원에 머물렀던 모든 사람이 수치심을 느껴야 하는 부도덕한 존재로 표상됐다.[8] 이때 기사에 언급된 '게이클럽'은 특정한 물리적 공간을 지칭하는 표현이 아니라 공공의 안전을 무너뜨리고 위생과 보건에 해를 끼치며 감염병 확산을 조장하는 이들이 우글거리는 곳을 가리키는 멸칭蔑稱으로 쓰였다. 이태원 지역에 있던 사람들이 동료 시민이 아니라 일종의 반사회적 범죄자로 전락하면서 이들이 사회적 신뢰에 기대어 방역에 동참하는 일은 정작 어려워지고 말았다. 결과적으로 이들 언론사는 성소수자에 대한 적대감과 편견을 강화하는 일 외에 어떠한 것도 하지 못했다.

이태원 집단감염 사건에 대한 왜곡된 보도는 기본적으로 사회적 소수자를 향한 반감과 적의를 원료로 삼아 기사의 조회수를 높이려는 이른바 혐오 마케팅이지만, 동시대적으로 보수 개신교회가 전개하는 반퀴어 운동과도 밀접한 관련이 있다. 특히 '게이클럽'이라는 표현을 선점하고 이태원 집단감염 사건과 성소수자 사이의 부정적 연상체계를 만든 《국민일보》는 이전부터 반퀴어 운동에 적극적으로 동조해왔다. 퀴어 집단을 사회를 오염시키고 질병을 퍼뜨리는 존재로 낙인찍는 《국민일보》의 보도 행태가 '사회적 논란의 원인을 제공했고 저널리즘의 원칙을 훼

---
*
---

8) 반퀴어 운동은 퀴어 집단에 대한 부정적인 이미지와 적대적인 담론을 생산하면서 퀴어 커뮤니티를 일종의 오염된 벽장으로 묘사한다. 시우, 『퀴어 아포칼립스: 사랑과 혐오의 정치학』(현실문화, 2018), 188쪽.

손했다'는 비판이 언론사 내부에서도 제기됐다. 이러한 지적에 대해 정진영 종교부장은 "동성애 자체는 반대하지만 성소수자 인권을 존중하지 않는 것은 아니다"라는 모순되는 주장을 펼치면서 보도 과정에서 "성소수자를 폄훼하거나 매도할 의도는 전혀 없었다"라고 발뺌했다.[9]

코로나19 확산세가 점차 둔화되고 무분별한 보도에 대한 비난이 다소 가라앉을 무렵,《국민일보》윤중식 종교기획부장은 「이태원 클럽의 사실과 진실」이라는 칼럼을 기고한다.[10] 윤중식 부장은 "의미조차 불분명한 동성애 혐오를 앞세워 사실을 아예 외면하는 것이 언론의 진정한 사명이라고 말할 수 있을까"라고 물으면서 성소수자 혐오라는 비판에 대해 "언론의 자유 침해이고 과잉 통제"라고 반박한다. 또한 "다수 국민의 생각과 정서와 한참 동떨어진 '동성애 옹호'가 과연 진정한 인권"인지 질문하며 "가정의 소중함과 부부 사랑의 가치관을 소중히 여기는 국민에겐 의문이 들 뿐"이라고 이야기한다. 이 칼럼은《국민일보》의 보도가 공익을 침해했다는 단순한 사실을 호도하고, 시민의 권리를 침해한 사건을 언론사의 자유가 침해받는 사건으로 뒤바꿔놓는다. 한편 동료 시민의 존엄한 삶을 위협하는 반퀴어 그리스도인은 '동성애 혐오'라는 모함과 박해를 받는 순교자, '사실과 진실'을 외치는 예언자, '진정한 사명'을 다하는 예배자가 된다. 나아가 이들은 교회에 다니는 종교인이

---- * ----

9) 「국민일보 노조 "성소수자 혐오 보도 논란, 입장 표명하라"」, 한국기자협회, 2020년 5월 12일.
10) 윤중식, 「이태원 클럽의 사실과 진실」,《국민일보》2020년 5월 23일자.

라는 의미를 넘어서 '다수 국민의 생각과 정서'를 대변하는 공적 주체로 자리매김한다.

그러나 현실을 정직하게 돌아볼 필요가 있다. 위기가 발생한 장소는 이태원이 아니라 보수 개신교회이기 때문이다. 퀴어 집단의 가시화를 영적 위기로 해석하는 보수 개신교회는 국가와 사회를 수호하고 온 세상을 구원하겠다고 나서지만, 정작 교회 자신의 구조적 위기는 해결하지 못하고 있다. 보수 개신교회의 위기는 소위 성소수자가 특권을 누리는 세상에서 '사실과 진실'을 선포하지 못해서가 아니라 교회가 기득권을 옹호하고 차별과 폭력을 정당화해왔다는 '사실과 진실'을 외면했기 때문이다. "하나님, 감사합니다. 나는 남의 것을 빼앗는 자나 불의한 자나 간음하는 자와 같은 다른 사람들과 같지 않으며, 더구나 이 '성소수자'와는 같지 않습니다"(누가 18:11. 새번역. 원문은 '세리')라고 자랑스럽게 기도하는 동안 보수 개신교회는 영적인 의미와 현실적인 의미 모두에서 파산 상태에 놓이고 말았다.

이태원 집단감염 사건을 소수자를 공격하는 계기로 삼는 교회의 모습은 성서에 기록된 예화를 떠올리게 한다.(루가 13:1~9) 예수가 활동하던 시기에도 사회적 위기를 신의 징벌로 설명하고 고통을 당하는 피해자를 추궁하는 데 앞장선 이들이 있었다. 그러나 예수는 부당한 죽음이 발생한 사건을 피해자의 죄에 기인한 정당한 사건으로 규정하려는 시도에 두 차례나 '아니다'라고 분명하게 선을 그으며 지배적인 해석에 맞선다.(3·5절) 이 예화는 코로나19 시기에 다음과 같이 변주해볼 수 있다. 코로나19로 인한 사회적 고통을 위로하기보다 이웃의 곤경을 기뻐하고 괴로움을 경축하는 이들, 코로나19 감염이 죄로 인한 당연한 처벌이라고 외치는 이들, 코로나19 위기를 자신의 무고함과 의로움을 내세울 기회로 삼는 이들은 '모두 그렇게 망할 것이다'(3·5절) 사회적 소수자에 대한 차별과 폭력을 조장한 잘못에 대해 참회의 열매를 맺지 못한 이들은 모두 '잘리고 베어질 것이다'(6~9절) 성서는 열매 없는 무화과나무를 위한 시간이 '금년 한 해'(8절)뿐임을 경고하고 있다. 그 시간이 이미 지나가버린 나머지 '영원히 열매를 맺지 못하는' 상태(마르 11:14)에 처한 것은 아니기를 바랄 뿐이다.

고립을 깨고 외로움을 나누며

코로나19 검사를 받을 용기를 내는 데 1주일이 걸렸어요. 검사 받으러 가서 어떻게 이야기할지 연습도 했고요. "당연한 말이지만 저는 게이가 아니에요." 이 말을 자연스럽게 하려고 여러 번 녹음까지 해봤어요. 혹시 몰라서 SNS에 축구선수 사진이랑 힙합 가수 사진도 올렸고요. 이성애자같이 보일 것 같았거든요. 심지어 직장을 새로 알아볼 준비도 했어요. 근데 검사를 받으니까 음성이더라고요. 검사결과를 전달받는데 눈물이 쏟아졌어요. 감염이 안 됐다는 사실에 기뻐서 그랬던 게 아니라 이 나라에서 게이로 산다는 게 너무 끔찍하게 느껴져서요.[11]

이태원 집단감염 사건으로 인해서 가장 많은 영향을 받은 이들 중에는 퀴어 커뮤니티가 있었다. 어딘가에 존재할지도 모르지만 적어도 '나'의 주변에는 없을 것이라고 여겨지던 성소수자가 공적으로 주목받고 더나아가 심각한 문제를 일으킨 주범으로 지목되는 상황에서 퀴어 커뮤니티는 당혹감, 불안, 분노, 위협감, 절망과 같은 어두운 감정을 마주해야했다. 퀴어 운동은 사회적 고통이 발생했을 때 피해자와 함께하는 일보다 피해자에게 도덕적 비난을 가하는 일이 훨씬 쉽게 일어난다는 사실을 HIV/AIDS 운동의 역사를 통해서 경험적으로 알고 있었다. 그러나 퀴어 운동에는 제도화된 차별과 폭력에 맞서 소수자의 권리를 지키고 커뮤니티를 단단하게 만들기 위해 투쟁해온 움직임 역시 새겨져 있다. 퀴어 운동은 안전하고 건강한 사회를 만든다는 구실로 소수자를 추방하려는 구조적 힘에 대항해서 존재의 취약성을 매개로 하는 새로운 삶의 양식을 제시해왔다.

이태원 집단감염 사건과 그에 따른 파장은 퀴어 운동과 퀴어 커뮤니티에 예측하지 못한 도전으로 다가왔다. 무책임한 언론의 선정적인 보도에 대응하는 일, 위기 상황에서 인권 원칙을 다시 강조하는 일, 적절한 지원과 돌봄이 이루어지도록 살피는 일, 퀴어 커뮤니티 안팎의 두려움과 불신을 해소하는 일 등 많은 과제가 신속한 응답을 요청했다. 2020년 5월 12일 출범한 '코로나19 성소수자 긴급 대책본부'(이하 대책

**

11) Nemo Kim, "South Korea Struggles to Contain New Outbreak amid Anti-gay Backlash", *The Guardian* 2020. 5. 11.

본부)는 이 모든 역할을 감당해냈다. 대책본부는 코로나19 검사를 독려하는 한편, 방역 당국과 적극적으로 소통을 이어 나가고 차별과 혐오를 재생산하는 언론보도를 규탄하며 인권침해 사례를 감시하는 일에 나섰다. 대책본부의 노력으로 인해 익명 검사가 전국에 도입됐고, 검사소를 찾는 이들이 크게 늘었다.[12] 확진자의 이동 경로 공개 방식 역시 방역에 필요한 최소한의 개인정보만을 담는 방향으로 재조정됐다. 대책본부가 요구한 조치는 효과적인 대응 방식으로 인정받았고 이태원 집단감염 사건 이후에 표준 지침으로 정착됐다.

대책본부는 상반되어 보이는 두 가지 목표, 다시 말해서 성소수자의 권리를 보호하는 일과 방역에 참여하는 일을 동시에 성취할 수 있음을 증명했다. 이는 자극적인 보도로 일관했던 언론이 결코 해내지 못했던 것이었다. 대책본부에서는 인권침해 사례에 대응하는 상담 서비스를 제공했고, 이를 통해 70여 건의 사례를 모았다.[13] 그 가운데는 코로나19 검사를 받았다는 사실이 직장 등에 알려진 사례, 검사 과정에서 불필요

---

*

12) 서울시의 경우, 보건소 검사 수요가 6~10배, 검사 건수가 8배 증가하는 구체적인 성과가 나타났다. 서울시 공공보건의료재단·서울시 감염병관리지원단, 『서울시 코로나19 대응 주요소식』, 2020년 5월 18일, 50쪽.

13) 이 문단에서 다루는 내용은 한국인권학회·인권법학회·서울대 인권센터·코로나19 인권대응네트워크가 2020년 7월 10일과 11일에 개최한 온라인 공동학술대회 '코로나19와 인권'에서 대책본부 이종걸 활동가의 발표(「이태원 집단감염 사건을 통해 본 성소수자 혐오와 차별」)와 나영정 활동가의 발표(「검진과 방역의 인권 거버넌스? 이후를 상상하기」)를 중심으로 재구성한 것임을 밝힌다.

한 질문을 받은 사례("클럽 다녀오셨나요?"), 부정적인 함의를 지닌 메시지를 접한 사례([이태원 집단감염과 관련해서 검사를 받으러 왔다는 말에] "좋은데 다녀오셨네요.")가 있었다. 한 확진자의 경우에는 입원한 기관에서 의료진에게 "성소수자세요?"라는 질문을 받기도 했다. 코로나19 검사 과정에서 여러 기저질환 가운데 HIV 감염 여부를 특정해서 물어본 사례도 있었다. 모두 치료와는 전혀 관계없는 부적절한 질문이었다.

대책본부는 소수자가 경험하는 고통과 두려움, 낙인과 배제의 문제를 해소하는 일이 사회적 위기 상황에서 반드시 수반되어야 함을 드러냈다. 다만 그 과정이 제도의 사각지대를 밝히고 체제의 빈틈을 메우는 데서 멈추지 않도록 소수자 집단이 발전시켜온 자기 돌봄의 미학에 주목했다. '고립을 깨고 외로움을 나누기' 위해서는 '다양한 만남의 모델과 장소의 질서'를 구축해온 퀴어 커뮤니티의 역사를 기억해야 한다는 것이었다.[14] 대책본부의 이야기는 페미니스트 오드리 로드가 돌봄에 관해서 말한 내용과 공명한다. 로드는 '자신을 돌보는 일은 자신을 보호하는 일이며 정치적인 투쟁'이라고 설명했다.[15] 여기서 자기 돌봄은 개인의 이익에 몰두하는 것과는 질적으로 구분된다. 자신을 돌보는 일은 '나'를 추방하고 '우리'를 나중으로 미루는 세계에서 서로의 삶에 다가

———————————— * ————————————

14) 「커뮤니티 여러분과 나누고 싶은 이야기」, 대책본부 홈페이지, 2020년 5월 17일(작성일은 2020년 5월 14일).
15) Audre Lorde, *A Burst of Light: Living with Cancer, A Burst of Light and Other Essays*(Ixia Press, 2017), p. 130.

간다는 뜻이다. 위태롭고 불확실한 세계에서 존엄한 존재로서 살아남기 위해 자신을 보살피고 커뮤니티를 어루만지는 일은 부정의에 맞서는 '급진적 돌봄'이 된다.[16)]

대책본부는 '재난의 터널'을 지나는 시기에 '자신을 지키고 서로의 곁을 지키며, 더 많이 떠들고 더 많이 연결되자'고 제안한다.[17)] 대책본부가 지적한 것처럼 코로나19 위기를 거치며 퀴어 운동과 퀴어 커뮤니티가 겪는 괴로운 순간은 '납작해지기를 강요해온 규범과 질서'가 남긴 상처를 쓸쓸히 감싸게 하지만, 동시에 서로가 '서로에게 중요한 지지대가 되고 있음'을 깨닫게 하고 '우리를 연결해온 공동체의 무게를 가늠하게' 하는 계기가 되기도 한다. 대책본부는 용기를 내자는 이야기가 다시금 '사회적 소수자의 몫'으로 남겨지는 모순을 직시하고 '누구라도 버거울 용기의 무게'를 함께 나누며 서로에게 곁을 내어주는 연결의 감각을 생성해냈다. 이처럼 새로운 세계를 만들어 나가는 사회적 소수자의 움직임을 급진적 돌봄의 관점에서 조명할 때, 제도화되지 않고 이름이 주어지지 않은 친밀한 노동이 존재 자체를 가능하게 한다는 사실이 드러나게 된다.[18)]

---

*

---

16) Hiʻilei Julia Kawehipuaakahaopulani Hobart and Tamara Kneese, "Radical Care: Survival Strategies for Uncertain Times", *Social Text* 38/1, 2020, p. 2.

17) 이 문단과 다음 문단에서 인용한 표현은 대책본부에서 2020년 5월 22일(작성일은 20일)에 홈페이지에 게시한 「추신: 커뮤니티를 향한 문장들 2」에서 빌려온 것임을 밝힌다.

18) 김순남, 「급진적 돌봄과 퀴어 정치」, 오류동퀴어세미나 발표문, 미간행, 2020년 7월 12일.

이태원 집단감염 사건에서 성소수자는 기이하고 수상하며 잘못된 이들, 즉 퀴어한 존재로 호명됐다. 퀴어한 존재들이 느낀 어두운 감정과 부정적인 정동은 기본적으로 사회적 소수자가 안전하고 자유롭게 살아가기에 너무나도 불안하고 취약한 현실 때문이었다. 그러나 이 감정과 정동의 언어는 평범함의 세계에서도 자긍심의 세계에서도 '줄곧 잊혀온 이야기'였다는 점에서 역설적으로 '우리를 지탱하는 감정'이 되기도 한다. 래커로 새까맣게 물들고 달걀로 뒤범벅된 채 굳게 잠긴 클럽의 모습이 암시하듯 퀴어한 존재들은 그저 '깊은 침묵'에 빠진 것처럼 보인다. 하지만 이 '증오의 얼룩'은 이들을 더럽히지 못할 것이다. 정말로 사람을 더럽히는 것은 '지켜야 할 관습'과 '사람의 전통'을 거스르는 일이 아니라 이웃을 고통의 자리로 내모는 '위선자의 악한 생각'이기 때문이다.(마르 7:1~23)

서로 연결되어 있다는 희망과 절망

2020년 5월 10일 한 온라인 퀴어 커뮤니티에 「이태원이나 블랙 갔다온 애들아, 절대 검사받으러 가지 마」라는 제목의 글이 올라온다.[19] 게시 글은 이동 경로 공개의 위험이 있다는 점에서 '직장인이면 무조건 버텨'야 한다고 주장했다. 개인이 특정되지 않을 수 있도록 그저 '최대한 많은 사람'이 코로나19에 '걸리길 빌자'는 게시 글은 해당 커뮤니티에서 많은 비난을 받고 삭제됐지만, 이미 주요 내용이 캡처된 상태로 다른 커뮤니티에 전해진 이후였다. '집단감염 사건을 일으킨 이들이 방역에 협조하기는커녕 오히려 자기 살길만 찾느라 바쁘다'는 도덕적 공분이 일어났고, 게시 글을 작성한 사람을 추적해서 처벌해야 한다는 댓글이 우수수 달렸다. 논란이 이어지자 해당 커뮤니티 운영진은 게시 글이 커뮤니티의 공식적인 의견이 아닌 '가짜 뉴스'이며 커뮤니티는 '도덕적인 사회 규범을 준수한다'라고 해명했다.

코로나19는 아직 분명하게 밝혀지지 않은 것이 많은 신종 감염병이지만, 감염에 따른 피해와 위험을 생각해본다면 철저한 방역을 위해 노력하는 일은 필수적이다. 그런 점에서 코로나19 검사를 받기보다 최대한 숨어야 한다고 이야기한 내용은 사려 깊은 주장이라고 하기 어렵다. 그러나 이 글에서 주목해야 하는 부분은 작성자가 게시 글 마지막에 덧붙인 한 문장이다. "너희 생각하는 건 나뿐이라는 사실 잊지 마…." 얼마간의 간절함마저 느껴지는 이 말은 퀴어 집단이 사회에서 어떤 위치에 놓여 있는지를 시사한다. 그간 성소수자는 동시대를 살아가는 동료 시민으로 존중받지 못했고 사실상 존재하지 않는 이들로 치부됐다. 흔히 성소수자는 일반인과 다른 젠더·섹슈얼리티 정체성을 지닌 사람으로 설명된다. 하지만 더 정확하게 말하자면 중요하게 고려할 필요가 없

---

*

19) '블랙'은 집합적인 성적 실천이 이루어지는 성소수자 하위문화 공간을 가리키는 표현이다. 해당 커뮤니티는 2020년 9월을 끝으로 서비스를 종료했다. 게시 글과 관련한 내용은 다음의 기사를 참조. 「"절대 검사받지 마"… 이태원 확진자 소식에 술렁이는 게이 커뮤니티」, 《톱스타뉴스》 2020년 5월 12일자. 이 문단 및 이어진 두 문단에서 인용한 표현은 게시 글에서 빌려온 것임을 밝힌다.

는 이들, 몰라도 상관없는 이들, 게시 글의 표현으로는 '무조건 버티는' 삶을 사는 이들을 뜻한다고 할 수 있다.

퀴어 커뮤니티의 사회적 인식에 관한 연구를 살펴보면 '성소수자로 살아가기에 한국 사회가 좋지 않다'라는 문항에 동의하는 이들이 93퍼센트에 이르는 착잡한 현실을 알 수 있다.[20] 심지어 차별과 폭력을 경험했을 때도 '성적 지향이나 성별 정체성을 알리고 싶지 않다' '신고해도 별다른 진전이 없을 것 같다' 등의 이유로 공공기관에 도움을 요청하지 않은 이들이 95퍼센트에 달한다. 이와 같은 상황에서 퀴어 집단은 상대적으로 안전하고 자율적인 공간을 창조하고 규범적인 생애 기획을 가로지르는 새로운 시간을 직조하면서 환영받지 못한 삶을 살아냈다. 많은 이들이 지적했듯이 이태원 집단감염 사건이 전국에 영향을 미쳤던 주요 원인 중 하나는 일상에서 퀴어 집단이 마음 편히 지낼 수 있는 사회적 장소가 부재했기 때문이다. 몇몇 악의적인 기사에서 퀴어 집단은 사회를 위기에 빠뜨린 가해자이자 방역에 동참하지 않은 악당으로 호명됐지만, 실제로는 의미 있게 여겨지지 않는 삶을 이겨내고자 모인 이들에 가까웠다.

한국에서 살아가는 성소수자는 대부분 코로나19의 심각성과 방역의 중요성을 알고 있는 이들이다. 2020년 3월에 대구·경북 지역에서 발생한 집단감염 사건을 같이 겪은 이들이고, 전 세계적으로 코로나19가 미

---

*

20) 나영정 책임연구원, 『한국 LGBTI 커뮤니티 사회적 욕구 조사 최종보고서』(한국게이인권운동단체 친구사이, 2014), 31~32쪽.

치는 어마어마한 영향에 대해 접한 이들이다. 그렇다면 이태원 집단감염 사건을 마주하면서 던져야 하는 질문은 '퀴어 집단은 왜 방역에 협조하지 않았는가'라는 사실관계에도 어긋난 물음이 아니라 '사회에서 배제된 이들에게, 사회가 추방한 이들에게 사회가 어떻게 신뢰를 선사할 것인가'여야 한다. 반사회적인 성소수자로 인해서 피해를 겪는 무고하고 평범한 시민의 이미지는 대중적인 호소력을 지닐지도 모른다. 그러나 이는 보호받을 자격이 없는 존재로 간주된 성소수자를 공적인 연결망 밖으로 몰아냄으로써 두 가지 치명적인 효과를 발생시킨다. 하나는 평등한 관계와 존엄한 삶이라는 본질적 가치를 위험에 빠뜨린다는 것이고, 다른 하나는 집합적인 협력을 통해서만 구축되는 사회적 면역체계를 무너뜨린다는 것이다.

사회적 신뢰는 오랜 시간과 상당한 에너지를 요구하는 소중한 자원이다. 더욱이 구조적으로 밀려나고 주변화된 이들이 사회에 대한 신뢰를 되찾는 일은 장기적인 준비와 구체적인 노력이 뒷받침될 때야 비로소 이루어진다. 교회에서 아무리 '당신은 사랑받기 위해서 태어난 사람'이라고 축복의 메시지를 전해도 교회가 기득권을 유지하는 일에만 몰두하고 소수자 집단의 지친 한숨을 외면하는 한, 교회의 초대에 응하지 않는 것은 합리적인 반응일 것이다. 마찬가지로 사회에서 아무리 '방역을 위해서 코로나19 검사를 받아야 한다'라고 외치더라도 검사와 치료 과정에서 불필요하고 모욕적인 질문을 마주하지 않을 기본적인 권리가 보장되지 않는다면, 자신의 정체성과 경험을 이유로 직장에서 해고되지 않을 최소한의 안전장치가 없다면, '무조건 버티는' 것보다 더 나은 선택지를 발견하는 일은 쉽지 않을 것이다.

　그렇다면 사회에 대한 신뢰를 이미 철회한 이들이 다시 공적인 연결망에 참여하는 일은 어떻게 이루어질 수 있을까? 페미니스트 니콜 찰스는 이에 대한 실마리를 안내한다. 찰스는 비백인 집단, 특히 흑인 집단이 백신 접종을 거부하는 맥락을 분석한다. 찰스에 의하면 백신 접종을 망설이고 주저하며 기피하는 듯한 모습(hesitancy)은 어떤 면에서 구조적 부정의를 의심하고 불신하며 회의하는 실천(suspicion)에 해당한다.[21] 백신 접종 거부를 가리키는 일반적인 표현인 망설임, 주저함, 기피는 접종을 거부하는 이들이 방어적이고 비논리적이라는 함의를 지닌다. 이에 백신의 효용성을 홍보하고 안전성에 대한 과학적 증거를 제시하면서 사람들을 교육하는 방식이 해법으로 주어진다. 그러나 의심, 불신, 회의 개념을 도입한다면 백신 접종 거부는 '추론하는 행동, 잘못이나 책임을 판단하는 행동, 주의를 기울이고 확신을 갖지 않으며 신뢰를 주지 않는 행동'으로 해석할 수 있다.[22] 계몽의 대상으로 여겨지던 이들이 인종차별적인 의료화라는 불평등을 식별하는 주체이자 차별과 폭력으로부터 자신을 보호하는 존재로 의미화되는 것이다.

　찰스의 연구는 소수자가 사회를 신뢰하지 못한다면 문제는 신뢰를 의심하는 소수자가 아니라 소수자에게 적대적인 사회에 있음을 시사한다.

＊
---

21) Nicole Charles, "HPV Vaccination and Affective Suspicions in Barbados", *Feminist Formations* 30/1, 2018, p. 47.
22) ibid., pp. 53~54.

코로나19 확산 방지를 위해서 거리두기를 강조한 정부는 몸은 멀리 떨어져도 마음은 가까이해야 한다고 말하지만, 성소수자는 몸은 가까이 있더라도 마음은 멀리 떨어진 삶을 살아왔다. 성소수자가 단절과 배제의 상태에 놓인 동안 사회적 신뢰라는 자원은 바닥을 드러내고 말았다. 투명하고 신속한 정보 공개를 코로나19 대응 원칙으로 삼은 중앙정부와 지방자치단체는 방역 강화보다 민원 처리에 더 큰 무게를 둔 것처럼 행동했고, 개인의 사적인 정보를 과도하게 노출시키고 유통하는 일이 안전을 약속할 것처럼 호도했다. 그러나 이태원 집단감염 사건에서 밝혀진 것은 소수자의 삶에 대한 고려가 없는 정책이 모든 사람에게 위험하고 해로운 결과를 초래한다는 분명한 사실이었다.

바이러스는 성적 지향과 성별 정체성을 질문하지 않지만, 사회는 감염 예방에 중요한 정보라도 되는 것처럼 어김없이 따져 물었다. 퀴어 집단에 가해진 비난과 낙인이 부당함을 이야기하고 위기 상황에서 성소수자가 놓인 취약한 위치를 조명하는 시도에 대해서도 '정말 아웃팅 때문에 검사를 못 받는 건가요?' '아웃팅이 그렇게 죽고 싶을 만큼 괴로운 일인가요?'라고 되물으며 '우리'가 이해할 수 없는 '그들', 우리가 될 수 없는 그들을 추궁하고 심문하며 심지어 동정하기도 했다. 하지만 지금 필요한 것은 '우리'가 경험하는 불안과 '그들'이 느끼는 취약함이 서로 맞닿아 있음을 헤아리는 문화적 역량이다. 이를 통해 신뢰와 환대로 사회를 재구성하는 정치적 실천이 가능해지기 때문이다. 불확실한 나날이 이어지는 시기에 개인의 삶에 스며드는 공포는 곁에 있는 의미 있는 타자가 알아주었을 때야 비로소 잦아들 수 있다.[23]

코로나19 위기를 거치며 새롭게 마주한 윤리적 상상력이 있다면 우리가 서로 연결되어 있다는 희망적이고 절망적인 사실을 절실히 체감하게 됐다는 것이다. 나의 행동이 다른 사람의 일상에 얼마나 큰 영향을 주는지, 다른 사람의 선택이 나의 삶에 얼마나 치명적인 흔적을 남기는지 깨닫는 일은 그동안 성별, 나이, 계급, 지역, 질병, 장애, 성적 지향, 성별 정체성 등 권력의 지층이 사람들을 어떻게 분할해서 통치하고 있었는지를 다시 직면하도록, 그리고 다시 외면하도록 이끌고 있다. 사회적 소수자를 범죄화함으로써 위기를 모면하려는 시도는 언제나 실패할 수밖에 없다. 위기의 근본 원인을 제공한 현 체제는 그대로이기 때문이다. 인류학자 서보경이 주장한 것처럼 우리는 공중보건을 치안의 문제로 만들려는 움직임에 저항하고 개인의 정체성에 대한 물음을 구조적 불평등에 대한 분석으로 바꾸는 작업에 나서야 한다.[24] 우리에게는 '절대 검사받으러 가지 마' '너희 생각하는 건 나뿐이야'라는 말보다 더 나은 이야기를 주고받을 책임이 있다.

---
*

23) 토리, 「공중보건과 인권: 간극 되짚기」, 『메르스와 인권. 에이즈환자 건강권 보장과 국립요양병원 마련을 위한 대책위원회 제안 토론회 자료집』, 2015, 29쪽.
24) 서보경, 「감염과 처벌: 한국 HIV 정책의 유산과 COVID-19 팬데믹이라는 현재와 미래」, 『한국건강형평성학회 봄학술대회 자료집』, 2020, 34쪽.

새 포도주는 새로운 부대에

2020년 4월 11일 중앙방역대책본부는 "코로나19 발생 이전의 세상은 이제 다시 오지 않는다"라고 선언했다.[25] 지금 겪고 있는 위기를 조금만 더 버틴다면 이 모든 어려움이 언젠가는 사라질 것이라는 소박한 기대만으로는 "완전히 다른 세상"이라는 서늘한 진실을 살아낼 수 없다는 것이다. 코로나19 위기는 마치 '그들'이 없다면 '우리'가 행복했던 시절로, 풍요로웠던 예전으로, 자랑스러웠던 그때로 돌아갈 수 있을 것이라는 믿음을 깨뜨리며 지금까지와는 전혀 다른 시공간을 창조할 것을 촉구하고 있다. 여전히 과거에 사로잡힌 이들, 교회와 사회를 다시 위대하게 만들기 위해서 퀴어한 존재를 추방해야 한다고 외치는 이들, 바이러스에 맞서는 것이 아니라 바이러스에 감염된 이들과 싸우는 이들은 생명과 구원의 새 포도주를 담아내기에는 지나치게 낡은 부대에 지나지 않는다.

이미 수많은 사회적 재난의 피해자들은 재난 이후의 회복이 재난 이전의 사회를 원래대로 복구하는 일이 아니라 재난 이후의 사회를 재조직하는 일임을 강조하면서, 재난을 통해 드러난 사회의 문제점을 제대로 해결하는 것이야말로 재난 이후의 회복을 가능하게 만든다고 말해 왔다.[26] 코로나19 종식 이후의 사회는 아직 멀게만 느껴진다. 다만 재

---------------- * ----------------

25) 「중앙방역대책본부 브리핑」, YTN, 2020년 4월 11일.

난 이후의 새로운 세계를 준비하는 일은 저마다의 불안과 취약함을 어루만지고 다양한 모습의 존재가 신뢰와 돌봄 가운데 연결되는 공적인 공간을 만드는 데서부터 시작될 것이라고 믿는다. 이태원 집단감염 사건이 남긴 시린 흔적을 되짚어보며 문화연구자 에드 코언의 이야기를 다시 새긴다. 서로를 돌보는 일이 우리 자신을 돌보는 또 다른 방식이다.[27]

---

*

26) 코로나19 인권대응네트워크 자료집, 『코로나19와 인권: 인간의 존엄과 평등을 위한 사회적 가이드라인』(2020), 11~12쪽.

27) Ed Cohen, "A Cure for COVID-19 Will Take More Than Personal Immunity", *Scientific American* 2020. 8. 7.

제2부

재난이

된

종교

코로나19와 탈종교사회의 종교성

박정위

여는 말

교회가 코로나19의 특별한 표적이라고 말할 수는 없다. 그럼에도 역병 때문에 교회의 모든 것이 바뀐 것처럼 느껴진다. 팬데믹이 종교에 미치는 영향은 어떤 새로운 것을 만들어놓음으로써가 아니라 지금까지 있던 것들을 더 잘 드러나 보이게 하는 데 있는 것 같다. 오늘 교회는 코로나가 흔들어 깨우는 바람에 깊은 잠에서 깨어나 현실을 보게 된 것이다. 북미 사회와 한국 사회의 사례에 기반하여 이 글은 역병의 맥락을 통하여 새삼스럽게 깨닫게 되는 교회의 위기를 말하고자 한다. 바이러스의 세계적 대유행이라는 불안 상황에 어떤 희망의 메시지도 제시하지 못하는 종교, 그 한계의 신학적 배경과 결과로 나타나는 종교 행위들을 짚어보고 대안의 실마리를 찾아보려는 것이 이 글의 목적이다.

은유로서의 코로나19

다른 전염 질환들과 비교할 때 코로나19는 몇 가지 특이한 점들을 가지고 있다. 전 세계를 강타하고 있는 팬데믹이지만, 사망이 고령자들에게 집중되고 치사율은 상대적으로 높지 않다. 반면 감염의 확산 정도는 상당히 빠르다. 감염자 일인이 평균적으로 전염시키는 수(기초감염재생산지수 '알제로R0')가 2.5에서 3.0에 이른다. 그런데 R0의 분포가 심하게 퍼져 있어서 10~20퍼센트 미만의 슈퍼전파자들에 의해 감염된 이들의 비율이 전체 감염자의 80퍼센트나 되지만, 감염된 사람들의 70퍼센트는 다른 사람을 전혀 감염시키지 않았다.[1] 하지만 누가 슈퍼전파자가 될지 예측할 수 없다. 또한 코로나19의 가장 특이한 점은 감염자가 무증상인 상태에서도 활발한 감염이 일어난다는 사실이다. 즉 무증상 환자가 다른 사람을 감염시킬 수 있다는 것이다. 그러므로 증세를 보이는 환자에게 의료적 대처를 하여 타인에게 감염되지 않도록 하는 통상적 순서가 코로나19에겐 적용되지 않는다. 이 모든 특성과 파급효과들로 인해 코로나19는 다른 어느 전염병보다도 거세게 세계를 불확실성으로 몰아넣고 있다.

질병이 야기하는 위험과 공포가 심한데도 그에 대한 인과적 설명, 전염의 경로, 치료의 효과가 불확실할 때 사람들은 질병이 아닌 다른 것들을 질병에 투사하며 의미를 부여한다. 이것이 '질병의 은유'가 발생하는 맥락이다. 결핵, 암, 에이즈에 대한 은유들이 얼마나 유해할 수 있는가에 대한 수전 손택의 통찰은 코로나19에도 여전히 적용될 수 있을 것이다. 질병에 대한 은유는 결코 질병에만 머무르는 것이 아니라 그 의미가 바로 질병을 앓고 있는 환자에게로 확대된다. 에이즈를 신의 저주로 간주하는 은유가 널리 확산되었을 때 에이즈 환자들은 도덕적 타락을

---

*

1) Zeynep Tufekci, "This Overlooked Variable Is the Key to the Pandemic: It's not R.", *The Atlantic* September 30, 2020. https://www.theatlantic.com/health/archive/2020/09/k-overlooked-variable-driving-pandemic/616548/

범하고 죽음의 심판을 받고 있는 죄인이 되었다. 은유가 만들어내는 프레임은 희생자에 대한 '블레임blame'과 '셰임shame'을 찍어내는 틀이라고 할 만하다.[2] 이러한 질병의 은유가 확산되면 질병의 과학이 자리 잡을 곳은 없어진다. 특히 환자 본인이 이 같은 은유의 강한 질책에 굴복할 때 마땅한 이해와 치료가 연기되고 포기되며 방해받는 결과를 낳는다. 이 점 때문에 손택은 질병뿐 아니라 질병의 은유가 사람을 죽이고 있다고 경고한다.

코로나19에 대해서는 군사주의적 은유, 즉 모두 힘을 합해 섬멸해야할 '적'으로 역병을 규정하고 방역 전쟁을 벌이는 듯한 은유가 큰 축을차지했다. 앞에서 언급했듯이 코로나19의 감염 과정의 불확실성 때문에철저한 방역과 관리가 필요하다는 점에서 전쟁 은유가 단기적인 효과를낼 수 있을 것이다. 하지만 전쟁의 은유는 항상 '외부'의 적이 우리의 세계를 침입해 들어왔고, 그것에 의해 우리들, 우리의 일부가 오염되고 있다는 위험 담론을 수반한다. 이 과정에서 '질병의 사회적 은유'는 자연스럽게 '사회의 질병적 은유'로 이어진다. 단순히 코로나바이러스가 적으로 표현되는 것이 아니라 그것과 관련된 어떤 사회집단이 병균처럼 간주되어 처벌해야 할 적으로 치환되는 것이다. 코로나19 발생 초기에 사람들 사이에서 퍼져 나갔던 '우한바이러스'라는 명칭은, 세계보건기구가부적절한 용어라고 지적했음에도 불구하고, 상당 기간 그대로 사용되었

---

*

2) Susan Sontag, *Illness as Metaphor and AIDS and Its Metaphors*(New York: Anchor Books. Doubleday, 1990).

고, 미국 정치지도자 중에는 거리낌 없이 '차이나바이러스' 혹은 더 노골적인 인종 비하적 표현인 '쿵플루3)라고 말하는 이들이 있다. 바로 이런 표현들 이면에는 외부의 적을 지목하려는 욕구가 담겨 있다. 이는 필연적으로 중국인, 나아가 아시아인에 대한 혐오 감정을 부추기는 결과로 이어졌다.4)

팬데믹 앞에서 권력이 행하는 것과는 완전히 다른, 예컨대 불안과 고립에 떨고 있는 사람들에게 억압이 아닌 해방적인 영향을 줄 수 있는 은유를 종교가 제공할 수는 없을까? 안타깝게도 역사적으로 기독교는 되레 질병에 대한 파괴적인 은유의 질료를 제공해왔다. 역병이 되었든, 사형선고를 의미하는 말기 질환이 되었든, 낙인이 수반되는 성병이 되었든, 질병이 환자에 대한 신의 징벌과 심판이라는 의미를 제공한 것이 바로 종교, 특히 기독교였기 때문이다. 코로나19의 경우에도 전과 다름없이 종교계의 억지스러운 심판 은유들이 등장했다. 코로나19 초기에는

---

*

3) 중국 무술인 '쿵푸Kung fu'와 바이러스를 뜻하는 '플루flu'를 합성해서 만든 인종 비하적 표현이다.
4) 실제로 북미 사회에서는 코로나 사태 이후 아시아인에 대한 증오범죄가 급증하였음이 보고되고 있다. 이 같은 증오의 아웃브레이크는 한인들에게도 피해를 미쳤다. 미국보다 사정이 낫다고 하는 캐나다에서도 최근 행해진 설문조사에서 거의 3분의 2에 가까운 한인 응답자들이 팬데믹 기간 동안 타인들로부터 차별을 당했거나 부당한 대우를 받았다고 응답했다. Loanna Heidinger and Adam Cotter, "Perceptions of personal safety among population groups designated as visible minorities in Canada during the COVID-19 pandemic", STATCAN COVID-19: Data to Insights for a Better Canada 2020.

중국의 선교사 탄압에 대한 하나님의 진노라는 주장이 개신교 목회자들을 통해 널리 퍼졌다. 이어 보수적 개신교가 모든 악의 원인이라고 지목해온 동성애자(유주얼 서스펙트로서의 동성애자)를 코로나와 연관시키기 시작했다. 5월 초 서울 이태원 클럽에서 시작된 코로나19 집단감염 사태는 동성애자에 대한 혐오주의로 확산되었다. 초발 환자로 지목된 확진자가 이태원의 게이클럽을 다녀갔다는 토막 소식 하나만으로 동성애자들을 집중적으로 비난한 것이다.

이는 한국에만 국한된 일이 아니다. 잘 알려진 복음주의 신학자 존 파이퍼는 코로나19의 의미를 설명하면서 인간의 죄스러운 태도와 행동에 대하여 하나님은 때로 질병으로 심판한다고 말했다. 그 예로 동성행위를 책망하는 성서 구절을 인용했다. 코로나19 감염이 성소수자들에게 특별히 높게 발생하는 것도 아니고, 그가 말하는 성경 구절이 동성행위를 질병으로 징벌하는 내용이 아님에도, 그의 주장은 동성애가 팬데믹에 어떤 책임이 있다고 전제하고 있다. 전쟁 은유와 마찬가지로, 질병에 대한 자의적인 하나님의 뜻, 심판의 은유가 파괴적이 될 수 있는 것은 소수자를 죄인으로 규정하여 비난하는 것과도 관련되지만, 상식적인 건강 행위와 치료의 노력을 해치기 때문이기도 하다. 보수 기독교계 잡지인 《퍼스트 싱스First Things》의 편집자 레노R. R. Reno 역시 코로나19를 하나님의 개입의 결과라고 단언한다. 더 나아가 그는 바이러스에서 인명을 구하려는 인간의 시도가 감상주의에 불과한 것이고, 고통과 죽음의 현실을 거역하려는 잘못된 십자군 운동이라고 경고한다.[5]

차별의 신학

세계가 팬데믹의 대유행에 위협당하고 있을 때 기독교가 건설적인 담론을 제공하지 못하고 오히려 파괴적인 은유만 양산하는 이유는 무엇일까. 그것은 교회가 취하는 신학적 위치와 관련 있을 것이며 정치·역사적 맥락이 그런 신학의 성격을 이끌어냈을 가능성이 높다. 미국 백인 기독교의 윤리적 한계를 지적한 신작에서 로버트 존스Robert P. Jones는 백인우월주의가 백인 기독교의 신학과 어떻게 연결되어 있는가를 설득력 있게 논하였다.[6]

미국 독립 이전, 식민지 시대부터 대부분의 백인교회들은 백인이 흑인들을 노예로 부리는 비인도적인 사회관계를 당연한 것으로 여기고 있었다. 주일이면 노예 소유주가 (선교의 사명으로?) 노예들을 거느리고 교회에 가서 자기는 앞자리에, 흑인들은 뒷자리에 앉게 했던 것이 흔한 풍경이었다고 한다. 그런 예배당 강단에서 전해지는 메시지와 신학이 해방, 자유, 평등을 말하는 것일 수는 없었다. 그와는 전혀 다른, 주인에 대한 복종, 질서에 끝까지 충성 등과 같은 가치가 강조되었다. 이렇게 시작한 미국 백인교회가 고착시킨 것은 철저하게 개인적인 차원의 구원

＊

---

5) Jonathan Merritt, "Some of the most visible Christians in America are failing the coronavirus test: In place of love, they're offering stark self-righteous judgement", *The Atlantic* April 24, 2020.
6) Robert P. Jones, *White Too Long: The Legacy of White Supremacy in American Christianity*(New York: Simon & Schuster, 2020).

개념, 사적인 영역으로 제한되는 신앙관, 그리고 개인 수준의 도덕/경건주의에 대한 집착 등이다.

미국교회의 전통으로 오늘날까지 이어지는 이런 신학적 입장은 결코 자연 발생적이거나 우연으로 나타난 것이 아니라 필요에 의해서 설계된 것들이었다. 짐 월리스의 말을 빌려 얘기한다면, 마틴 루터 킹의 사회학을 결정한 것이 그의 신학이었던 것과는 달리 백인교회들은 자신들의 사회학으로 신학을 정립한 것이었다.[7] 더 자세히 말하면 사회적 이해관계로 그들의 신학을 정하고 이후에는 그 신학으로 인해 모순된 사회관계를 지탱하려는 모양을 보이게 된 것이 미국의 백인교회이다. 바로 오늘까지도 다수의 백인 기독교인들이 보이는 인종 편견적 성향, 예컨대 'BLM(Black Lives Matter)' 운동에 대한 부정적 태도, 트럼프에 대한 일방적 지지[8] 등이 나타나는 것 역시 우연이 아니다. 이는 수백 년간 이어온 백인교회의 전통과 신학이 연관되어 있다고 봐야 한다.

인종주의와 같은 잘못된 신념이 미국교회와 처음부터 공존하며 그들의 신학에 영향을 미쳤다는 사실은 모순적이고 비극적이지만, 백인우월주의에 기반을 둔 지나친 개인 중심 신학의 전통이 초래하는 또 다른 문제가 있다. 존스의 지적에 따르면, 미국교회의 백인 그리스도인들

---------------------------------- * ----------------------------------

7) Jim Wallis, *America's Original Sin: Racism, White Privilege, and the Bridge to a New America*(Grand Rapids, MI: Brazos Press, 2016), p. 108.
8) 《뉴욕타임스》의 출구 조사에 의하면 2020년 미국 대통령 선거에서 백인 복음주의 기독교인들 중의 무려 76퍼센트가 트럼프를 지지하였다.

은 어떤 사안에 대해서도 좀처럼 구조적으로 생각하지 않는 경향이 있다는 것이다. 교회에서 학습된 이와 같은 협소한 시각은 인종주의에 국한하지 않는다. 다른 사회적 주제들, 가령 불평등, 빈곤, 차별 등에 대하여 구조적인 원인과 역사적 뿌리를 알려고 하지 않으며, 단지 개인의 한계 때문으로 간주하곤 한다는 것이다. 제도적으로 차별당하는 이들의 존재를 완강히 부인하는 이유도 여기에 있다. 결과적으로 많은 백인 기독교인들은 흔히 엉뚱한 대상에게 화풀이하거나 번번이 자신도 피해자일 수 있는 기존 권력 질서의 편에 서고 만다. 이 같은 반구조주의의 경향을 교회와 분리해서 생각할 수 없다. 비기독교인 백인들, 특히 무종교인 중에서는 같은 경향이 거의 나타나지 않는다는 존스의 경험적 분석 결과가 이 점을 반증한다.[9]

미국 백인교회의 예는 예수의 사랑과는 정면으로 배치되는 내용일지라도 그것이 종교의 이해관계와 부합될 때 신학의 성격까지 규정하는 영향력이 있음을 보여준다. 한국의 개신교회는 출발부터 미국 백인교회로부터 막대한 영향을 받았다. 미국 선교사들로부터 그런 식의 이해를 주입받은 결과 한국교회도 비슷한 교회의 문화와 교인의 태도가 견고하게 형성된 것이다. 개개인의 신앙생활을 강조하고 개인 구원을 신앙의 목표로 설정하고 있다는 점에서 한국교회와 미국 백인교회 사이의 신학적 유사성이 뚜렷이 드러난다. 더 중요한 점은 보수 신학에 매달리는

---

*

9) Robert P. Jones, *White Too Long: The Legacy of White Supremacy in American Christianity*(New York: Simon & Schuster, 2020), pp. 243~247.

배경이 교회, 교단의 사회적 이해관계와 전통을 수호하고 합리화하려는 데 맞닿아 있다는 점이다. 소수자에 대한 차별을 금지하자는 법안을 많은 교회들이 조직적으로 반대하고, 거대 교단이 아직까지도 여성 목회자 안수를 허용하지 않는 현실을 달리 어떻게 설명할 수 있을까. 현재의 권력에 대해서는 순응적인, 늘 강자 편을 지지하는 태도, 차별의 구조적 문제에 대해선 무관심한 태도, 동시에 개별 교회의 이익에는 민감한 대다수의 한국교회 지도자와 신도들의 태도는 미국 백인교회에서 발견되는 문제점들과 너무나 비슷하다.

차별의 신학이 유지되고 강화되는 또 다른 기제는 한국교회 내에 깊이 자리 잡고 있는 권위주의와 비민주적인 의사 결정 구조일 것 같다. 공동체가 함께 안고 있는 과제와 사명에 대한 내용이 자세히 공유되고 계획과 논의가 공개적으로 투명하게 이루어진다면, 그리고 모든 결정 과정들이 민주적이고 참여적인 절차를 따른다면 차별을 포함한 비도덕적인 원칙과 실천이 신앙 공동체 안에서 긴 세월 동안 잔존할 수는 없을 것이다.

왜곡된 종교성

차별을 정당화하는 신학에 근거한 종교라면 거기서 강조되는 종교성(religiosity)은 어떤 것일까. '믿음이 좋다', '신앙이 깊다'라는 말은 조직 종교가 규정하여 구성원들에게 요구하는 의무 사항이다. 특히 한국교회에서 높은 종교성을 인정받는 것은 직분으로 나타나는 조직 내의 사회적 보상과도 연결되어 있다. 희극작가이자 영화감독인 우디 앨런은 성공의 80퍼센트는 '나타나기(showing up)'라고 했는데, 그 말이 꼭 들어맞는 데가 종교, 특히 한국교회가 아닌가 싶다. 그 조직에 속해 있다는 것, 그리고 소속감의 강도가 높다는 것을 '나타나서 보여주는' 것이 가장 중요하다. 소속성의 과잉된 강조가 한국교회의 종교성을 결정하고 있다.

마땅히 교회가, 교인이 해야 할 일을 하고서도 그것이 소속성에 기여한다는 확신이 없을 때 불편한 부자연스러움에 직면하게 된다. 가령 어느 교회가 난민을 지원했다고 하자. 그들은 우리와는 다른 문화적 배경 속에서 태어났고 성장한 이들이다. 교인들은 그들이 언제 교회에 오는지, 더 구체적으로는 언제 '우리' 교회에 등록하게 될 것인가를 당연한 듯 물을 것이다. 기대한 답을 얻지 못했을 때 교인들의 표정은 어떨까. '교회에도 나오지 않는다면 도대체 우리가 왜 그들을 지원해야 할까?'라고 묻지 않을까. 아무리 좋은 동기를 가진 일이라고 해도 소속 교회 이외의 기관이나 사람에게 기부를 한다면 그것은 종교적 행위가 될 수 없다. 세상을 위한 인도적인 선행은 될지 모르지만 이른바 교회 안에서 신앙을 인정받는 종교성의 크레디트를 올리는 행위는 되지 못한다. 그 행동이 소속감을 증명하지 못하기 때문이다. 되레 소속감의 한 차원 높은 개념인 충성도가 부족한 신도로 의심받을 수 있다. 성도가 해야 할 믿음의 행동은 소속 교회와 관련한 활동과 사업에 종사하는 것으로 국한된다. 소속과 충성을 증명하려면 예배에 참석하는 것에 그치는 것이 아니라, 각종 훈련, 교육, 프로그램, 이벤트 등에, 우디 앨런의 말처럼, 빠짐

없이 나타나야 한다. 또한 자신의 뜻과 상관없이 교회의 사역들이 운영될 수 있도록 시간을 들여 헌신하고 물질로 지원해야 한다. 성전(?) 건축과 같은 조직의 미래가 달린 특별 과제에 대해서는 보다 확실하게 기여를 해야 한다. 그런 일에는 '부흥'이란 아름다운 이름이 주어졌다. 교회의 부흥과 성장을 위한 헌신은 전사의 역할과도 같아서 총동원의 명령에 따라야 하고 영적 전쟁을 치르듯 포교에 힘써야 한다.

조직에 대한 충성이 강조될 때 그것은 다른 의견이나 질문을 제기하지 않는 무조건적 복종으로 이해되기 쉽다. 지도자들이 주장하는 교회 조직의 이념들, 신조와 법에 대한 복종이 '신앙이 좋은' 것의 지표가 된 것이다.[10] 해서 개인들은 믿음이 깊음을 보이고 증명하기 위해 일상적인 대화 중에도 복종과 그로 인한 보상으로 점철된 언어들을 구사한다. 뿐만 아니라 그런 기준으로 다른 성도들을 평가하고 판단한다. 여기엔 성문화된 교리와 교회법이 시대의 산물일 뿐이라는 이해가 들어갈 자리가 없다.

---

*

10) 하비 콕스는 belief와 faith를 구별하면서 지난 1500년간의 기독교의 역사가 처음의 순수한 신앙(faith)을 상실하고 급속도로 종교의 교리, 교회 내의 법과 위계에 대한 믿음과 복종만이 요구되는 도그마의 시대, age of belief가 되었음을 개탄하였다. (신조와 교회법과 같은 문자에 대한) 믿음(belief)은 다른 변수들, 과학의 발전, 세계관의 변화, 인식의 진보에 따라서 소멸되고, 진화하고 바뀔 수 있는 의견과 같은 것인 반면 신앙(faith)이란 우리 마음에 깊게 자리 잡은 소중한 신념, 예수를 통해서 알게 된 선한 하나님이 통치하는 평화와 정의의 새 시대에 대한 소망이자 삶의 방식을 의미한다. Harvey Cox, *The Future of Faith*(New York: HarperCollins, 2009).

종교 조직으로서 한 교회를 섬긴다는 것은 사실상 조직의 목적에 종사하는 것 이상이 될 수 없다. 조직에 대한 충성이 최고의 가치로 인식될 때 소속원들의 사고의 범위도 그 조직의 이해관계의 울타리를 넘어서기 힘들다. 또 세상과 역사에 대한 체계적인 고민이나 보다 깊은 가치에 대한 성찰의 기회를 교회 내에서 찾는다는 것은 거의 불가능하다. 젠트리피케이션gentrification으로 교회 건물의 가치가 올라가는 것에 감사기도를 올리지만 같은 이유로 거주지에서 내쫓긴 이웃에 대한 염려는 찾아보기 힘들다. 신앙을 스스로 탐구하고 성숙시킬 방법이나 제도도 갖추어져 있지 않지만, 교회 조직에서 인정받는 교회생활을 하려면 되레 그런 생각을 하지 말아야 한다. 그래서 보통의 사람들에게 상식인 관용이나 배려는 기독교인들에게는 낯선 개념이 된다. 조직 종교의 성장과 부흥을 쟁취하려는 열성이 시장 승리주의와 무엇이 다른가라는 질문은 교회 안에서는 상상할 수조차 없다.

탈종교의 흐름

코로나19 사태 이전에 이미 전통적인 종교성은 한계에 다다르고 있었다. 점점 더 많은 사람들의 탈종교 흐름, 특히 젊은 세대의 종교 이탈이 두드러지게 나타나고 있었기 때문이다. 이는 종교가 요구하는 종교성에 대한 거부의 의미라고 볼 수 있다. 더 많은 사람들이 종교의 이해관계에 종속되어 개인성이 파편화되는 것을 스스로 용납하지 않게 되었다는 뜻이고 '믿음이 좋다'라는 인정에 연연하지 않겠다는 선언이기도 하다. 따라서 양적 성장을 목적으로 설정된 종교성은 사람들의 이탈이 늘어나면서 자기모순에 직면하게 된다. 2015년 인구주택총조사[11] 자료를 바탕으로 한국의 종교 분포를 살펴보면 10년 전과 비교했을 때 15세 이상 한국인들의 종교 분포는 무종교가 거의 10퍼센트포인트의 증가를 보여 과반을 훨씬 상회하게 되었다.(56.1퍼센트) 종교 인구는 10년 전 52.9퍼센트에서 43.9퍼센트로 크게 감소했는데, 이 중 불교와 천주교는 감소세를 보였고, 개신교가 소폭의 증가를 보여(18.2→19.7퍼센트) 거의 20퍼센트에 육박하는 최대 종교 집단이 되었다.[12] 하지만 무종교의 비율은 특히 젊은 연령대에서 뚜렷하게 높다. 15~24세의 경우엔 3분의 2에 이른다. 종교를 가진 사람의 수가 절반을 넘는 분포는 55세 이상의 연령대에서만 나타난다. 젊은 연령집단의 높은 탈종교율은 한국 종교의 암울한 미래를 엿보게 한다. 이미 빠르게 고령화되고 있는 인구 변화 속에서 종교 인구는 더 급속한 고령화 추세를 보이게 될 것이다.

다음의 그림은 미국 사회에서 각 세대별로 무종교인의 비율이 어떻게 변해왔는지를 보여준다. '밀레니얼' 세대(1981~2000년 출생)와 같은

---

*

11) 문화체육관광부, 2018. '2018년 한국의 종교 현황'.
12) 인구주택총조사(센서스)에서는 종교를 갖고 있는가의 여부와, 갖고 있을 경우 어떤 종교인지를 묻는다. 따라서 센서스에서 파악되는 종교 인구는 종교 기관에 등록한 사람을 의미하는 것이 아니다. 개신교인으로 파악된 사람들 중에는 교회에 등록을 하지 않았거나 출석하지 않더라도 스스로 개신교인이라고 생각하는 모든 사람들이 포함되어 있다.

젊은 연령층의 무종교율이 높고 증가세도 가파르다. 2018년 현재, 미국 내 밀레니얼 세대 중 3분의 1이 무종교인이다. 하지만 놀랍게도 젊은 연령층에서만이 아니라 모든 세대 집단에서 무종교율이 증가한 것으로 나타났다. 예를 들어 1925~1945년 사이 태어난 '사일런트 세대(silent generation)'[13]의 경우 1998년에서 2018년까지, 즉 7, 80대 노인들이 90세 이상이 되는 시기 중에도 무교의 비율이 5퍼센트 정도 늘어났다.[14] 탈종교화는 특정 세대나 연령집단에 국한된 현상이 아니다.[15]

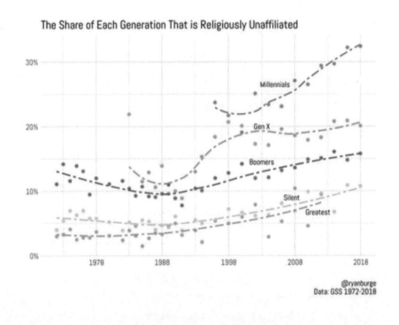

The Share of Each Generation That is Religiously Unaffiliated

@ryanburge
Data: GSS 1972-2018

---

*

---

13) 세계대전을 직접 겪거나 유년 시절을 보낸 세대를 지칭하는 표현이다. 전쟁과 냉전이 첨예했던 경직된 시대에 침묵을 강요당한 세대라는 뜻을 담고 있다.

탈종교 현상의 원인에 대해서 다양한 해석이 가능하지만 가장 공통적으로 지적되는 것은 많은 사람들이 종교계가 비현실적인 교리를 강조하는 것에 피로감을 느끼고 그 내용에 대하여 회의적이게 되었다는 것이다. 교회를 떠나는 구체적 원인으로 언급되는 것은 교회가 취하는 정치·사회적 주제에 대한 입장이 일반 사회의 상식과 양심을 따르지 못하는 것에 대한 좌절, 기대에 어긋나는 종교 지도자들의 한계, 때로는 그들의 위선에 대한 실망이다. 좀 더 포괄적으로 말하자면, 교회를 떠나는 사람들이 말하는 탈종교의 이유는 교회가 자신들과는 상관없는 가치에 집착하고 중요하지 않은 일에 몰두하며 그 실천의 방식도 합리적이지 못하다는 느낌, 즉 개인의 삶에 주는 어떠한 의미나 연관성을 종교에서 찾을 수 없다는 사실에 있다.[16] 코로나19가 낳은 건강의 위기, 심

---

*

14) Paul A. Djupe and Ryan P. Burge, "The decline of religion may be slowing", *Religion in Public: exploring the mix of sacred and secular* 2020.

15) 이와 같은 세대별 탈종교화의 경향은 한국 사회에서도 비슷하게 발견되었다. 세대별로 센서스 자료를 분석해본 결과, 2005년에서 2015년, 10년 사이에 25세 이상 모든 연령집단에서 무종교의 비율이 늘어났다. 15~24세 연령군이 25~34세가 되는 지난 10년 동안 무종교인의 비율은 무려 30퍼센트포인트 넘게 증가하였다. 심지어 2005년 당시 75~84세 노인들이 10년 뒤 85~94세에 이르렀을 때 그 연령집단의 무종교율도 무려 20퍼센트포인트가량 늘어났다.

16) Pew Research Center, "Why America's 'nones' don't identify with a religion?" *FACTANK: Number in the numbers* August 8, 2018. https://www.pewresearch.org/fact-tank/2018/08/08/why-americas-nones-dont-identify-with-a-religion/

리적 불안, 경제적 위협을 겪는 사람들은 온라인 예배의 정당성 여부를 따지고, 버추얼 성찬이 가능하니 안 하니를 논하는 교회의 모습을 봐야 한다. 오늘날 교회의 모습은 사람들로 하여금 종교의 무의미성을 더 현저히 느끼게 하고 교회가 자신과는 다른 세계에 존재하고 있다는 것에 회의하게 만든다. 열정을 가지고 신앙생활을 할 때까지 하다가 실망하고 한계에 부딪힌 지친 사람들의 종교 난민화는 증가할 수밖에 없는 것이다.[17)

코로나19가 가져온 위기와 대안의 실마리

탈종교의 파도 속에서 코로나라는 태풍을 맞았다. 코로나19를 통하여 전부터 있어왔던, 그럼에도 알려고 하지 않았던 신학과 종교성의 한계들을 적나라하게 목격하게 되었다. 당장 대면 예배가 제한된 상황에서도 근본적인 신학적 성찰을 하기보다는 기술적인 적응을 하려고 노력하는 교회들이 더 많다. 하지만 전과 같은 소속과 참여를 기반으로 한 종교성을 되찾기는 힘들 것이고, 이미 시작된 탈종교의 추세는 포스트

※

17) 그래서 패카드와 호프는 다수의 교회의 이탈자들을 단순히 'none(non-affiliated)'이라고 칭할 수 없고 'done'이라 불러야 하는 처치 레퓨지들이라고 주장한다. Josh Packard and Ashleigh Hope, *Church Refugees: Sociologists reveal why people are DONE with church but not their faith*(Loveland, CO: Group Publishing, 2015).

코로나 시기에 더 빠르게 진행될 것이다.

팬데믹 경험으로 교회는 특별한 자기성찰을 하게 해야 한다. 코로나19로 브레이크가 걸린 것이 결코 교회의 모든 영역과 역할의 전부일 수는 없다. 하지만 교인들은 모든 종교적인 것이 중지된 것 같은 느낌을 받았다. 대면 예배가 금지되면서 모일 수 없게 된 것뿐인데 이전에 하던 다른 사역들도 모두 힘을 잃었다. 이는 교회가 그동안 굉장히 분주히 움직이고 있는 것 같았지만 실은 일주일에 몇 번 건물에서 모이는 것이 대부분이었음을 자백하는 것과 다름없다. 팬데믹을 겪는 현재도 많은 교회가 집착하는 것은 이전에 드리던 주일예배를 어떻게 그대로 유지할까, 어떻게 하면 전에 하던 방식으로 빨리 돌아갈 수 있을까 하는 것이 대부분이다. 일반 사회의 각 영역에서는 바뀐 환경에 맞는 역할을 수행하려고 새로운 적응과 혁신적인 시도들이 나오는데 비슷한 정도의 노력이 종교계에서는 보이지 않는다. 결국 교회는 조직의 운영과 유지라는 이해관계에 직접 맞닿아 있는 대면 예배에만 치중했고 지금도 그렇다는 얘기다.

니콜라스 크리스타키스는 오랜 진화의 시기를 거쳐 우리의 유전자에 박혀 있는 특성, 어느 종과도 구분되는 사회를 만드는 본능이 인간에게 있다고 말한다. 그 특이한 능력을 그는 소셜 스위트social suite라고 불렀다.[18] 세상에서 관찰되지만 인간에게서 나온 그것들은 개인의 정체성을 존중하고 인식하는 능력, 가족에 대한 사랑, 우정, 사회 연결망, 협동,

---

18) Nicholas A. Christakis, *Blueprint: The Evolutionary Origins of a Good Society*(New York: Little, Brown Spark, 2019).

자기 집단에 대한 선호, 유연한 위계, 사회적 학습을 포함한다. 모든 사회의 기저에 이와 같은 특성들이 자리하고 있으며 이것들이 제대로 작동했을 때 위기의 극복은 물론 선한 사회로의 진보가 가능해진다는 그의 주장은 설득력 있게 들린다. 진화와 사회화가 결과한 대로 인간이 더 인간다워지고 사회가 사회다워지는 것이다. 크리스타키스는 선박 난파로 인한 표류와 같은 특수한 상황이 인간의 사회 능력을 이해하는 '자연적 실험'의 기회가 됨에 주목했다. 난파 이후 갈등을 겪고 살상·살육의 파국에 이른 케이스들이 있는가 하면 기적이라고 불릴 만한 생존의 드라마가 펼쳐진 경우들도 있었다. 수백 년간의 난파 기록에 대한 크리스타키스의 해석은 인간의 본능적 사회성을 잘 살리고 지켰을 때 난파의 위기가 더 잘 극복되었다는 것이다. 예를 들어, 성공적인 케이스에서 어김없이 발견되는 것은 개별 멤버들에 대한 존중, 존경받을 만한 리더들의 능력과 희생정신, 합리적인 협력과 분업 등이었다. 달리 말하자면, 소셜 스위트가 제대로 작동될수록 사람들은 조난의 위기를 효과적으로 이겨낼 수 있었다.[19]

코로나19도 어떤 의미에선 범세계적으로 경험하는 난파의 사건이 아닐까. 이것은 인간을 이해할 수 있는 또 다른 자연적 실험의 세팅을 제공하고 있다. 팬데믹으로 인하여 변화와 적응을 요구받는 종교계의 입장에서는 정말로 조난의 위험과도 같은 것이며, 교회의 모순이 드러난

---------------------- * ----------------------

19) Ibid., p. 57.

상황에서 실험의 기회가 주어졌다고 할 수 있다. 영원한 침몰에 빠질 것인가 아니면 영화 〈라이프 오브 파이〉(Life of Pi, 이안 감독, 2013)[20]의 주인공 파이처럼 표류의 경험을 영적 순례의 스토리로 승화시킬 것인가. 그것은 교회가 위기 중에 어떠한 대처를 할 능력과 인식을 갖고 있으며 어떤 의지를 갖고 있는가에 따라 결정될 것이다. 신학자 김근주는 신구약 성경 전체의 요약이자 원칙을 황금률, "대접받고자 하는 대로 대접하라"와 "네 이웃을 네 몸과 같이 사랑하라" 두 가지 말씀에서 찾는다. 그가 말하는 '사랑의 법'이다. 이는 성경 전체가 일관되게 전하는 주장이며 시대와 문화를 초월한 가르침이다.[21] 사랑의 법은 특히 위기 상황, 불확실 시대에서 기독교가 집중해야 할 원칙이라고 생각한다. 그리고 이는 크리스타키스가 말하는 인간의 소셜 스위트를 재건하려는 노력과 본질적으로 다르지 않은 것이다. 코로나19 시대에 교회가 회복해야 할 종교성이란 인간의 사랑과 연대 협력을 극대화하는 공존성과 사회성을 살리는 것에 맞추어져야 한다. 종교 스스로의 이해를 지키려는 목적과 그에 종사하는 형태의 종교성은 이제 극복되어야 한다. 코로나가 일으킨 위기를 맞아 교회가 이웃을 향해 다가가는 것은 재난 극복을 효과적으로 돕는 길이기도 하지만 더 중요한 점은 스스로 잃어버렸던 종교의 성격과 역할을 찾는 길이라는 사실이다.

---

*

20) 원작은 얀 마텔Yann Martel의 소설 『파이 이야기』(Life of Pi, Toronto: Knopf Canada, 2001)다.
21) 김근주, 『나를 넘어서는 성경읽기』(서울: 성서유니온, 2017).

자기 이익에 집착하는 조직 종교에서 공동선을 위해 행동하는 종교로의 이동, 건물과 규정에 묶여 있는 '오거나이즈드 릴리전organized religion'에서 사랑의 법을 전 사회적으로 실천하는 운동으로서의 '오거나이징 릴리전organizing religion'으로의 이주가 필요한 시점이다.[22] 이것은 종교가 세상으로 나아가서 예수의 사랑을 실천하는 것을 의미하는 것이며 동시에 전통적인 종교의 틀 밖으로 나가는 구체적인 노력을 뜻한다. 교회가 앞장서서 지역사회의 생태계 보호 운동을 이끌고, 소외가 없는 다양성과 포용으로 모든 이웃을 교회로 초대하고, 도심의 젠트리피케이션으로 밀려나는 저소득 이웃의 터전을 지켜내기에 연대하고, 집단 증오를 막아내는 형제애의 교육을 제공하고, 이민자와 난민의 권리를 알려주고 그들의 존엄을 위해서 함께 협력하며, 방과 후 갈 곳 없는 아이들을 위한 우정의 커뮤니티가 되어주는 것 등등. 그야말로 공적인 영역에서의 사랑, 정의가 실천되는 과정이자 소셜 스위트가 재건되는 사회의 윤리가 되살아나는 종교 운동이 필요한 시점이다. 프란치스코 교황이 지적한 것처럼 기독교인들에게 이 운동은 단순히 시민으로서의 책임이 아니라 하나님이 준 계명이다. 이런 노력들은 자신이 처한 환경 내에서 행하는 지극히 작아 보이는 것일지라도 사회적인 통찰과 뜨거운 열정, 섬세한 창조성 없이는 이루어내기 힘든 일들이다. 그래서 이

---

*

22) Brian D. McLaren, *The Great Spiritual Migration: How the world's largest religion is seeking a better way to be Christian*(New York: Convergent, 2016).

같은 운동에 참여하는 민중을 교황은 '사회적 시인(social poets)'이라고 명명한다.[23] 그런 면에서 이는 중대형 교회들이 많은 자원을 갖고 있다고 해서 쉽게 성취하거나 독점할 수 있는 것은 아니다. 되레 조직 종교의 관성에서 자유로운 작은 교회, 적은 무리들이 '사회적 시인'의 역할을 할 가능성이 더 크다.

캐나다 몬트리올의 하시딕 유대인(Hasidic Jewish)[24]들은 코로나19를 겪으면서 그 모순을 경험하고 극복하는 특별한 여정을 겪었다.[25] 수염과 머리카락을 길게 기르고 18세기풍의 검정색 긴 옷에 챙이 큰 모자를 쓰는 하시딕 유대인들에게도 코로나19는 힘든 도전이었다. 철저히 모여서 예배하고 기도하는 이들에게 '사회적 거리두기'라니. 전염병 유행

---

*

---

23) Pope Francis, "Pope Francis to popular movements: The universal destination of goods is not a figure of speech in the Church's social teaching", 2015. https://www.plantpartners.org/pope-francis-to-populist-movements.html

24) '하시딕 유대인'은 율법에 대한 철저한 준수를 강조하는 정통주의를 지향하는 유대교 분파다.

25) 관련기사들: Joseph Rosen, "For years I felt rejected by my Hasidic neighbours. But COVID-19 brought us together", *The Globe and Mail* May 15, 2020. https://www.theglobeandmail.com/opinion/article-physical-distancing-is-designed-to-keep-us-apart-but-it-has-brought/ ; CBC Radio, "Worlds apart, yet neighbours, Montreal musicians use song to connect", *The Sunday Magazine* May 15, 2020. https://www.cbc.ca/radio/sunday/the-sunday-edition-for-may-17-2020-1.5564926/worlds-apart-yet-neighbours-montreal-musicians-use-song-to-connect-1.5540176

초기 혼돈의 시기에 다수의 감염자가 나왔고 몬트리올시의 첫 팬데믹 사망자도 조카의 결혼잔치에 갔다가 감염된 하시딕 유대인이었다. 그들이 모여 사는 동네가 핫스폿hot spot이 되어버리니 이웃들의 비난을 피할 길이 없었다. 한편 고난의 역사를 겪은 유대인들의 입장에선 자신들을 차별하고 희생양 삼으려 하는 것으로 이해했다. 그들은 크게 반발하였고, 이웃들과의 갈등이 재점화되는 듯했다.

회당에 모일 수 없게 되자 하시딕 유대인들은 동네의 길가에서 기도와 찬양을 시작했다. 최소 열 명은 모여야 한다는 율법과 모임을 자제하여 접촉을 최소화해야 한다는 사회적 거리두기의 사회적 합의, 이 두 가지를 모두 준수하면서 할 수 있는 유일한 예배 방식이었다. 코로나 상황이 강제한 외로움 때문이었을까, 이웃들이 하시딕 유대인들의 기도와 챈팅chanting[26]에 대하여 호기심을 갖고 긍정적인 반응을 보이기 시작했다. 하시딕 유대인들은 동네 이웃들의 집을 하나하나 돌면서 문 앞에 자신들이 만들고 정성스레 포장한 홈 메이드 쿠키를 남겨두었다. 작은 메모에는 길가에서 예배드리는 이유의 설명과 양해해주는 이웃에 대한 감사를 담았다. 그리고 어려운 때를 같이 이겨내자고, 모든 것이 잘될 것이라 함께 희망하고 기도하자는 메시지도 전하고 있었다. 정말로 종교다운 메시지 아닌가. 팬데믹을 신의 징벌이라고 선언하는 극렬 기독교 지도자들과는 대조되는 모습이다. 이웃들은 이들 하시딕 유대인들의 뜻밖

※

---

26) 히브리어에 음률을 넣어 노래하듯 읊조리는 기도인데, 여기에는 일반 기도와는 달리 그 말의 의미보다는 소리의 종교성에 초점이 있다.

의 호의에 고마워하며 그들의 예배와 찬양이야말로 가장 귀한 선물이었다고 화답하였다.

몬트리올의 하시딕 유대인들은 코로나19를 겪으면서 자신들의 전통이 하지 않던 용기 있는 새로운 시작을 한 것이다. 자신들의 벽을 허물고 이웃과의 커뮤니티를 향해서 밖으로 나온 것이다. 그로 인해 결코 그들의 종교성이 손상된 것이 아니라, 오히려 이웃과의 만남의 문이 열렸다. 이웃들의 잠자고 있던 신심까지 일깨웠는지도 모른다. 교회가 자기를 낮추고 지역을 향할 때 얻게 되는 변화는 전에 알지 못했던 공존을 깨닫고 세상과의 연대가 실현되는 것임을 하시딕 유대인들의 코로나 경험을 통하여 배운다.

맺는말

이 글을 통하여 코로나19 사태로 인해 드러나는 탈종교사회의 종교성에 대하여 생각해보았다. 코로나19가 사회의 각 부분에 유례없는 영향을 미치고 이후의 세계가 어떻게 변화할 것인가에 대하여 많은 관심이 모아지고 있다. 특히 교회는 활동 방식에 큰 도전과 변화를 겪으면서 그 한계와 가능성을 함께 경험하고 있다. 오프라인 예배가 온라인 예배로 대체되고 평소의 많은 활동들도 중단되거나 축소되어야 하는 상황을 맞았다. 그것은 교인들이 교회를 아예 떠나버릴지 모른다는 심각한 걱정에 빠지게 했다. 또 교회 스스로 달라져야 하지 않을까라는 정체성의 고민을 겪게 만들었다.

코로나19는 본질적으로 새로운 상황을 창조해내지 않는다. 이미 있어왔던 문제점들이 팬데믹 위기의 시기를 맞아 더 뚜렷하게 노출되는 것이고 해결을 모색하는 실마리도 이미 존재해오던 노력들에서 시사점을 얻을 필요가 있다. 공중보건의 위험과 경제 불안을 겪고 있는 사회에 대하여 치유적인 희망의 담론을 전하지 못하고 되레 폭력적인 은유를 더하고 있는 기독교의 문제는 신학의 한계와 그것이 야기한 편협된 종교성의 의미와 깊이 관련되어 있음을 지적했다. 종교의 이익을 기준으로 형성된 신학은 사회적인 주제들을 바르게 이해하고 참여하기를 어렵게 했고 자기 종교 집단의 유지와 성장에만 몰두하는 현상의 배경이 되어왔다.

팬데믹이 종교의 상황을 살펴볼 수 있는 자연 실험의 세팅을 제공했다면 긴 세월 동안의 진화와 사회화의 결과로 나타난 인간의 사회적 특징들이 종교의 역할에서도 필수적인 요소들이 된다. 그것은 종교가 인간의 정체성의 존엄을 살려주고 사랑과 우정으로 협동을 일으키며 그 과정에서 조화로운 배움이 있게 하는 노력이다. 그러려면 무엇보다 종교는 무거운 전통의 옷을 벗고 이웃들에게 다가가 그들과 함께하는 시간과 장소가 되어야 한다. 그것이 코로나19가 교회에게 주는 가장 큰 교훈이다.

오늘 코로나19 팬데믹이 낳고 있는 전 지구적인 위기를 생각할 때 교회가 맞고 있는 어려움은 어쩌면 작고도 작은 한 부분이다. 또 대면 예배를 드릴 수 있는가, 다른 방식은 무엇일까 하는 것은 교회가 느껴야 할 위기의식 중에서도 작은 부분이어야 맞다. 왜냐하면 교회의 '레종 데트르raison d'être', 즉 존재할 이유에 대한 물음은 단지 교회의 생존을 걱정하는 물음이 아니라, 교회가 존재해야 할 가치가 무엇인가에 대한 질문이어야 하기 때문이다. 모든 것을 다 바쳐서라도 어떤 환경 속에서도 세상의 위기로 인해 고통받는 이웃들과 함께하는 사랑만이 교회가 좇아야 할 가치임을 확인하는 물음인 것이다. 코로나 사태로 인해서 벌어지고 있는 전 세계적인 생명 손실과 건강 위기, 그것들이 야기하는 대량 실업과 빈곤의 확대, 더 극심해질 모든 영역에 있어서의 양극화 현상, 또 인구 집단 간의 편견 증오 차별, 이 같은 세상의 위기 요소들에 대해 창의적인 헌신과 연대의 실천으로 대응하는 일은 교회가 탈종교 시대의 많은 이들이 잃어버린 종교성의 의미를 다시 찾게 돕는 유일한 길일 것이다.

'언택트의 사회' 바깥에서 언택트를 묻다

코로나19와 작은 교회

김진호

대분열

대한예수교장로회 통합파(이하 예장통합) 총회가 전문 기관에 의뢰하여 자교단 소속 목회자 1,135명을 대상으로 한 설문[1]에 의하면, 코로나19의 확진자가 크게 늘었던 2020년 3~4월 주일예배 평균 출석률은 42.4퍼센트였고, 정부가 사회적 거리두기 수준을 낮추었던 5월 24일 예배 때는 61.8퍼센트가 참여했다. 또 코로나 이후 평균 감소 예상 비율은 19.7퍼센트였다.

그런데 한국기독교목회자협의회(이하 한목협)의 2017년 조사[2]에 따르면 그해 개신교 신자 중 예배에 출석하지 않는 이들의 비율은 23.3퍼센트였다. 대통령 탄핵에 불복한 극우파의 '태극기 집회'가 한창이던 때의 조사다. 교회가 이들 극우주의의 온상이라는 혐의가 짙었으니 많은 이들이 교회에서 이탈하는 것은 전혀 이상하지 않았다.

한데 2020년은 어떤가? 위의 예장통합 총회가 설문한 시기는 신천지발 대감염이 한창이던 때였다. 개신교 신자들은 신천지가 개신교와는 전혀 다른, 이단 종파라고 주장하지만, 시민사회의 많은 이들은 신천지를 개신교의 한 종파로 보고 있다. 물론 인구주택총조사에서도 신천지

---

1) 「대한예수교장로회 총회 소속 목회자 대상 포스트코로나19 설문조사 1차 보고서」, 『코로나19 이후의 한국교회 대토론회』, 예장통합총회, 2020. 6. 15.
2) 한국목회자협의회, 『한국 기독교 분석 리포트: 2018 한국인의 종교 생활과 의식 조사 보고서』(URD, 2018).

를 개신교에 포함시켜 조사하고 있다. 아니나 다를까, 그 무렵 개신교에 대한 사회적 이미지 조사들은, 그 전에 비해 더 악화된 건지 확인할 수 없지만, 매우 나쁜 상태였음을 보여준다. 그렇다면 2017년에 23.3퍼센트의 신자들이 교회를 나가지 않는다고 답한 것보다 이탈자가 적을 것이라는 추정은 그다지 상식에 부합하지 않는다. 그런데 예장통합 목사들은 23.3퍼센트보다 감소폭이 적을 것이라고 예상했다.

　그런 맥락에서 한국헬스커뮤니케이션학회(Korea Health Communication Association, 이하 KHCA)의 '코로나19, 5차 국민인식 조사[3]'는 상식이라는 말이 무색할 정도로 충격적이다. 그 조사 시기는 예장통합의 조사에서 예배 참여 비율이 42.4퍼센트라는 결과가 나왔던 바로 그 어간이었다. 종교적 모임의 참여 여부를 묻는 질문에 그렇다고 답한 이가 고작 6퍼센트였다. 종교인에게 따로 물은 것은 아니지만 그렇다고 답한 이는 당연히 종교인일 것이다. 한데 2015년 인구주택총조사에서 종교 인구는 50퍼센트 이하이고 개신교 대 불교 대 가톨릭 신자의 비율은 '45:35:18'이며, 전체 종교 인구 가운데 이들 세 종단에 포함된 이들은 98퍼센트를 넘는다. 2020년 개신교 신자가 좀 더 줄었다고 가정하고 그 비율을 어림잡아 '40:40:20'이라고 한다면, 그리고 불교와 가톨릭 신자 모두가 종교 집회에 전혀 참석하지 않았다고 가정한다면, 다른 변수를 고려하지 않고 산술적 계산을 해보면 15퍼센트 이하의 개신교 신

＊

---

3) https://hrcopinion.co.kr/covid-19/article?board_name=board5_4&order_by=fn_pid&order_type=desc&vid=13

자들만이 예배에 참석했다고 추정할 수 있을 것이다. 같은 시기의 조사에서 예장통합 목사들은 42.4퍼센트라고 보았음을 다시 한 번 주지하자. 그 차이가 너무나 현격하다.

어느 조사가 더 사실에 부합할까. 그것을 판단할 능력은 내게 없다. 단지 그 조사 결과의 차이가 조사 대상의 차이와 깊은 관련이 있을 것이라는 점을 유념하면 그 현격한 차이에서 간과할 수 없는 논점이 제기될 수 있을 것이다. 예장통합의 조사는 그 교단 목회자들에게 설문한 결과다. 반면 한목협과 KHCA의 조사는 신자 일반 혹은 시민사회 일반이 답한 결과다. 그렇다면 목회자들에 대한 조사 결과는 교회가 더 큰 피해를 입어서는 안 된다는 열망이 그 답변에 은연중 반영되어 있고, 신자들은 교회에 대한 커다란 실망을 자신들의 답변 속에 함축하고 있는 것이 아닐까. 문제는 그 격차가 너무나 크다는 데 있다. 그것은 양자 간의 관점의 차이가 해소할 수 없을 만큼 벌어져 있다는 뜻이 아닐까. 내가 이 절의 제목을 '대분열'이라고 한 것은 그것을 말하고자 함이다.

그런데 이러한 대분열은 코로나 국면에서 비로소 생겨난 것이 아니다. 1990년대 이후의 변화 속에서 이미 구조화되고 있었다. 그 전 시대인 대부흥의 시대(1960~1990년)에 한국 개신교는 집회 횟수와 예배 출석률을 유난히 중요시해왔다. 수없이 많은 부흥회를 통해 개신교 신자가 되기로 작정한 이들에게 거의 매일 벌어지는 신앙 집회에 열렬히 참여하는 것이 신앙이라는 메시지가 강박처럼 주어졌고 얼마 후 그것은 견고한 종교적 습관으로 자리 잡았다. 이렇게 대부흥의 시대에는 개신교 신자의 총수가 급격하게 증가한 것만이 아니라 교회가 만들어놓은 종교 제도에 대한 충성심도 크게 강화되었다.

한데 그런 종교성은 1990년대, 특히 2000년대 이후 현저히 약화되고 있다. 교회 세습, 재정 불투명성과 목사들의 비리·배임, 건축비 중심의 재정 운영, 성범죄를 포함한 반인권적 행태, 박약한 공공성, 그리고 극우주의 등, 수많은 문제들로 점철된 종교라는 점이 널리 공지되기 시작했다. 물론 이 시기에 갑자기 그런 문제적 종교가 되었다기보다는 누적된 문제점들을 가려왔던 베일이 이 시기에 벗겨진 결과겠다. 아무튼 이런 이유로 신앙심에 내상을 입은 신자들은 교회 가는 걸 줄였다. 나의 용어로 말하면 '실망 신자들의 떠돌이 성향이 매우 강화'된 것이다.

게다가 1990년대 이후 한국 사회는 온라인 세계의 관계망 형성 속도가 전 세계 어느 사회보다 빨랐다.[4] 또한 같은 시기에 세계 여행자의 비율도 비약적으로 증가했다.[5] 이러한 변화는 신자들의 신앙에서 '장소[6]로서의 교회(church as place)'의 의미가 퇴조하지 않을 수 없는 조건이 되었다. '장소성의 퇴조'는 집회 횟수와 예배 출석률이라는 지표의 위력

---
*

4) 한국에서 인터넷 상용망이 등장한 시기는 1995년이었다. 그때부터 한국은 엄청난 속도로 발전하여, 2008년 이후 인터넷 접속 속도, 속도별 인터넷 접속회선 비율, 인터넷 가입률 등에서 압도적으로 세계 1위를 고수하고 있다.
5) 해외여행 자유화 조치가 시행된 1989년 해외여행자의 수는 전년보다 무려 168 퍼센트나 증가한 121만 명 정도였다. 한데 코로나 직전인 2019년 현재 한국의 해외여행자 수는 3천만 명 정도로 추산된다. 즉 1989년부터 30년 후인 2019년까지 약 248배 증가하였다.

이 현저히 약화되지 않을 수 없음을 의미한다.

'가나안 성도'[7]를 키워드로 하는 현상 연구들이 주목받은 것은 이런 이유에서다. 교회와 신학에 대한 비판적 문제의식을 교회 내부자들의 시선이 아닌, '가나안 성도' 혹은 떠돌이 신자에 초점을 두고 살핀다는 것은 굉장히 중요한 신학적 발견이다. '가나안 성도'를 주제로 하는 연구들이 다 그렇게 주장하는 것인지는 모르겠지만, 적어도 몇몇 논의들은 이런 신앙 양식을 종교로부터의 후퇴가 아니라 새로운 신앙 양식으로 보고 있다는 점에서 주목할 만하다.

그것은 종교사회학계에서 오래된 통념인 '세속화론(secularization)'과는 다른 문제의식을 담고 있다. 세속화론이란, 개략적으로 말하면, 근대 이후 사회가 더 합리화되고 현세화·분화되면서 종교성이 점점 후퇴하게 된다는 논지다. 그 탓에 사람들은 종교를 소비하려는 욕구가 점점 경감되었다는 얘기다.

한데 '가나안 성도'로 살아가는 이들 중에는 종교로부터 멀어진 이도 일부 있지만, 적잖은 이들은 더 종교적 삶을 살아가고 있었다. 단지 각

✳

6) 현대공간이론에서 말하는 '장소(place)'란, 무시간적이고 무체험적인 일종의 사물적 개념인 공간(space)에 대조되는 개념으로, 특정한 시간 속에 있는 특정 행위자의 체험이 녹아 있는 곳을 의미한다. 즉 장소에서 중요한 것은 행위자의 구체적인 '체험'이 녹아 있다는 것이다.

7) '가나안 성도'는 '교회를 *안 나가*는 신자'를 표현하는 말놀이다. 이 말이 널리 회자되고 급기야는 하나의 학문 용어로 정착하게 되었다는 것은 신자들의 떠돌이화 현상이 매우 심각해졌다는 것을 시사한다.

종교가 구축한 그 종교 특유의 신앙 양식을 반복하기를 포기했을 뿐이다. 이것을 내 식으로 말하면, 떠돌이 신자 중 다수는 개신교의 국경을 넘나들면서 매우 종교적으로 살아가고 있었다는 얘기다. 그들은 교회뿐 아니라 성당과 불당을 오가고, 굿판이 벌어지는 곳을 호기심 반 경외심 반의 마음으로 참석하기도 한다. 또 『금강경』이나 『반야심경』을 탐독하고, 『대학』과 『맹자』, 『논어』를 읽으며, 『주역』과 『도덕경』을 정독한다. 또 『코란』과 『탈무드』를 읽고, 요가나 참선을 수행한다. 점술업이 전례 없이 급성장하고 있는데 수많은 개신교 신자들도 점술의 적극 소비자인 이들이 많다. 또 신천지로 귀의한 이들 중 대다수가 개신교에서 이탈한 이들이다. 한편 많은 청년들과 청소년들은 종교를 소비하는 대신 '(문화적) 유사 종교 행위'에 열광한다. 대표적인 것이 연예인이나 스포츠 스타에 대한 팬덤 현상이다.[8] 그리고 다수의 국민이 '촛불'이나 '태극기'를 상징적 결속의 키워드로 삼는 '(이념적) 유사 종교 행위'를 추구하였다.[9] 온라인 담론장을 뜨겁게 달구고 있는 다양한 극우와 극좌 커뮤니티는 일종의 나치즘이나 문화혁명 같은 '정치종교(Political Religion)'[10]적 성격을 두드러지게 보인다. 요컨대 2000대 이후 한국 사회는 종교성이 후퇴

---

*

8) 《가톨릭평론》 2020년에 'BTS로 신학하기'라는 주제로 6회 연재를 한 이호은의 글은 '팬덤'을 통해 종교와 대중문화가 겹쳐지는 현상을 다루고 있다.

9) 문화적 유사 종교 행위와 이념적 유사 종교 행위라는 단어는 성신홍 교수가, 조너선 스미스Jonathan Z. Smith에 의존해서, 종교의 시대에서 종교들의 시대로, 그리고 종교적인 것(the religious)의 시대로 전화되고 있다는 것을 나의 용어로 바꾸어 말한 것이다.

한 것이 아니라 약진했다. 많은 개신교 신자들도 그러한 변화무쌍한 종교성에 몸을 내맡기고 있음은 의심의 여지가 없다. 즉 많은 개신교 신자들이 실망 신자로, 나아가 떠돌이 신자로 지내면서 다중적 종교 체험에 익숙해지고 있는 것이다. 그런데 개신교의 '가나안 성도' 담론은, 내가 보기엔, 새로운 종교성의 표현을 주목했다는 점에서는 주목할 만하지만, 그중의 일부가 퇴행적 종교성으로 회귀하는 경우도 있고 다른 일부는 '다중적 종교성의 강화', 내 식의 용어로는 '멀티 빌리버스multi-believers'적 신앙으로의 성숙화 과정에 있다는 해석을 적극적으로 펴지는 않는 것 같다.

아무튼 내가 주장하고자 하는 바는 한국에서 일어난 가나안 성도 현상 혹은 떠돌이 신자 현상은 1990년대 이후에 본격화된다. 한데 이 시기는 한국 사회에서 민주주의가 빠르게 제도화되면서 사람들이 자신의 주권에 대한 의식이 고조되던 시대다. 또 소비사회로의 전환이 본격화되면서 소비자라는 자의식이 빠르게 강화되던 시기다. 그리고 무엇보다도 1990년대 후반과 2000대 이후 그간의 모든 변화를 하위적 요소로 편입시키는 거대한 전환이 일어났다. 곧 신자유주의 체제로의 급격한 이

※

---

10) 1930년대 독일의 철학자 에릭 푀겔린Eric Voegelin은 당시 맹렬하게 대중 사이에서 불타오르고 있던 증오의 정치로서의 나치즘을 '정치종교(politische Religion)'라고 명명한 바 있다. 또한 이탈리아의 역사가인 에밀리오 젠틸레 Emilio Gentile는 세속종교(Secular religion)라는 개념을 통해 전체주의 체제의 종교적 성격을 지적함으로써 정치종교 연구에 중요한 획을 그었다.

행이다.

세계 거의 모든 지역에서 이런 이행이 거칠게 일어났지만, 한국은 그런 변화가 더 급박하고 야만적으로 전개되었다. 이때 중요한 것은 '불확실성의 강화'다. 주권에 대한 자의식이나 욕구에 대한 민감도가 인플레를 일으킬 만큼 빠르게 주체를 만들어가는 과정에서 소화불량 증세를 일으키고 있었지만, 그 변화가 실제로 자신을 주체화시킬지 더 절망적인 존재로 전락하게 할지 예측할 수 없는 시대가 도래했다. 누구도 그 변화에 적절한 대응이라고 할 만한 예상이 불가능하다는 것을 절감하게 되었다. 해서 사람들은 그 예측 불가능성 때문에 고통스러워했다. 그것은 '계산'보다는 '염원'을 갈망하는 행동들이 두드러지게 확산되는 계기가 되었다. 즉 종교적 갈망이 그만큼 커지게 된 것이다. 다만 개신교를 포함한 기성의 종교들은 사람들에게 그 갈망하는 것만큼의 답을 주는 데 실패했다.

하여 사람들은 기성종교 바깥에서 혹은 그 안팎을 넘나들면서 여러 종교적 성찰에 대해 존경심과 경외심을 표하며 진리를 혹은 행복을 갈구하고 있다. 즉 종교성이 약화된 것이 아니라 다른 종교성이 새롭게 형성되고 있다는 것이다.

그런데 말했듯이 그리스도교 교회와 신학은 신자 대중들이 체감하고 있는 이러한 변화에 관심을 기울이지 않았다. 따라서 대안을 제시하지 못했다. 그런 이유로 많은 이들은 떠돌이 신자가 되어 종교적 국경을 넘나들면서 진정한 종교성을 갈구하는 여정에 이미 오르고 있다. 다만 많은 떠돌이 신자들은 교회의 예배에 적극적이지 않고 여러 진리를 향해 마음을 열면서 새로운 신앙생활의 길로 들어서는 것에 대해 설명하기 어려운 미묘한 죄의식에서 자유롭지 못한 상태에 있었다.

코로나와 대분열

한데 코로나19는 그런 죄의식이 작동하는 담론지형을 바닥부터 흔들어놓았다. '사회적 거리두기'가 절대다수의 사람들에게 '뉴 노멀New Normal'의 새로운 양식으로 자리 잡고 있다.

원래 뉴 노멀은, 2008년 신자유주의적 경제가 제3세계뿐 아니라 서구 사회에도 심각한 위기를 초래하게 되었을 때 대안적 문제 설정으로 부상한 것이었다. (신)자유주의적 경제가 모든 규제의 벽을 허물어 효율성을 극대화하려는 데 집중하게 되었다. 여기서 '규제의 벽'은 무한 경쟁 체제의 불확실성을 제어하는 제동장치이기도 했는데, 그것이 붕괴되자 전 지구는 불확실성의 위기에 놓이게 되면서 점점 공멸의 위기의식이 고조되었다. 그 계기적 시간이 금융위기가 세계를 휘젓던 2008년이었다. 그때 '성장' 중심적 '노멀'에 대한 문제 제기로 부상한 것이 '포용 성장'을 핵심적 강조점으로 삼는 '뉴 노멀'이었다. 그런데 2020년 코로나라는 가공할 재앙에 직면하게 되면서 세계는 뉴 노멀의 '포용 성장'보다 더 긴박한 규범을 필요로 하게 되었다. 어떻게 성장을 유지하면서도 상생할 것인가의 문제가 아니라, 감염의 위기에서 살아남기 위해 성장보다도 더 절박하게 요청된 것은 '얽힘의 최소화'였다. 바로 이런 문제 설정을 담은 표현이 '언택트'다. 하여 정부와 기업과 시민단체의 각종 프로젝트에서부터 학술논문에 이르기까지 '상생'과 '언택트'을 연계시키는 시도들이 수없이 나왔다.

근대 이후 교회는 종교적 경계(boundary)를 통해 성장했다. 가톨릭, 장로교, 감리교, 루터교, 성공회 등등. 근대적 국가가 국경을 통해 국민에 대한 결속과 통합의 능력을 강화해왔던 것처럼 말이다. 즉 종파의 경계, 교파의 경계, 그리고 교회의 경계가 그것을 지탱하는 담론들과 결합되면서 내적으로 공동체의 결속력을 만들어냈다. 이렇게 근대사회의 국가와 종교는 공히 국경/경계 내부에서는 결속의 담론이 강조되고, 외부에 대해서는 구별 짓기가 강조되는 질서를 구축했다. 그 결속의 주체가 바로 '국민'이고 '성도(the saints)'다. 실은 그들은 대부분 서로를 전혀 알지도 못하고 신뢰하지도 않지만, 서로 '콘택트contact'하는 사이라고 생각한다. 그렇게 생각하는 데는 '콘택트의 장치들', 곧 '얽힘의 장치들'이 필요하다. 그리스도교의 경우 직제화, 교리화, 정전화(canonization)의 장치들이 그런 것들이다.

한데 근대의 마지막 단계는 '탈근대(post-modern)'다. 그리고 탈근대는 근대적 국경들이 팽창과 수축을 거듭하면서, 명료한 하나의 국경 개념을 교란시켰다. 종교도 그런 과정을 겪고 있다. 많은 사회들에서 종교의 경계가 흐릿해졌다. 그 계기는 사회마다 다양하게 나타난다.

앞 장에서 이야기한 것처럼 한국 사회의 경우 1990년대 이후 '실망 신자화 현상', 그리고 실망 신자 중 다수가 떠돌이 신자가 되는 현상이 이어졌다. 떠돌이 신자가 되는 과정에서 많은 이들은 교회가 만들어놓은 얽힘의 제도들로부터 자유로워졌다. 곧 '콘택트의 굴레로부터의 해방'의 기조가 뚜렷해졌다. 교직자(목사와 장로) 대 평신도 이분법이 약화되었고, 성서와 교리에 대한 배타적 믿음도 이완되었다. 그런 점에서 떠돌이 신자들은 그리스도교 전통에 대해서 '언택트' 신앙이 강화되었다고 할 수 있다.

하지만 실망 신자가 많아지고 그들 중 다수가 떠돌이 신자가 되었다고 해도, 더 많은 이들은 여전히 교회를 떠나지 않았다. 그들은 비록 실망에 차 있더라도 교회를 지켜야 한다는 생각이 앞섰다. 교회 당국자들은 사력을 다해서 교회를 지켜야 하는 이유를 신자들에게 설파하고자 애썼다. 새롭고 참신한 프로그램을 개발하고, 또 다른 한편으로는 교회에 출석하지 않는 것에 대한 죄의식으로 신자들이 이탈하고자 하는 마음을 옥죄었다. 여기에 습관도 중요한 이유가 된다. 해서 떠나는 것을 막기도 했거니와 이미 떠난 이들도 재정착할 곳을 찾는 데 큰 힘을 쏟았다. 그래서 새 신자의 유입이 정체된 1990년대 이후에도 새로 성공한 교회들이 많았다. 많은 떠돌이 신자들이 재정착한 것이다. 하여 여전히 떠돌이성은 주변적이었다.

그런데 코로나가 덮쳤다. 언택트가 사회적으로 중요한 가치로 부상했다. 이는 콘택트를 중요시한 교회의 규범과 갈등을 일으켰다. 해서 목사들 다수는 대면 예배를 강조했고, 정부의 비대면 예배 권고에 저항했다. 글 서두에서 소개한 예장통합의 조사에서 많은 목사들은 온라인 예배만을 드리는 교회를 공교회라고 할 수 없다는 생각을 고수하고 있다.(65.3퍼센트) 해서 코로나 시대에 마지못해 온라인 예배를 시작한 교회들이 적잖지만 그들 다수는 코로나가 지나가면 온라인 예배를 폐기할 생각을 피력하기도 했다. 그러면서 익숙한 예배 양식을 고수하는 것이 정당하다고 생각했다.

사실 변화하는 시대에 맞게 예배 형식에 변화를 주려는 시도들에 대해서 개신교 주류 집단들은 여전히 거부감이 강하다. 그것이 최근 '진정한 예배' 담론[11]을 확산시키는 이유가 되고 있다. 이는, '진정한'이라는 단어에서 보듯, 예배 형식의 실험보다는 본질에 주목해야 한다는 문제의식을 전제로 한다. '본질'이라는 개념은 대개 새로운 문화와의 접속보다는 '과거로의 회귀'를 강조한다. 요컨대 이러한 문제 제기는 현실 해석에 대해서는 대체로 무관심하며, 대신 본질이 무엇인지를 묻는 회고적 담론으로 나타날 가능성이 크다. 예장통합의 조사에 응답한 목사들도, '코로나19 사태를 겪으면서 한국교회가 가장 관심을 가져야 할 것이 무엇인가'라는 질문에 대해서 '예배의 본질에 대한 정립'이라고 답한 이들이 다른 답들을 압도했다.(48.3퍼센트)[12]

물론 이런 주장은 신학적 해석이 결여된 것이다. 실제로 성서의 오래된 문헌들 다수를 편찬하는 데 지대한 역할을 하였던 고대 유다국의 요

---

*

11) 『하나님이 원하시는 진정한 예배』, 『진정한 예배를 향한 열망』, 『진정한 예배의 삶』, 『진정한 예배자의 삶』 같은 제목의 책이 2000년대 이후 연이어 출간되었는데, 이러한 담론이 공통적으로 담고 있는 문제의식은 '공연화되는 예배'에는 본질에 대한 물음이 결여되어 있다는 것이다.

12) 2위로 많은 대답은 21.2퍼센트, 3위는 12.9퍼센트, 나머지는 10퍼센트 미만이었다.

시야 왕실 서기관들은 요시야적 제의개혁에 관한 어젠다를 문헌화하면서 신의 비대면성/비접촉성을 강조하는 신학을 입론화했다. 신은 형상을 만들어서는 안 되며, 그분은 지성소(qodes haqoasim, holy of holies) 안에 있고, 거기에서 신과 대면/접촉하는 이는 오직 대제사장 한 사람뿐이다. 그것도 항시적인 게 아니라 주요 절기 때에 한정해서 말이다. 한데 그 지성소 안에는 어떤 조명도 없으니 대제사장도 신을 대면/접촉할 길은 없다. 하여 훗날 유다국 전통에 기초하여 발전한 야훼신앙에서 신이 성전에도 부재한다는 주장이 제기되었다. 거기에는 신의 흔적(kabod, 신의 '영광')만 존재한다. 이스라엘국의 신학에 반대하면서 유다국은 신의 언택트성을 강조한 것이다.

예수를 그리스도라고 주장한 초기 그리스도파 지도자들은 다시 신을 대면/접촉 가능한 세계로 초대하는 신학을 발전시켰지만, 1세기 말경 그 신의 승천과 영의 재림이라는 또 다른 언택트성이 제기된다. 그 과정에서 신은 시간과 공간의 제약을 넘어서는 복음의 세계적 확장을 가능하게 하는 내적 논리를 발전시킬 수 있었을 뿐 아니라, 그 신이 인간 존재의 내면으로 들어가는 것을 가능하게 함으로써 신의 복음의 심층성도 구현하는 신학이 등장했다. 그리스도교 신학은 이러한 확장성과 심층성의 담론을 활용하면서 신앙제도를 발전시켜온 종교다. 요컨대 야훼신앙의 역사는 신과의 대면성과 비대면성의 신학/신앙이 교차되면서 발전해왔다. 하여 언택트한 예배가 진정한 것이 아니라는 주장은 성서의 신앙과 배치된다.

다시 앞으로 돌아가서, 코로나19의 엄습, 그 상황에서 사회는 정부가 제시한 '사회적 거리두기'에 대해 대대적으로 합의했다. 실제로 한국 정부는 전 세계적으로 가장 효과적으로 코로나에 대응한 나라로 꼽힌다. 그런데 신천지발 대감염과 전광훈발 대감염이 발생했고, 최근에는 공격적 선교로 유명한 선교 전문단체인 '인터콥'의 신앙 훈련기관인 '열방센터'도 대감염의 한 원인일 것으로 추정된다. 게다가 끝없이 발생하는 중소감염의 가장 일반적인 원인도 교회들이었다. 정부의 언택트 요구에 소극적이든 적극적이든 반대를 표명한 교회들은 사회를 위기에 빠뜨렸다. 그래서 많은 사람들은 교회를 가리켜 상생의 가치를 공유하지 않는 파렴치한 종교로 낙인찍었다. 그런데 더 심각한 것은 그런 생각을 많은 신자들도 공감하고 있다는 점이다.

앞에서 예장통합파 목사들은 코로나19가 지나가면 20퍼센트 미만의 신자들만 떠날 것이라고 답했다. 그런데 1990년대 이후 대분열의 시대를 거치면서 신자들 중 23퍼센트가 넘는 이들이 적籍만 교회에 남겨둔 채 사실상 이탈했다고 답했다. 그래도 그때까지는 신자들로 하여금 떠돌이 종교 생활에 돌입하는 것을 막는 최후의 방어선이 작동하고 있었다. 죄의식 때문에 망설이고, 습관 때문에 불편했다. 한데 거의 1년 넘게 신자들 다수가 교회를 나가지 않았다. 습관이라는 방어선은 거의 무력화되고 있다. 또 사회적 거리두기가 도덕적 우위를 점하게 되었으니, 죄의식도 더 이상 힘을 발휘하지 못하게 되었다. 거기에 대면 예배를 주장하는 이들이, 고통스러워하는 이웃에 대한 공감을 표하기는커녕, 다수를 설득시킬 수 없는 터무니없는 음모론이나 펴고 있으니 코로나 이후 교회는 과연 얼마나 그 교세를 유지할 수 있을 것인가?

뉴 노멀 시대의 작은 교회, 언택트 사회 바깥에서 민중을 보다

예장통합의 조사에서 '29인 이하 교회'의 목회자들이 답한 코로나 이후 신자의 예상 감소비율은 23.6퍼센트였다. 평균(19.7퍼센트)보다 4퍼센트 정도 높다. 생각보단 그 차이가 근소하다. 한데 신자들에게 물으면 필시 이보다 훨씬 더 많은 이들이 예배에 참여하지 않겠다고 답했을 것이다. 사회의 어느 부문이든 코로나 여파를 가장 심각하게 체감할 대상은 취약계층이다. 그 점에서 개신교도 다르지 않다. 소형 교회가 신자 감소를 더 심각하게 겪을 것임은 충분히 예상되는 바다.

아마도 그 주된 이유의 하나는, 목회자와 평신도 사이의 대분열의 파장을 더 심하게 겪어야 하기 때문이겠다. 기성 교회의 제도와 담론은 목사의 권위주의적 리더십을 중심으로 형성되어 있다. 특히 대형 교회 목사는 자신의 전문 영역인 예배 집전에서 평상복이 아닌 다른 예전복을 하고 큰 무대 전면에서 성능 좋은 마이크를 매개로 말을 하며 초대형 스크린으로 재현된 이미지로만 표정이 읽히는 존재로 신자와 대면한다. 거대한 부채꼴 혹은 타원의 예배 공간에서 담임목사는 모든 신자와 마주하도록 배치되었는데, 대형 스크린으로 재현되지 않는다면 목사의 표정은 전혀 읽히지 않는다. 목사와 평신도 사이에는 거리두기의 장치가 촘촘하게 작동하고 있다. 게다가 카메라 렌즈를 통해 재현된 목사의 시선은 스크린을 보는 모든 신자 개개인과 눈이 마주치게끔 되어 있다. 이러한 장치는 신자가 목사를 바라봄에도 목사에게 자신이 주시되고 있다는 시각효과를 일으킨다. 그 주시하는 눈은 모든 것을 꿰뚫어보는 신의 눈과 오버랩된다. 해서 많은 신자들은 다음 일요일 대예배에서 자신을 주시할 목사의 시선을 의식하며 한 주 동안 자기를 규율하며 지낸다. 요컨대 대형 교회의 거리두기 장치가 일으키는 효과는 목사를 평범하지 않은 존재로 보이게 한다. 모든 신자가 그런 이미지 장치의 효과에 예속되어 있는 것은 아니지만, 적잖은 이들에게 이러한 장치의 효과는 충분한 효력을 발휘했다. 교회 세습을 했든 학력 위조를 했든 성추행을 했든, 신자들에게 어떤 목사들은 이 모든 잘못에도 불구하고 대체로 선별된 자로 잘 포장되어 있다.[13] 실망 신자들은 그렇게 보지 않겠지만, 많은 신자들은 여전히 그런 시선으로 목사를 바라본다. 게다가 그이는 웬만한 공격은 능히 감당할 만한 막강한 권력도 쥐고 있다.

한데 소형 교회 목회자의 사정은 다르다. 관행상 예배는 성직자의 거리두기를 전제로 하지만, 소형 교회 목사도 그런 관행을 습관적으로 반복하고 있지만, 그것이 도리어 역효과를 일으키는 경우가 허다하다. 우선 소형 교회들에선 타원형이나 부채꼴에 비해 시선의 집중력이 흐트러

---
*

13) 삼일교회 전 목사인 전병욱은 많은 여성 신자들을 성추행했고, 결국 교회를 떠나 멀지 않은 곳에 다른 교회를 개척했다. 그때 적잖은 신자들이 그이를 따라갔다. 한 연구자가 그 예배에 딸과 함께 참여한 중년의 남성에게 전 목사의 추문에 대해서 어떻게 생각하느냐고 묻자, 그는 이렇게 답했다고 한다. '하느님께서 더 크게 쓰시려고 한 것이 아니겠냐'고. 정용택, 「그들은 왜 전병욱을 지지할 수밖에 없는가?-성공 이데올로기, 욕망의 경제학, 소비주의적 신앙」, 《웹진 제3시대》 2012년 9월 6일. https://minjungtheology.tistory.com/353

지기 쉬운 직사각형 공간에서 예배가 이루어진다. 더욱이 예배당 전면은 종교적 상징의 힘이 작동하기에는 너무 조야하게 장식되어 있다. 대부분이 임대공간을 사용하기도 하고, 그중 상당수의 교회들이 전용 예배공간을 갖지 못한 채 다용도로 활용하기에 그 공간에서 영적인 오라가 만들어지도록 세팅하기는 쉽지 않다. 그보다 소형 교회는 사람들의 일상의 비루함을 더 적나라하게 반영한다. 요컨대 소형 교회는 '더 종교적'인 장소성보다는 '더 사회적인 장소성'을 상징화하기에 적합하다.

그렇지만 거의 모든 목회자들은 신학도 시절부터 전용 예배당이 없는 교회를 전제로 하는 예배학이나 예전학을 공부할 기회를 갖지 못했다. 또 사회와 밀접히 연계된 선교론을 교회에서 어떻게 구현할지도 고민할 기회를 갖지 못했다. 해서 습관적으로 거의 모든 목회자들은 사회와 구별 짓기가 충분히 작동하는 '종교적 상징들로 가득한 예배당'을 당연한 것으로 생각한다. 기껏해야 십자가 정도나 사회와 접속하는 희미한 은유적 코드를 갖고 있다. 하지만 십자가는 이미 너무나 세속적인 것이 되어버려서 거기에서 그것의 원래 의미, 곧 고통과 죽음의 신앙적 흔적을 찾기는 쉽지 않다.

해서 소형 교회 목회자들 다수는 예전복을 입고 예전 집행자 특유의 종교적 언행을 구사하며 예배를 집전하곤 하지만, 거리두기 장치가 구비되지 않은 목회자들의 예배 집전 양식이 신자들에게 영적 전문가의 오라를 느끼게 하기는 훨씬 어렵다. 해서 소형 교회 목회자들은 한국 특유의 체험적 종교성의 장치들을 더 활용하려 한다. 병 치유나 방언 같은 대중 신비주의적 양식이 선호되곤 하는 것이다.

문제는 그런 상황에서 1990년대 이후 '대분열의 시대'가 도래했고, 2020년 가공할 만한 위력의 코로나 쓰나미를 맞닥뜨려야 했다. 앞에서 말했듯이, 1990년대 이후 한국교회들은 일종의 시대착오적 종교로서 극한 비호감의 대상이 되어버렸다. 그런데 엎친 데 덮친 격으로 코로나 시대가 도래했고, 위기는 극대화되었다. 교회는 이제까지 겪었던 것보다 더욱 재앙적인 신뢰의 위기 상황에 놓이게 되었다. 그리고 그런 위기를 감당할 만한 내적 장치가 결여된 소형 교회들은 더 치명적인 코로나 화산재 더미에 묻혀가고 있다.

그렇다면 코로나 시대 '작은 교회'는 회생 가능한가. 우선 '작은 교회'라는 표현에 주목하길 바란다. 앞에서 나는 대형 교회의 대응 개념으로 소형 교회라는 용어를 사용했다. 이때 '소형'이나 '대형'이라는 용어는 규모에 초점을 맞춘 것이다. 한데 '작은 교회'라는 용어는, 한국에서 작은 교회 운동을 이끌었던 그룹 사이에서 규모 이상의 함의를 갖고 사용된 바 있다. '작은교회 한마당'[14]을 한동안 기획했던 기구인 '생명평화마당'은 작은 교회 박람회뿐 아니라 작은 교회 포럼도 운영했는데, 그 과정에서 '작은 교회'의 개념을 규모에 따른 기계적 분류보다는 성장주의에 저항하는 교회라는 것에 방점을 두면서 논의했다. 그리고 더 나아가서 다양한 작은 교회들이 지향하는 신앙적, 신학적 노선을 종합해 '탈성장,

---

＊

---

14) '작은교회 한마당'은 2013년부터 연례행사로 개최되고 있는데, 2020년은 코로나 사태로 개최되지 않았다.

탈권위, 탈성별을 추구하는 교회'라고 규정한 바 있다.[15]

그렇다면 작은 교회는 코로나 시대를 어떻게 맞이해야 할까. 앞에서 코로나 시대 뉴 노멀의 핵심 키워드로 부상한 것이 '언택트'라고 했다. 곧 '얽힘의 최소화'다. 2008년 뉴 노멀의 핵심이 '(나 홀로) 성장에서 포용 성장'으로의 전환에 있다고 했는데, 그것은 성장이 누군가를 죽이는 장치가 되어서는 안 된다는 문제의식을 담고 있다. 즉 뉴 노멀은 '상생의 성장주의'라고 할 수 있다. 이것이 진정한 모두의 상생인지의 문제는 여전히 논쟁거리이지만, 승자독식 시스템의 낙수효과가 아니라 함께 생존해야 모두가 살아남을 수 있다는 논지를 신자유주의의 첨병 역할을 해온 국제 경제기구들이 나서서 제기한다는 점은 충분히 고무적이다.[16] 물론 여기에는 '모두가 얽혀 있다'는 가정이 전제되어 있다. 그렇다면 '모두가 얽혀 있다'는 2008년발 뉴 노멀이 2020년발 뉴 노멀에서는 '얽힘의 최소화'로 전환된 것인가?

'상생'이라는 문제의식은 양자가 공히 주장하는 이데올로기인데, 그

---

*

15) 김령은 기자, 「왜 작은교회 운동인가? 2015 생명평화 교회론 심포지엄 열려」, 《에큐메니안》 2015년 9월 23일. http://www.ecumenian.com/news/articleView.html?idxno=12527

16) 2009년 이후 경제협력개발기구(OECD), 세계은행(WB), 심지어 국제통화기금(IMF) 등이 포용 성장을 강조하는 보고서들을 줄줄이 내놓고 있다. 한광덕 기자, 「9년 전부터 세계적 화두 성장-분배 두 날개로 불평등 치유」, 대한민국 정책포털 공감코리아, 2019년 1월 28일. http://gonggam.korea.kr/newsView.do?newsId=01JAzMbFkDGJM000

표현 양식은 정반대로 나타났다. 아니 표면적으로는 다르지만 바뀐 것이 아닐 수도 있다. 2008년의 '모두가 얽혀 있다'는 것은 말 그대로 뉴 노멀적 가치이지만, 2020년의 '얽힘의 최소화'는 일종의 행동수칙이기 때문이다.

한데 문제는 2020년의 '언택트'를 부르는 가장 일반적인 명칭은 '뉴 노멀'이다. 이렇게 언택트를 뉴 노멀이라는 가치로 격상시킬 때 불거지는 문제는 언택트를 거스르는 행위를 새로운 노멀의 '바깥'으로 낙인찍게 된다는 데 있다. 사실은 2008년 이후의 '상생의 성장주의' 이데올로기 도 실상은 그 이데올로기에 포섭되는 계층 바깥의 대중에게는 더 혹독한 고통을 의미했다. 전례 없이 거대해진 유민과 난민,[17] 그리고 비국민화된 존재들은 '상생의 공동체'가 되지 못했다.

주목할 것은 이 시기에 개신교 지형에 커다란 변동이 있었다는 점이다. 그것은 웰빙형 대형 교회가 급성장하고 웰빙신앙이 거의 모든 개신교 교회들의 표준적 신앙으로 자리 잡게 되었다는 것이다. 중소형 교회들 다수도 그런 변화에 편승했다. 한데 여기서 간과해서는 안 되는 사실은 바로 그 시기에 중소형 교회의 신자들 중 많은 이들이 신천지 같은 대중 신비주의적 소종파로 이동했다는 점이다. 그들 다수는 언더클래스화된 대중이다. 이것은 신귀족주의적 웰빙신앙이 개신교 교회들의 새로

---

*

17) 이상서 기자, 「전 세계 난민, 남북한 인구보다 많아…사상 최대 규모」,《연합뉴스》 2020년 6월 19일자. https://www.yna.co.kr/view/AKR2020061817 2600371

운 문화로 자리 잡자, 언더클래스들, 그들의 다수가 자신들에게 위로를 주는 종교로 이동했다는 것을 의미한다.[18]

그것은 이 시기에 소형 교회들의 위기가 두 방향으로의 신자들의 이탈과 관련이 있다는 것을 의미한다. 하나는 웰빙형 대형 교회로의 이동이고 다른 하나는 신천지 같은 대중 신비주의적 소종파로의 이동이다. 이 두 방향의 이동은, 모두가 그런 것은 아니지만, 개략적으로 계층 이동과 상호 관련이 있다. 더 경쟁력 있는 계층은 웰빙형 대형 교회로 이동하고, 언더클래스들은 신천지로 옮겨 갔다.

웰빙형 대형 교회들은 1990년대 이후 급성장을 이룩했다. 세계경제가 포용 성장을 지향하게 되는 2008년 이후의 국면에서 웰빙형 대형 교회 중에는 성장지상주의를 비판하고 나눔을 강조하는 교회들이 특별한 주목을 받았다. 하지만 그런 대형 교회들도 사회적 권력 네트워크의 재생산 장치로서의 교회가 작동하고 있는 것에 대한 문제의식이 전무했다. 어떤 측면에서는 상생과 포용의 성장을 담론화하는 언어들은 성공지상적인 사회적 욕구를 종교적으로 세탁하는 장치에 다름 아니었다.

그런데 작은 교회들은 1990년대 이후, 특히 2008년 이후의 담론지형을 비판적으로 읽고 신학적인 문제 제기를 하는 데 그리 성공하지 못했다. 상생의 신앙 담론의 이면을 해독하기보다는 그 담론의 지형에 흡수

---
*
---

18) 이에 대하여는 나의 책 『대형교회와 웰빙보수주의-새로운 우파의 탄생』(오월의 봄, 2020), 특히 「보론3: 신천지 현상을 읽다-신천지와 한국교회, 적대적 공생」을 참조 바람.

되는 경우도 많았다.

그 연장선상에서 코로나19 국면에 들어서게 되었다. 알다시피 언택트라는 뉴 노멀에 대해 개신교 진보 진영과 작은 교회는 별다른 문제의식을 발전시키지 못하고 있었고, 반대로 문제를 제기했던 이들은 개신교 보수 진영이었다. 저들의 반대는 알다시피 다분히 음모론적이다. 세계의 권력 집단이 '그림자 정부(Deep State)'를 만들어 세계를 단일 체제로 만들려는 것이 코로나19의 숨은 실체라고 주장한 것이다. 『요한계시록』 13, 18의 사탄의 징표인 '666'이 현대에 오면 기술의 발전을 따라 '화폐' 였다가 '신용카드'로, 그리고 몸에 삽입하는 소형 칩인 '베리칩VeriChip' 으로 지목되었다가 최근 코로나 국면에서는 드디어 유전자 변형 기호라는 '백신'으로 해석하는 것이다. 바벨탑 같은 단일 세계 체제를 만들려는 적그리스도의 욕망은 인간 외부의 장치들을 통해 인간이 자발적으로 체제에 순응하게 하려는 것에서 점점 진화하여 인간에 삽입하는 기구가 되었다가 아예 유전자의 변형을 통해 인간 존재 자체를 변형하여 체제에 순응하는 신민이 되게 하려는 것이라는 주장이다. 이러한 적그리스도의 음모에 저항한 지도자는 트럼프였다는 미국 극우주의자들 논리의 상당 부분은 개신교 세대주의자들의 논리에 의존하고 있다. 한국의 개신교 보수 진영의 많은 이들 중에는 이러한 미국발 음모론에 동화된 이들이 적지 않다.

한데 이러한 음모론에 누가 설득당하고 있을까? 다양한 이들이 있지만, 특히 더 처절하게 사회적 고통에 신음하는 이들이 이러한 음모론에 빠져드는 경우가 많다는 점이 주목된다. 개신교 보수파, 특히 음모론을 적극 펴는 세대주의적 극우파들은 이런 고통받는 대중에게 선민주의와 배타주의를 크게 강화시켰다. 하여 '더 약한 자들'에게 공격적인 태도를 보이는 퇴행성이 증가했다.

반면 작은 교회를 포함한 대다수 진보 개신교는 '사회적 거리두기'를 지지했다. 그런데 지지파 대다수는 그 지지를 맹목적으로 따라야 하는 것처럼 보았다. 언택트의 질서가 만들어내는 새로운 고통에 대해 깊은 고민을 하지 못했다. 코로나 감염으로 인한 고통에 주목했지만, 그 언택트한 방책이 새로운 고통이 될 수 있다는 것에는 주목하지 못했다. 1년이 지나도록 교회가 대안을 찾지 못해 전전긍긍하는 중에, 가정 폭력이, 기분장애 질환자가, 자살자가 늘었다. 그리고 플랫폼 노동자의 과로사나 최말단 노동자의 사고사도 늘었다. 그 피해자들 모두가 민주주의 체제 속에서 적절한 이름을 부여받지 못한 이들이다. 현재까지 입증된 사실은 어떤 민주적 체제도 민중을 위한 나라를 만들지 않았다는 점이다. 사회적 거리두기는 시민들의 건강을 위한 질서를 대변하는 제도로 구현되었지만, 이름을 부여받지 못한 이들은 사회적 거리두기 국면에서 유령이 되었다. 우리의 일부로 살아 있지만 보이지 않는 자, 부재하는 자가 된 것이다.

고통의 현장에 가장 가까이 다가가 있던 작은 교회는 변화하는 세계 속에서 고통의 양식도 변화하고 있다는 점을 읽는 노력이 부족했다. 해서 은폐된 고통을 읽어내는 데 게을렀다. 민족이니 민주주의니 하는 낡은 어법으로 보려 했고, 공공선이니 참여니 하는 도덕적 개념으로 포용하려 했다. 한데 그러는 사이 고통은 보이지 않는 현실이 되었고, 그런 이들에게 더 호소력을 갖고 다가간 것은 세대주의적 음모론자들이었다.

　이제 다시 시작이다. 코로나19는 우리에게 언택트라는 질문을 던졌다. 그것은 대면적인 것만을 추구해온 교회의 전통에 대한 '탈'의 문제를 고민하게 한다. 그런데 고민은 시민사회와 언택트의 정신을 공유한다는 것은 어디까지 가능한 것인지를 함께 생각하고 실천하는 것이어야 한다. 보이지 않는 것을 읽고 그 속에서 이름 없는 이들의 고통을 찾아야 한다. 그러려면 작은 교회는, 충분한 정당성을 가진 것처럼 포장된 시민사회적 언택트를 그대로 수용하지 말고, 바깥에 관해 질문해야 한다. 앞에서 말했지만 작은 교회는 늘 그런 질문을 해왔다. 스스로의 존재 자체가 '바깥'인 소수자의 교회였기 때문이다. 또 반대로 소수자의 공동체가 그 바깥에 대한 교회의 무감각에 도전할 수 있다. 어느 경우든 '바깥의 공동체'는 시민사회와 의미를 공유하지 않을 때가 적지 않다. 해서 교회는 벽을 허물고, 그 경계에서 공론을 만들어가야 한다. 작은 교회는 예배 공동체가 아니라 이웃과 공론을 만드는 공동체다. 하여 예배를 위한 예배가 아니라 그 공론이 예배가 되는 공동체가 되어야 할 것이다.

신천지 현상과 그리스도교, 그리고 성경 문자주의

오제홍

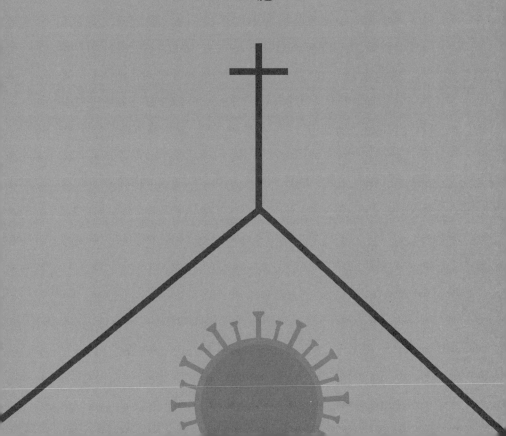

들어가는 말

코로나19 확산의 원인으로 지목된 그리스도 교회에 대한 대중들의 비난이 거세다. 특히 코로나 초기, 슈퍼전파자로 알려진 신천지 신도들과, 정부의 방역지침을 무시한 채 대면 예배를 고집하여 바이러스 확산의 원인이 된 그리스도 교회에 대한 시선은 매우 차갑다. 일부의 일탈로 전체를 평가할 수는 없다. 하지만, 초국가적 재난 상황에서 신천지와 그리스도 교회가 보여준 무책임한 행동들은 종교적으로도, 사회적으로도 책임을 피할 수 없게 되었다.

그동안 많은 전문가들이 성명서를 발표하고 신천지, 사랑제일교회 사태를 비롯한 교회발 바이러스 확산 문제를 진단하는 등 다양한 통로로 해결 방안을 모색했다. 하지만 대다수의 의견은 한국 기독교의 태생적 배경이나, 정통과 이단을 구분하는 이분법적인 판단에 치우쳐 있다. 이에 본 글은 이러한 문제를 양산하게 된 근본적인 원인이 무엇인지 살펴보고, 이를 해결하기 위한 대안을 논의해보고자 한다. 무엇보다도 그리스도교에서 가장 중요하게 여겨지는 성경 해석 방법 중 신천지와 보수적 성향의 그리스도교 근본주의가 지향하는 '문자주의'의 한계를 짚어보고, 성경의 바른 이해를 위한 '의미론'의 개념을 살펴보고자 한다.

배경

2020년 3월 12일, 세계보건기구(World Health Organization, WHO)는 '팬데믹Pandemic'을 선언, 코로나바이러스를 전 지구적 유행병으로 규정했다. 그렇게 시작된 코로나19 사태. 하지만 1년여가 지난 현재, 감염자 수는 1억 명에 육박하고 2백만 명의 목숨을 앗아갔다. 게다가 이제는 변종 바이러스까지 새롭게 등장했고 그 기세는 좀처럼 꺾일 기미를 보이지 않고 있다.

상대적으로 좋은 결과를 낸다 하여 '다행스럽다' 표현하는 것이 다소 부적절하다 할 수 있겠지만, 다행스럽게도 우리나라는 정부의 투명하고 일관된 정책 운영을 바탕으로 각고의 노력을 기울인 질병관리청과 의료진의 노력, 더불어 이에 부응하는 국민들의 적극적인 방역지침 참여 덕분에 타 국가들에 비해 현저히 적은 희생자를 내고 있다.

하지만 타국과 비교했을 때 통계상으로 숫자가 적다 뿐, 지금까지 7만여 명이 감염되었고, 1,200여 명이 생을 달리했다. 특히, 발병 초기 30여 명의 수준을 유지했던 걸 감안하면 희생자 수는 큰 폭으로 증가한 셈이다. 그런데 바이러스가 창궐하기 시작한 주요 원인을 살펴보면, 타국과 비교했을 때 매우 특이한 점을 발견할 수 있다. 바로 종교 단체와 관련이 있다는 것. 특히 신천지와 사랑제일교회, 그리고 일부 선교 단체들에서 다수의 확진자가 발생한 것은 세계적으로도 이례적인 현상이다.

대표적인 사례로, 신천지라 불리는 예수교 증거장막성전의 신도인 31

번 환자는 공식적인 슈퍼전파자로 알려져 있다. 물론 이에 대해 여러 가지 반론이 제기되었고, 특정인에 대한 인권침해 논란도 있었다. 신천지를 중심으로 코로나바이러스가 급속도로 퍼져 나간 후, 대구/경북 지역에서는 하루 수백 명이 감염됐고, 하루 최대 974명의 환자가 발생했다. 당시, 신천지로 인해 감염된 확진자가 전국 분포의 76.5퍼센트를 차지하고 있었으니, 신천지가 코로나19 감염의 도화선이 되었다는 주장에 설득력이 있다.

2차 확산은 2020년 8월, 광복절을 전후로 재점화되었다. 특히, 서울 성북구에 위치한 대한예수교 장로회의 사랑제일교회를 중심으로 확진자 수가 가파르게 상승했다. 사랑제일교회의 담임목사인 전광훈이 일명 태극기 집회라 불리는 대규모 반정부 집회를 주도하면서 다수의 감염자를 발생시킨 것. 당시 1,167명의 감염자를 발생시키면서 그리스도 교회가 신천지 이후, 코로나19 감염의 원흉으로 지목되었다.

문제는 특정 단체에서 끝나는 것이 아니라, 크고 작은 그리스도교 관련 단체들이 지속적으로 비슷한 행태를 반복하고 있다는 것이다. 그리스도교의 몇몇 교회들과 선교단체들이 대면 예배를 강행하고, 단체 모임을 지속하면서 꾸준히 다수의 감염자를 배출해내고 있다. 이러한 행태로 인해 그리스도교를 향한 대중들의 시선은 더욱 따가워졌다. 특정 종교 단체 혹은 그리스도교가 바이러스 집단감염의 발단이 되고, 전파의 주된 중심 현장으로 작용하는 현상은 전 세계에서 아주 예외적인 경우에 속한다. 도대체 무슨 이유 때문일까?

신천지와 그리스도교, 무엇이 문제인가?

대중들에게 신천지는 일반적인 종교 단체가 아닌 '사이비' 종교로 알려져 있다. 겉으로는 일반적인 종교 단체와 비슷해 보이지만 근본적으로는 그렇지 않다는 뜻의 '사이비'라는 단어가 말해주듯, 지금까지 우리 사회에 존재하는 각종 사이비 단체들의 반사회적 범죄행위는 이미 수차례 적신호를 보낸 바 있다. 대표적인 예가 신천지이다. 신천지에 가입 후, 연을 끊은 가족(자녀 혹은 부모)들 때문에 숱한 민원 제기가 있었고 이는 현재도 진행 중이다. 뿐만 아니라, 종교 예식 강제적 참여나 부당한 금전적 요구로 인해 해당 단체를 탈출했다는 증언들은 신천지가 어떤 단체인지 단적으로 보여준다.

아이러니하게도, 신천지와 그리스도 교회가 보여준 행동 양태는 비슷했다. 사랑제일교회를 비롯해 방역수칙을 무시하고 임의로 예배를 감행한 교회 및 선교단체들의 결정과, 바이러스 검사를 거부하는 신도들의

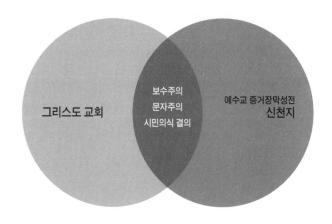

모습은 신천지와 그리스도 교회의 구분을 어렵게 만들었다. 결국 이번 코로나19 사태로 인해 드러난 모습이 한 가지 있다면, 일반적으로 사이비 종교 단체라 명명되는 신천지와 그리스도교가 보여준 일련의 행태에는 교집합이 존재한다는 점이다.

보수주의

현재, 정부의 방역지침을 무시하고 반사회적 행동으로 바이러스 감염에 일조한 신천지와 일부 그리스도 교회의 공통점은 보수적 성향을 지닌 정치집단(국민의힘은 최근 당명을 교체한 대한민국의 대표적 보수정당으로 과거 미래통합당, 자유한국당, 새누리당 그리고 한나라당의 당명을 가진 바 있음)을 지지하고 해당 집단의 정치적 성향을 표방한다는 데 있다. 2017년, 간부 출신의 한 신천지 신도가 신천지 대표 이만희와 새누리당과의 유착관계를 증언한 바 있으며, 실제로 신천지 체육회장 출신인 전 한나라당 부대변인의 활동을 통해 보수 정권과 신천지의 긴밀한 협력관계를 가늠해볼 수 있다.

그리스도교의 경우, 대표적으로 한국기독교총연합회(한기총)의 전광훈이 이끄는 태극기 집회의 구성원들은 현 정부를 '공산주의', 혹은 '빨갱이 정권'이라고 몰아세우며 보수성향을 지닌 정당을 공공연하게 지지한다. 사실, 정치적 보수주의와의 결탁 행위는 해방 이후 대한민국 정부가 수립되면서부터 지금까지 줄곧 이어져왔다. 특히 유신정권과 신군부 시절, 무력으로 국민들을 억압한 정치지도자들과 협력하며 성공 신화를 써온 그리스도교의 보수성향은 지금도 큰 영향을 끼치고 있다. 이와 같이 정치권의 비호 아래 시작된 정교유착은 1960년대 이후 그리스도교, 특히 개신교의 폭발적인 교세 증가의 주된 요인으로도 작용했는데, 이는 단순히 정치적 문제로만 국한되지 않았다. 결과적으로 보수적 정치 성향이 교회의 성장을 가져다주었기 때문에, 이러한 정치 성향이 교인들에게는 '하나님의 역사' 혹은 '성령의 사역'으로 각인이 되어 보수주의에 대한 신뢰가 두터워지게 되었다.

문제는, 이러한 보수주의가 치명적인 단점인 극단으로 치달을 수 있다는 데 있다. 이는 과거 독일의 경우를 살펴보면 알 수 있다. 1931년 나치 정권이 들어서면서 독일의 교회는 "그리스도는 아돌프 히틀러를 통해 우리에게 오셨다"(「독일 그리스도인 연맹 선언문」 중)를 외치며 대중들을 선도했다. 당시 파울 알트하우스Paul Althaus, 프리드리히 고가르텐 Friedrich Gogarten과 같은, 그 이름만으로도 무게가 실려 있던 독일의 대표적인 신학자들이 정치권력에 복종했다. 이를 계기로 히틀러의 나치는 '독일 기독교 연맹(Deutsche Christien)'이라는 단체를 조직하여 독일 교회를 장악하고, 더 나아가 아리안 조항을 바탕으로 나치와 그리스도교를 통해 유대인 혐오를 조장하고 대학살을 감행했다.

이와 같은 극단적 보수주의 성향은 우리나라에서도 비슷한 양상을 띠며 발현되고 있다. 아리안 조항을 통해 유대인들을 혐오하도록 조장했던 것과 같이, 반공사상으로 무장한 극우 보수 그리스도교는 과거, 제주 4.3사건과 같은, 빨갱이 몰이를 통해 수많은 양민들을 학살하는 데 앞장섰다. 극우 보수적 성향의 정치집단이 자신들의 권력을 유지하고자 시민들을 공포로 몰아넣었던 '빨갱이 몰이'는 종교와 정치권력의 윈윈전략 중 하나였는데, 이러한 시류는 현재진행형으로 현 정권의 공산화를 주장하는 정치적 보수정당과 이를 표방하는 그리스도 교회가 함께 반정부적 행태를 보이고 있다. 실제로 신천지와 일부 극우 보수주의를 표방하는 그리스도 교회, 대표적으로 현 정권을 빨갱이 정권이라며 공공연하게 비난을 일삼아 온 전광훈을 중심으로 벌어진 광복절 집회와 사랑제일교회발 코로나19 전파는 정부의 방역지침을 어기고 일탈행위를 보인 대표적인 사례라 할 수 있다.

냉전이 종식된 이후 공산주의는 몰락했다. 현재 남아 있는 건, 공산주의를 가장한 독재정권뿐이다. 그럼에도 일부 극우성향을 보이는 그리스도교와 정치집단은 한국전쟁 이후, 극한의 전쟁을 경험한 국민의 집단적 트라우마를 이용하여 혐오를 조장하고, 이를 위한 가짜 뉴스를 만들어 퍼뜨리는 데 일조하고 있다. 이러한 행위는 종교적 물음 중 하나인, 사이비냐 정통이냐의 문제를 넘어서서, 그들에게 정치적 정체성은 이미 신앙처럼 자리 잡게 되었다. 이들이 종교적 교리 측면에서는 사이비와 정통 교회로 구분될 수 있지만, 코로나19에 대응하는 반사회적인 방식에 있어서는 근본적으로 매우 유사하다는 것을 볼 수 있었다. 이는 종교 단체의 정체성을 결정하는 데에 종교적 교리 이상으로 정치적 입장이 매우 중요하다는 방증이며, 따라서 종교적 교리가 판이하게 다른 사이비와 정통 교회가 더 이상 구분이 되지 않는 지경에 이르렀다.

대다수의 그리스도 교회는 정부의 방역지침을 준수하며 바이러스의 확산을 막기 위해 함께 노력하고 있다. 한국기독교교회협의회(NCCK, The National Council of Churches in Korea)와 같은 기관에서는 성명서를 발표하고 정부의 방역지침에 동참할 것을 촉구, 온라인으로 대면 예배를 대체했고, 당국의 요청에 충실히 따르고 있다. 이러한 점을 감안할 때, 신천지와 일부 그리스도 교회가 보인 반사회적 행태는 단순히 종교 단체의 일탈 혹은 이단과 정통성의 문제로 치부할 수 없고, 극단적인 정치적 성향이 주된 원인 중 하나라고 평가할 수 있겠다.

문자주의

캐나다 리자이나대학(University of Regina) 비교종교학 오강남 명예교수는 그동안 그리스도교가 보여온 맹목적인 신앙 행위를 비판하면서, 코로나19 이후 신천지와 그리스도교가 보인 반사회적 행태에 대한 근본적인 원인으로 성경 문자주의를 꼽았다. 문자주의란, 말 그대로 기독교의 경전으로 사용되고 있는 성경의 문자를 그대로 믿고 실천하려는 이념이다. 전통적으로 문자주의는 그리스도교의 경우 보수적 성향이 짙은 종파 혹은 교단에서 추구하는데, 그리스도교의 교리와 이념, 전통을 지키기 위해 종교적 가치와 성경의 권위를 최우선으로 한다. 이러한 가치를 지켜내기 위해 성경에 기록되어 있는 각 글자마다 신의 계시가 임했으며 따라서 모든 문자들은 신의 영감으로 기록된바, 오류가 없고 문자 자체로서 의미와 뜻을 지닌다고 주장한다.

이러한 현상은 현재 사회적으로 물의를 빚고 있는 신천지와 그리스도교에서도 공통적으로 나타난다. 현재 신천지는 성경의 여러 번역본 중, 개역한글판만이 하나님의 말씀이라고 여기며, 그 성경에 기록된 문자 하나하나를 신의 계시라고 믿는다. 1983년 이만희가 설립한 신천지는 전국을 12지파로 나눠 선교를 펼쳐왔다. 각 지파별로 12,000명씩 구성되어 전체 144,000(12,000×12)명이 모이면 새 세상이 열리고 이들만이 구원받아 영원한 생명을 얻게 된다는 것이 핵심 교리인데, 이는 『요한계시록』 7장 4절에 있는, "내가 인침을 받은 자의 수를 들으니 이스라엘 자손의 각 지파 중에서 인침을 받은 자들이 십사만 사천이니"를 문자 그대로 사용하여 만들어진 것이다.

이와 같은 성경 읽기, 성경 해석 방식은 본질과는 동떨어진, 자의적 해석의 위험성을 안고 있다. 왜냐하면, 신천지가 만든 위의 교리는 구약성경에 등장하는 고대 족장사회의 유대 12지파를 본떠서 만들어낸 교리인데, 이는 고대 유대인의 후손이라 일컫는 현재의 이스라엘 유대인들조차도 따르고 있지 않고, 과거의 유물이자 역사적 사실로서만 받아들여지고 있기 때문이다. 이들 교리 안의 원리는 마치 21세기 대한민국에서 신라시대의 성골/진골과 같은 계급체계를 시대적 상황에 대한 고려 없이 그대로 따라야 한다는 논리와 비슷하다. 그 안에는 성경이 쓰인 이유나 성경이 내포한 메시지에 대한 고민이 전혀 존재하지 않는다. 이외에도 수많은 신천지 교리 대부분이 성경의 맥락과는 전혀 관계없이 몇몇 단어와 문장들이 부분적으로 취사선택되어 만들어졌다. 성경의 본질적인 내용과는 상관없이 특정 교리의 정당성을 위해 성경이 이용된 것이다.

이와 비슷한 사례들은 그리스도교와 관련해서도 등장한다. 예배는 반드시 교회에서 직접 드려야 한다며 대면 예배를 고집하는 것이 대표적인 예이다. 사실 성경에는 주일(그리스도교에서는 일요일을 예수가 부활했다 하여 '주의 날[Lord's day]', 이를 줄여 '주일'이라 부른다)이라는 개념이 없고,

매주 예배를 드리지 않으면 안 된다는 내용도 없다. 현재 그리스도교의 예전과 관련된 교리와 규칙은 그리스도교가 로마제국의 국교로 공인 이후, 국가 종교로서의 틀을 갖추기 위해 제정되었다. 굳이 주일의 연원을 찾는다면 성경에 있는 십계명 중 안식일을 구별하여 거룩하게 보내라는 구절과 『요한복음』 4장의 "아버지께서는 자기에게 이렇게 예배하는 자들을 찾으시느니라"라는 기록, "목숨을 다하라"라는 표현과 연결 지을 수 있겠다. 하지만, 이러한 몇몇 구절로 주일은 반드시 교회에 모여야 한다는 교리를 뒷받침하기는 힘들다.

왜 문자주의가 문제인가?

문자주의는 그리스도교 초기부터 지금까지 성경을 해석하는 주된 방법론 중 하나로 존재해왔다. 문자주의가 성경 해석의 핵심이 되기 시작한 것은 로마가 그리스도교를 공인한 시기와 직결된다. 국가를 운영하는 데 있어 근간을 이루는 정치철학으로서 그리스도교를 선택한 로마에게 신적 권위가 담긴 성경은 흠이 없어야 했고 이러한 주장을 뒷받침하기 위해 성경의 글자 하나하나는 신의 계시로 쓰인 것이어야만 했다. 이러한 주장을 정당화하기 위해 여러 가지 설說들을 근거로 사용했는데, 그중 축자영감설逐字靈感說과 성경무오설聖經無誤說, 두 가지를 기반으로 문자주의가 설득력을 얻었다. 이 두 설의 골자는 성경은 하나하나의 글자字가 신의 계시와 영감을 통해 기록되었고 따라서 하나님의 말씀으로서의 성경은 한 글자도 오류가 없다는 주장이다.

이처럼 문자주의는 모든 성경 구절과 단어가 동일한 신적 권위와 가치를 지닌다는 개념을 바탕으로 신의 계시로서 성경의 권위를 높이는 데 중요한 역할을 했다. 하지만, 이후 거대 국가의 국교로서 제도화된 그리스도교는 정치적 영향 아래 있었고, 성경은 상당 기간 제도적 차원에서 인용되었다. 이후, 권력을 쟁취하거나 부와 명예를 얻기 위해 성경이 무차별 인용되었고, 자의적으로 인용된 성경 내용과 해석이 마치 신의 계시이자 하나님의 뜻과 일치한다는 것을 증명하고자 사용되었다. 대표적인 사례가 십자군 전쟁과 중세의 계급 및 노예제도, 식민주의다. 결국, 신적 권위의 정당성을 지키기 위해 차용된 문자주의는 인간의 욕망이 투영되어 전쟁과 약탈의 도구로 전락했다.

성경은 그리스어로 '타 비블리아τα βιβλια'이며 영어로 '더 북스the books', 우리말로 '책'이라는 뜻이다. 다시 말해, 인간의 언어로 기록된 책으로서의 성경은, 인간이 신, 즉 그리스도교에서 부르는 '하나님'을 어떻게 경험했는가, 인간에게 어떠한 일이 벌어졌는지에 대한 사건을 언어로 표현하여 외면화한 것이다. 따라서 성경의 바른 이해를 위해서는 신의 계시에 대한 이해뿐만 아니라 인간에 대한 이해도 수반되어야 한다. 특히 성경은 현존하는 필사본만 약 5,800종이 넘게 존재하고 이미 3세기 때부터 서로 다른 사본들에 남겨진 오류가 지적되어왔다. 따라서 이에 대한 고증은 필수적인 작업이며, 문자 하나하나에 아무런 오류가 없다고 보기엔 문제가 있다는 것이 학자들의 지적이기도 하다.

현재 문자주의는 성경이 기록될 당시의 역사적 배경이나 비유, 은유에 대한 이해가 고려되지 않아 비언어적, 무역사적無歷史的 성경 이해라 평가받는다. 뿐만 아니라, 과거 로마와 중세 유럽의 역사를 비추어봤을 때, 문자 그대로의 성경을 해석하는 행위가 표면적으로는 신의 계시를 중요하게 여긴다는 의도가 담긴 것처럼 보이지만, 실제로 필요한 주제에 성경 문구를 맞추는 작위적 취사선택을 가능하게 했다. 대표적인 사례로 흔히 언급되는 십자군과 같은 침략 전쟁이 성경을 통해 정당화되었고, 최근까지도 인종차별이나 특정 계층에 대한 혐오의 근거로 성경 구절이 인용된 사례가 존재한다.

이러한 문자주의가 가진 가장 큰 문제는 문자대로 믿고 행동하면 옳고, 그렇지 않으면 그르다는 단순화된 이분법적인 사고가 길러질 수 있다는 데 있다. 하지만 인간의 역사는 단편적이지 않다. 역동적이면서도 다양하다. 따라서 단순하게 옳고 그름, 혹은 흑과 백으로만 나눌 수는 없다. 각 시대마다 배경이나 추구했던 철학과 가치관이 다르기 때문에 현재의 관점으로 과거를 재단하는 현재주의 또한 역사를 왜곡할 수 있다. 우리 앞에 놓인 성경을 문자 그대로 읽고 해석할 수 없는 이유다. 이와 관련, 영국 옥스퍼드대학의 앨리스터 맥그래스Alister McGrath 교수는 자신의 책『기독교, 그 위험한 사상의 역사(Christianity's Dangerous Idea)』를 통해, 누구나 성경을 해석할 수 있게 된 종교개혁 이후의 상황에 대해 염려하면서도, 성경을 문자 그대로만 믿는 천편일률적 해석 방법의 위험성을 경고한다.

종교개혁 이전까지만 하더라도 성경을 해석하는 일은 일부 성직자들에게만 허용되었다. 이에 마르틴 루터Martin Luther는 '만인제사장(Priesthood of all believers)'설을 통해 그리스도교 신앙을 가진 사람이면 누구나 자유롭게 성경을 읽고 묵상할 수 있다고 주장했다. 물론 이렇게 될 경우, 성경이 개개인의 사견으로 변질될 수도 있다. 하지만 성경은 기원전 약 1000년 전부터 기원후 100년까지 기록된 기간이 매우 길고 저자 또한 수십 명에 달하기 때문에 역사적, 문화적 다양성과 복합성을 단순하게 문자적으로만 해석되어서는 안 된다.

시민의식 결여

문자주의를 바탕으로 성장한 신천지와 일부 그리스도교가 가진 가장 큰 약점은 '단순화'인데, 이러한 현상은, 특히 개인 구원을 강조하는 종교들에서 자주 나타난다. 천국과 지옥 혹은 구원받은 자와 그렇지 못한 자 등 이분법적 가치판단을 하는 단순화는 복잡한 사고를 필요로 하지 않기 때문에 단조롭고 강한 신념을 갖도록 하는 데 유용하며, 이것은 배타적 행동 양상으로 이어진다. 결국 배타성에 대한 정당성을 문자로

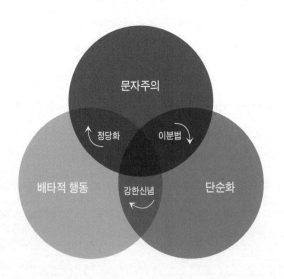

부터 다시 얻기 때문에 순환 오류에 빠질 수밖에 없다.

결국, 문자주의는 사고의 단순화 및 배타적 행동을 유발할 수 있는데, 이를 체감하게 하는 대표적인 사례가 바로 코로나19 이후에 등장하는 일련의 사건들이다. 성숙한 시민사회는 타인에 대한 배려와 타협, 양보를 필요로 한다. 하지만 이분법적인 세계관은 나와 같은 생각을 가졌다면 옳고 그렇지 않다면 그르다는 흑백논리를 기반으로 한다. 따라서, 다채로운 사고와 높은 시민의식이 요구되는 사회에서 이분법적인 사고관을 바탕으로 한 극단적 배타성은 더욱더 집단적 이기주의 양태로 발현될 수밖에 없다. 이는 정부의 방역지침을 어겨서라도 소속된 집단의 이익을 추구하려는 행태로 나타났다.

방역을 위한 최우선 수칙은 정부, 병원, 기업도 아닌 개개인이 실천해야 하는 위생 유지였다. 게다가 무더운 여름에도 마스크를 착용해야 했기 때문에 감염병 확산 저지를 위한 방역수칙을 따르기 위해서는 나보다 타인을 먼저 생각할 수 있는 수준 높은 시민의식을 필요로 했다. 뿐만 아니라 종교적 제의나 단체의 이익보다는 국가적 재난에 대응하여 정부가 제시하는 안전수칙을 지키는 것을 우선시해야 했다. 안타깝게도 코로나19로 인해 낮은 시민의식 수준의 민낯이 드러나게 되었고, 그 중심에는 신천지와 그리스도교가 있었다.

지금까지 알려진 바에 따르면, 신천지 신도의 상당수(약 70퍼센트)가 여성들이며 대다수는 가정 폭력과 빈곤 등 사회, 경제적으로 어려움을 겪을 수밖에 없는 취약계층이다. 경제성장에 초점을 맞춰 발전한 국가 시스템의 약점이 바로 이러한 사회적 취약계층에 대한 대처인데, 소외된 이들을 위한 제도적 장치가 미미했던 탓에, 제도의 사각지대에 소외계층이 존재할 수밖에 없었다. 신천지는 이러한 점을 이용했다. 1980년대에 신천지는 사회적 보호와 관심을 필요로 하는 계층을 집중적으로 전도했고 이 전략은 성공했다. 가정과 사회에서 외면당하고 고통받던 이들에게 먼저 다가와준 신천지는 새로운 공동체로 인식됐다. 이후 신천지는 1980년대 후반부터 빠른 속도로 양적 성장을 거듭했다.

문제는 신천지가 소외된 사회 구성원들을 알맞게 보호하고 사회에 잘 적응할 수 있도록 도울 수 있는 기관이 아니라는 것이다. 익히 알려진 바와 같이 신천지는 이만희를 교주로, 세상을 구원할 메시아로 인식한다. 종교적 신앙을 강조하고, 제3의 신도를 만들기 위해 전투적으로 전도하는 단체의 특성상 타인에 대한 배려와 이해를 중요하게 여기지 않는다. 게다가 신천지는 단체명에서도 드러나듯, 새 하늘과 새 땅, 즉 새로운 곳에서의 영생을 꿈꾸기 때문에 현실에서의 적응보다는 고통과 아픔이 없는 새로운 곳에서의 새 삶을 희망한다. 때문에 시민사회의 일원으로서 어떻게 살아가야 할지를 고민하기보다는 현실을 회피하고 고통받는 삶에서 벗어나는 것만이 유일한 안식이라고 믿는다. 결국 성숙한 시민으로서 사회의 구성원이 되기보다는 소외된 집단생활을 할 수밖에 없는 구조 속에 갇히게 된다.

게다가 단순화된 문자주의를 통해 주입식으로 교리를 교육하여 강한 신념을 갖게 하고 이러한 신념을 바탕으로 집단적이면서도 배타적 성향을 띠게 되는 것이다. 사실 문자주의는 무너진 자아를 회복시키는 데 도움을 준다. 문자를 통해 단순한 가치판단을 할 수 있도록 하는 방식은 오랜 기간의 교육이 불필요하며, 또한 신천지나 그리스도교의 경우 '하나님의 자녀'와 같은 종교적 신념이 긍지와 자존감을 고취시키는 역할을 하기 때문이다. 하지만 이로 인해 나타나는 배타성은 결국 집단을 지속적으로 소외시키는 데 일조하고, 결국 사회에서 이미 소외된 계층이었던 구성원들이 계속해서 더욱 소외되고, 사회적 약자계층으로 고착화되는 현상이 일어나게 된다. 대표적인 단체가 바로 신천지와 같은 집단이며, 코로나19 확산과 같이 높은 시민의식과 강력한 공동체 정신이 요구되는 상황에서 해당 집단의 약점이 여실히 드러나게 되는 것이다.

아이러니하게도 종교적으로 정통성을 지닌다고 주장하는 그리스도교에서도 이와 비슷한 현상이 나타났다. 사랑제일교회를 시작으로 인터콥, IM선교회 등 집단감염의 진원지로 지목된 단체들은 신천지와 다르다고 주장하는 정통 그리스도교의 종교 단체들이다. 하지만 코로나19 사태를 통해 밝혀진 것은 이러한 단체들 역시 사회적 책임의식이나 공공의식이 매우 부족하다는 것이다. 특히 IM선교회의 마이클 조 선교사는 경찰의 눈을 피해 집단 모임을 가진 후 바이러스에 감염되지 않자 이를 두고, '신의 과학적 보호'라고 표현했다. 이렇듯 대중과 사회가 보편적으로 동의하여 형성한 합리성과 상식성 측면에서 최소한의 기준에도 미치지 못하는 단순화된 사고는 결국 집단감염이라는 결과를 반복적으로 만들어내고 있다.

이처럼 공공 영역과의 마찰을 빚는 단체들의 특성은 종교적 신앙에 대한 맹신으로 인해 사회의식의 결여, 즉 인간의 사회적 기능을 고려하지 않는다는 데 있다. 개인 구원과 하나님 나라로 이어지는 종교적 메시지는 시민사회의 일원으로서 어떻게 살아가야 하는가, 혹은 대중의 합리적 시선은 어디까지인가에 대한 고민을 못 하도록 만들고 이는 배타적이면서 집단적 행동을 가능케 한다. 결국 코로나19 확산으로 인해 밝혀진 중요한 사실이 있다면, 공공 영역과 심각한 마찰을 일으킨 단체들이 인간과 조직의 사회적 기능을 간과해왔다는 것이다. 이는 단순히 종교적 측면에서의 이단과 정통의 구분으로만 현재 그리스도교가 처한 상황을 설명할 수는 없다.

물론, 교주 이만희와 함께 종교적 지도자 역할을 하며 반사회적 행동을 지시하고 주도한 이들까지 사회적 약자로서 연민과 동정의 눈으로 바라보기엔 신천지는 이미 선을 넘었다. 그러나 코로나19를 통해 얻은 결론은 소외된 이들이 또다시 사회 부적응자가 되어 사회공동체에서 더욱 멀어지는 이중적인 소외현상이 나타난다는 것과, 이러한 소외된 계층의 일탈행위를 단순히 정통/이단이라는 이분법적 잣대로 판단할 수 없다는 것, 마지막으로 종교적인 목표를 이루기 위해 모인 단체일수록 성숙한 시민의식을 기대하기 어렵다는 것이다.

어떻게 성경을 읽을 것인가?─유기적 영감설有機的 靈感說

성경을 읽고 그 뜻을 해석하는 데 있어, 현재 우리나라뿐만 아니라 전 세계의 많은 그리스도교에서 가장 폭넓게 받아들이는 방법은 유기적 영감설이다. 전체를 구성하는 각 부분 부분이 서로 밀접하게 연관되어 있다는 뜻의 '유기'라는 단어에서 알 수 있듯이, 유기적 영감설은 특정 저자가 신으로부터 기계적 도구로 이용되어 성경을 기술한 것이 아닌, 저자 개인의 성격과 은사, 재능 그리고 저자가 살았던 그 시대의 문화와 교육 등이 고루 어우러져 성경에 반영되었다고 주장한다. 특히 이 성경 해석 방법은 저자가 하나님과의 밀접한 관계 속에서 이루어진 교제(그리스도교에서 말하는 성령의 영감)를 통해 성경이 기록되었다고 강조한다.

  실제로도 성경을 잘 살펴보면, 이러한 주장을 입증할 만한 내용들이 상당수 존재한다. 가령, 구약성서 중 이스라엘의 옛 선지자들이 쓴 예언서와 산문들은 순수 히브리어로 기록되었다면, 다른 부분에서는 아람어적 색채를 띤 히브리어가 등장하기도 한다. 이는 저자들이 일방적인 계시로 받아쓰기를 한 것이 아니라 저자의 필력이 성경 기록에 어느 정도 영향을 미칠 수밖에 없었다는 것을 방증한다. 특히 성경에서 가장 많은 분량을 차지한다는 바울의 서신들을 보면, 저자가 명철한 상태에서 기록했다는 것을 알 수 있다. 여기에는 시대를 반영하는 방언과 일상 언어가 등장하는데 성경은 이처럼 저자의 문체에 있어서도 개성을 발휘할 수 있도록 했고, 이는 성경의 저자들이 수동적이 아닌, 능동적으로 기록에 참여했음을 말해준다.

  또한 성경의 내용을 보면 기계적인 영감으로 쓰이지 않았다는 사실을 알 수 있다. 한 글자씩 받아 적은 것이 아니라 저자들의 인격(personality)을 억압함 없이, 각자가 타고난 개성을 바탕으로 기록하게 했다. 물론 이러한 주장에 대해 반론도 존재한다. 왜냐하면 유기적 영감설에 따르면 성경의 기록에 인간이 직접 참여한 것이나 다름없는데, 그렇게 되면 성경이 오롯이 신의 계시로만 쓰인 책이 아니라는 주장이 힘을 얻기 때문에 성경의 권위가 떨어지게 될 수도 있는 것이다. 축자영감설, 성경무오설을 기반으로 하는 문자주의가 바로 이 점 때문에 유기적 영감설에 반론을 제기한다. 또한 '유기'라는 단어가 인간과 세계 안의 모든 구성물은 각각 고립되어 존재하지 않고 서로 긴밀하게 연결되어 있다는, '유기적 세계관有機的 世界觀'을 기반으로 하기 때문에 하나님의 절대성을 나타내는 데 문제가 있다고도 지적받는다.

하지만, 신은 스스로 완벽하게 존재한다. 인간이 그 권위를 인정하든 하지 않든 상관없이 존재한다. 신이 됨과 그렇지 않음이 인간에 의해 결정되지 않는다. 문자주의는 언뜻 신의 계시를 가장 중요하게 여기는 것처럼 보일 수 있으나, 성경은 교리로서 권위를 인정할 필요가 없다. 따라서 올바른 성경 읽기를 위해서는 단순한 문자적 해석을 뛰어넘어 문자와 문자가 이루는 문맥, 그리고 그 문맥 사이에 담긴 신의 계시와 하나님의 말씀, 더불어 자신의 삶에 반영할 메시지에 귀 기울여야 한다.

의미론(Semantics)과 문맥주의(Contextualism)

앨리스터 맥그래스는 그의 책 『인간, 그레이트 미스터리(Great Mystery)』를 통해 모든 인간은 의미를 추구하는 동물이라고 정의했다. 실제로 인류 역사에서 묘사된 인간의 공통적인 특성은 세상에 대한 이해를 바탕으로 개인의 중요성, 즉 스스로의 존재 의미를 추구한다는 데 있다. 더

불어 인간은 유한한 가능성과 한계를 동시에 파악하고 이를 초월할 수 있는 세계를 염원한다. 결국 인간은 단순하게 주어진 현상이나 사실을 인지하는 것에 만족하지 않고, 어떤 의도가 담겨 있는지, 또 그 이면에 있는 의미가 무엇인지를 탐구하며 무엇보다 삶과 죽음의 가치를 이해하려 한다. 이러한 점으로 미루어 보면, 성경이라는, 인간의 언어로 기록된 신의 계시를 어떻게 읽고 해석해야 하는지 알 수 있다. 성경은 단순히 인간이 무엇을 해야 한다는 명령이 담긴 책이 아닌, 인간을 향한 하나님의 뜻과 특별한 의미가 담겨 있는 책이다.

성경을 문자 그대로 읽고 해석하는 것을 넘어서서, 문자와 문맥의 의미를 파악하려는 시도는, 성경의 원저자라 일컬어지는 하나님의 뜻과 인간을 향한 하나님의 메시지가 무엇인지 이해하는 데 중요한 방법이 된다. 그렇다면, 어떻게 그 의미를 정확하게 파악할 수 있을까? 무엇보다 우선적으로 요청되는 건 성경이 의사소통에 사용되는 언어로 표기되었다는 이해이다. 언어는 지칭하는 것을 넘어 의미를 내포한다는 점을 감안할 때, 인간이 사용하는 언어의 특성과 그 의미에 대한 이해가 중요하다. 문자주의가 거부되고 유기적 영감설이 대두되는 이유도 여기에 있다. 사실 성경은 각 저자마다 시대적 편차가 매우 크고, 각기 다른 언어로 집필되었다. 따라서 다양성 속에서 통일성이 추구되어야 하는데, 문자주의는 다양성은 무시한 채 하나님의 계시라는 명제에 집착하여 불명료할 수밖에 없는 것을 명료하고 뚜렷하게 환원시키려 한다는 평가를 받는다.

이러한 맥락에서 언어가 가진 의미에 대한 고찰을 위해, 근대 수리철학과 분석철학의 기초를 마련한 독일의 논리철학자 고틀로프 프레게

Gottlob Frege가 주장한 의미론과 문맥주의를 살펴볼 필요가 있다. 먼저, 의미론은 '의미에 대한 이론(Theory of Meaning)'으로, 언어적 표현의 구조와 문법적 형식에 관한 이론인 구문론(syntax)과 구분되며, 인간의 언어가 단순히 문자와 소리의 결합으로 이루어진 말(Language)로서의 기능을 넘어 특정한 뜻과 내용이 담겨 있음을 알게 해주는 언어적 표현의 내용과 의미에 집중한다.

프레게가 말하는 '의미'는 인간의 주관적 인식 행위에 의존하지 않는 객관적 실체이다. 가령, 어떤 사람이 1+1이라는 수식을 보고 있다고 했을 때, 그 사람의 존재 여부와 관계없이 1+1의 답은 2이듯이, 객관적 실체로서의 의미는 그것을 인식하는 행위의 존재 유무와 상관없이 존재한다. 결국 '의미'는 단순히 언어 그 자체를 말하는 것이 아니며, 인간이 표상하는 주관적 관념도 아니다. 의미는 단어와 단어가 연결된 문장 안에서 비물질적 실체로서 존재한다. 그렇다면 의미하는 바가 무엇인지 파악하기 위해서 무엇을 해야 하는가?

프레게는 의미를 찾기 위한 추론의 타당성은 전제와 결론을 구성하는 문장들의 개념적 내용(conceptual content)이 결정한다고 주장한다. 따라서 의미를 찾기 위해 우선적으로 고려되어야 할 가장 기초적인 실체는 각각의 단어가 아닌 문장의 의미인데, 프레게는 이를 '문맥주의'라고 불렀다. 즉, 각각의 독립된 단어의 결합으로 이뤄진 문장에서 단어와 문장을 파악하는 것만이 아닌, 앞뒤로 이어진 문맥을 이해하는 것이 의미를 파악하는 방법이라고 주장했다. 단어의 의미가 문장의 의미를 형성하는 기본적인 실체가 아니라, 문장의 의미가 단어의 의미를 결정하는 기본적인 실체라고 생각한 것이다. 사실, 의미를 파악하기 위한 판단을 내릴 때, 인간이 갖는 개념은 판단이라는 행위를 통해서 이루어지는데, 이는 문맥(Context) 안에서만 가능하다.

문장의 의미는 단어의 의미에 대한 선행적인 이해 없이 설명될 수 있지만, 단어의 의미는 문장의 선행적인 이해 없이는 명확하게 파악되기 힘들다. 결국, 단어는 문장에서 다른 단어와 결합할 가능성을 포함하고 이러한 결합은 의미 있는 문법에 맞는 단어의 나열과 문장의 논리적 구조로 규정된다. 이에 프레게는 단어의 독립적인 의미가 추구되어서는 안 되며, 명제의 문맥 안에서만 의미를 찾을 수 있다고 주장한다.

문맥 안에 등장하는 고유명사에 대해서도 프레게는, 의미는 단순한 일반명사에만 국한되는 것이 아니라 고유명사에까지 확장된다고 보았다. '하나님'이란 단순히 그리스도교의 신앙의 대상을 나타내는 것이 아니라, 의미(connote) 즉 어떠한 의미를 내포함으로써의 언어적 역할을 수행한다. 즉 '하나님'은 어떠한 대상에 붙여진 이름표가 아니라 내포 (connotation)된 함축적 의미를 통해서 기능한다. 결국 그리스도교에서 지칭하는 '하나님'은 객관적 실체로서의 의미가 담겨 있는 단어로 그리스도교라는 종교적 문맥 안에서 이해될 수 있다.

성경에 등장하는 모든 단어들은, '하나님'이라는 단어가 가진 의미와 같이, 단순히 표현된 단어가 아닌 단어가 가진 뜻에 부합하는 개념이 먼저 이해되어야 한다. 성경을 제대로 이해하려면 문맥 안에서 단어를 이해해야 하는데, 문자주의는 그 반대로 단어 하나하나에 집중하면서 문맥의 흐름을 놓치고 있기 때문에 본질을 왜곡하게 만든다. 성경 구절 속 단어들은 독립적으로 해석되기 힘들고 문맥 속에서 함축된 의미를 파악해야 성경을 제대로 이해할 수 있다. 이러한 측면에서 문자주의는 성경의 내용을 이해하고 그리스도교적 가치를 실현시키는 데 장애가된다. 하나님의 말씀으로서, 인간의 언어로 기록된 성경은 하나님의 생각이 깊이 반영되었으며, 따라서 올바른 이해를 위해서는 '뜻(의미)'을 파악하는 것이 중요하다.

맺음말

영국의 신학자 앨리스터 맥그래스는 그의 책 『그들은 어떻게 이단이 되었는가(Heresy)』에서 초기 기독교 사회에서 그리스도교가 어떻게 종교로 발전하게 되었으며, 박해를 받던 시기의 그리스도교가 각각의 지역에서 얼마나 다양하게 존재했는지를 밝힌다. 이후 다양성 안에서 통일성을 발견해 나가는 과정을 통해 그리스도교의 정체성을 나타내게 되었다고 역설한다. 당시만 하더라도 그리스도교는 명확한 교리적 기준이 없었고, 서로가 연결되지 못한 상태에서 지하 동굴이나 무덤에 모여 예배를 드렸기 때문에 그 모임마다 다양한 특색이 존재할 수밖에 없었다.

초기 그리스도교는 역사상 가장 순수하고 확고한 신앙의 형태를 지녔다고 평가받는다. 서로가 다른 배경과 생각을 가졌지만, 예수 그리스도로 귀결되는 통일성을 바탕으로 공동체로서 연합을 이뤘던 그리스도교의 당시 모습은 성경이 제시하는 참된 그리스도인의 모습과 가장 가까웠다. 때문에 수적 열세와 극심한 박해에도 불구하고 대제국이었던 로마의 국교로 인정될 수 있었다. 큰 시대적 편차를 두고 다수의 저자에 의해 기록된 성경은 시간적, 공간적 간극을 뛰어넘어 하나의 통일된 메시지를 증거했다. 각각의 개개인이 가진 서로 다른 인격과 재능 등을 인정하면서도 그 안에서 가치를 찾아내고자 한 그리스도교의 특성은 지금까지 그 명맥을 유지할 수 있도록 하는 원동력이 되었다.

한국의 그리스도교 역시 마찬가지. 구한말, 초기 선교사들의 활동을 시작으로 일제강점기, 한국전쟁, 군사독재 등 급격한 사회적 변화 속에서도 그리스도교가 각광을 받았던 이유는, 다양한 계층의 사람들을 차별 없이 흡수할 수 있었기 때문이다. 다양성을 존중하면서도 그 안에서 하나 된 메시지, 예수 그리스도의 사랑이 있었기 때문이다. 하지만 안타깝게도, 현재 우리나라의 그리스도교는 이러한 다양성 속에서의 통일성을 외면한 채 문자에 집중한 통일성만을 강조하고 있다. 성경의 문자 하나하나에 절대적인 기준을 제시하고 그에 합당하지 않으면 '틀린' 것으로 간주했다. 결국 내가 옳다고 여기는 기준 이외의 다른 것은 배제하고 혐오하기에 이르렀고, 이러한 배타주의는 그리스도교가 고립되는 결과를 가져왔다.

21세기, 사회가 개방되고 다원화되면서 이전보다 더욱 다양한 문화적 배경과 가치관을 가진 사람들이 한 사회에서 어울려 살아가고 있다. 그리스도교는 이러한 사회적 분위기 속에서 분명한 정체성을 만들어 나가야 한다. 다양한 사람들이 사회 안에서 평화롭게 공존할 수 있는 길을 제시해야 한다. 성경이 각각의 챕터마다 기록된 시기의 편차도 크고 저자들 또한 제각각이지만 문화적 다양성 속에서 예수 그리스도라는 하나의 주제로 모인 것과 같이, 그리스도교의 본질은 '다양성'을 아우르면서도 '통일성'을 추구하는 것이다.

이를 위해 우선적으로 요구되는 사안은 무엇일까. 성경을 읽고 해석하는 방법에 대한 인식 개선이 되어야 한다. 성경에 기록된 문자 하나하나에 집중하는 단조로움에서 벗어나, 문맥과 문맥 사이에 담긴 메시지가 무엇인지 파악하는 데 힘써야 한다. 이를 위해서는 나와 다른 생각과 여건을 가진 사람들을 있는 그대로 인정하고 포용하려는 자세가 필요하다. 단순 암기식 방법에서 벗어나, 역사를 비롯한 시대적 연구 및 시야 확대를 위해 창의적 교육법을 통해 구성원들의 인식 속에 내재된 편견을 바로잡는 노력이 있어야 할 것이다. 더불어 교회 안에 존재하는 소수자에 대한 차별을 금지하고, 각종 격차 문제를 해결하기 위한 제도적인 장치를 마련해야 한다. 성경을 처음부터 끝까지 관통하는 메시지는 바로 사랑과 배려, 그리고 나눔이다. 사마리아인의 비유는 단순히 도우라는 것이 아닌, 어떠한 상황에서든지 섬기고 봉사하며 상대방의 처지를 이해하라는 메시지를 담고 있다. 로마시대, 남성 중심의 계급사회이자 유대인들의 선민사상이 뿌리 깊게 자리 잡고 있었음에도 "유대 사람도 그리스 사람도 없으며, 종도 자유인도 없으며, 남자와 여자가 없습니다. 여러분 모두가 그리스도 예수 안에서 하나이기 때문입니다"라고 말했던 바울과 같이, 분열과 배척을 멈추고 통합된 그리스도교를 지향할 때 비로소 하나님 나라의 소망을 꿈꿀 수 있을 것이다.

대면/비대면(예배)에 대한 왈가왈부는 무엇을 드러내는가

황용연

우선 한 마르크스주의 경제학자의 칼럼집에 나왔던 이야기부터 해보
자. 이 학자에게 동료 교수가 마르크스주의가 그리스도교를 이기지 못
하는 이유가 무엇인지 아느냐고 물었단다. 선뜻 대답을 못 하는 이 학자
에게 동료 교수가 들려준 이야기는 이렇다.

우선 조직의 문제인데, 한 주일에 한 번씩 당대회를 여는 것이 그리스
도교인데, 마르크스주의가 이걸 무슨 수로 감당하겠냐는 것이다. 그런
데 그것만이 아니라 자금의 문제도 있단다. 한 주에 한 번씩 당비를 걷
고, 그것도 총수입의 10분의 1씩이나 걷으면서도, 더 많이 내지 못했다
고 회개하는 기도까지 하게 만드니까 말이다.

다른 이야기를 하나 더 해보자. 『코로나로 아이들이 잃은 것들』이라
는 책에 따르면, 책의 제목인 '코로나로 아이들이 잃은 것들'은 쉽게 떠
올릴 수 있는 학력의 저하나, 또래 집단과의 만남과 교류와 놀이만 있는
것이 아니다. 학교생활을 통해서 동급생과 선후배들이 함께 만들었던
축제와 그 속에서 벌어지는 계승과 전수의 경험 역시 '코로나로 아이들
이 잃은 것'에 속한다.[1]

첫 번째 이야기에서 언급한 '한 주에 한 번씩 열어서 당비까지 걷는
당대회'를 그리스도교인들은, 특히 개신교인들은 예배라 부른다. 마르크
스주의가 기독교를 이길 수 없었던 이유였다는 예배가 2021년 한국에
서는 개신교의 사회적 평판을 심하게 떨어뜨리는 주요인으로 인식되고
있다. 그러면서 대면 예배라는 단어가 혐오스러운 뉘앙스를 띠게 되었

---
*
---

1) 김현수, 『코로나로 아이들이 잃은 것들』(덴스토리, 2020), 98~106쪽.

고, 비대면 예배라는 낯설었던 단어가 어느새 익숙해졌다.

코로나19로 인한 팬데믹 상황에서 방역이 중요한 사회적 과제가 되는 것은 당연한 일이며 대면 예배든 무엇이든 방역에 방해 요인이 된다면 일정하게 통제되어야 한다. 그러나 중요한 사회적 과제이기 때문에 다른 것들이 통제되어야 하는 상황이라면, 그것은 또한 무엇인가 그 속에서 억압되는 것은 없는지를 깊이 살펴야 할 상황이기도 하다.

여기서 두 번째 이야기에 나오는 축제와 계승과 그리고 전수의 자리라는 관점을 가져오면, 그리스도교의 예배는 그리스도교의 지평 내에서 비슷한 기능을 담당할 것이다. 그렇다면 대면 예배가 방역의 방해 요인일 가능성을 전제하더라도 그에 대한 비판 역시 그러한 기능을 고려해 가면서 이루어져야 하지 않을까.

지금까지 이야기한 것을 전제하면서 이 글은 대면 예배와 비대면 예배에 관한 담론들을 탐색하고자 한다. 먼저 대면/비대면 예배 이슈의 사회적 발생과 전개 과정을 개관한 다음 그런 전개 과정을 거친 대면/비대면 예배 이슈가 개신교 내부에서는 어떤 방식으로 논의되었는지를 살펴본다. 그리고 이러한 논의가 드러내는 한국 사회의 시민성의 양상에 대해 비평한다.

대면/비대면 예배 이슈의 발생과 전개

현재 한국에서 대면/비대면 예배 관련 담론들은 대체로 대면 예배와 방역의 대립 구도를 전제하고 있으며 이 전제하에서 대면 예배가 비대면 예배로 대체되어야 하는 혹은 대체되어도 되는 정당성을 입증 혹은 반박하는 데에 초점이 모여 있다. 즉, 대면 예배 강행 혹은 비대면 예배로의 대체를 실행할 주체인 그리스도교 교회를 설득 혹은 비판하는 담론이거나 아니면 이러한 설득 혹은 비판의 대상이 되는 교회의 자기방어 담론인 경우가 대부분이라는 것이다. 이 두 담론은 상호 대립하고 있으나, 어느 담론을 택하든지 간에 공통점은 그리스도교 교회만이 대면/비대면 예배와 관련하여 무엇인가를 하면/하지 않으면 되는 주체로 인지된다는 것일 터이다.

이런 담론의 전개 과정에서 그리스도교 영역과 비그리스도교 영역의 담론 경향은 거의 접점을 찾기 힘들 정도의 차이를 보인다. 그리스도교 영역에서는 대면/비대면 예배의 이슈가 해당 영역의 정체성에 관한 중대한 이슈인 반면, 비그리스도교 영역에서는 그저 잠재적인 방역 방해 요인을 통제하는 이슈일 뿐이지 이 이슈가 그리스도교 영역에서 어떤 의미를 갖는지는 무관심하다.

방역과 대면 예배의 대립 구도 성립

코로나19가 처음 한국에 퍼지기 시작했을 때 한국 사회의 대처 방안은 주로 외국에서 시작되는 전염의 가능성을 어떻게 차단할 것인가에 초점이 맞춰졌다. 그리하여 이 시점에서의 중요한 논란 중 하나는 코로나19의 발원지라고 인지되었던 중국에서의 입국자를 차단할 것인지의 여부였다. 중국 거주 중이던 한국 교민들을 급거 귀국시킨 뒤 집단 격리 장소를 모색하는 과정에서 몇몇 지역에서 반대 시위 등이 발생하여 사회적 논란이 된 것도 이 시기의 일이었다. 또한 최근 적지 않은 수의 대학이 중국 유학생을 유치하여 살림을 유지하는 상황에서 코로나19가 이런 대학들에 상당히 큰 타격이 될 수밖에 없을 것이라는 이야기도 돌았다. 한마디로 정리하면, 이 시기까지는 아직 코로나19는 한국 사회의 내부 문제가 아니라 위험한 외부의 영향을 어떻게 차단할 것인가 하는 문제에 가까운 것으로 인식되었다. 그리고 그러한 차단 전략은 일단 상당한 성공을 거둔 것으로 보였다.

그런데 2020년 2월 중순경 신천지 대구교회를 매개로 한 것으로 보이는 확진자 폭증 현상이 일어나면서 위 문단에서 이야기한 위험한 외부의 영향을 차단한다는 구도가 더 이상 성립할 수 없게 되었다. 이제는 사회 내부의 구성원들끼리의 전파를 어떻게 다룰 것인가라는 문제로 전환된 것이다. 여기서 한 가지 지적할 점은 이러한 문제의 전환이 있었음에도 정부의 방역 방식은 확진자의 동선을 하나하나 추적하여 그 동선 내의 전염 가능성을 없애고 동선에 관련된 추가 감염자를 찾아내려는 방식을 유지했다는 것인데, 이 지점은 뒤에서 더 자세히 다룰 것이다.

신천지 교회는 기존 거대 종교가 아닌 소수 종파인 데다가 특히 개신교에 의해서 소위 이단이라는 불순 집단 취급을 받고 있었다. 거기에 기존 종교에 대해 프락치 방식까지 사용하기를 주저하지 않는 소위 '모략 전도'라는 비밀스러운 전도 방식 등으로 해서, 이 교회는 단순히 방역에 문제를 일으킨 집단으로만이 아니라, 방역에 비협조하는 등 동등한 시민으로서의 자격을 갖추지 못하고 심지어 코로나19를 고의적으로 전파했을 가능성도 배제할 수 없는 반사회적 집단으로 취급받게 되었다. 이에 따라 신천지 교회를 굴복시켜 방역에 협조하도록 하는 것이 사회 내부 방역의 핵심 과제인 듯 인식되는 기간이 있었다.

이 기간이 지속되면서 신천지 교회가 아닌 일반 그리스도 교회, 특히 개신교회의 대면 예배가 방역 관련 이슈로 떠오르게 되었다. 두 집단의 교리 차이에 큰 관심이 없는 당국이나 대중들로서는 신천지 교회의 집회가 코로나19의 주요 전파 통로가 되었다면 일반 그리스도 교회의 집회, 대면 예배나 예배 후 식사, 소모임 등등도 전파 통로가 되지 말라는 법이 없다는 생각을 하는 것은 당연했을 것이다. 때맞춰 몇몇 개신교 교회에서 실제로 상당한 수의 확진자가 발생하면서 개신교의 대면 예배도 결국 방역 당국의 주된 통제 대상이 되었다.

인터넷 신학 교육을 시도하고 있는 한 진보적 개신교 목사는 신천지 교회가 방역의 주 표적이던 상황에서 대면 예배까지 방역의 주된 통제 대상이 된 것에 대해 신천지의 모략전도라든지 잘못된 성서 해석 따위가 다 밝혀져서 이참에 싹 정리되겠다는 기대를 하고 있었는데, 똑같은 비난이 그대로 교회로 옮겨 와 교회 역시 신천지와 같은 방역의 통제 대상이 되었다고 말한다.[2] 즉, 신천지 교회든 일반 개신교회든 방역에

---

*

2) 우진성, 「코로나19 이후의 교회」, 이영재 외, 『코로나19 이후의 교회를 상상하다』 (도서출판IBP, 2020), 144쪽.

적대적일 것으로 인식되는 통제 대상이 되었다.

　대부분의 교회는, 특히 사회적 자원을 더 많이 가진 대형 교회들 대부분은, 막상 대면 예배를 강행하지는 않았던 것으로 보인다. 그러나 대면 예배를 강행했던 일부 교회들에서 확진자 폭증 현상이 일어나고 또한 이런 교회들 중 이전부터 극우 정치세력으로 활동하던 일부는 문제인 정부에 대한 정치적 적대를 노골적으로 표현하면서 그 적대 표현의 일환으로 대면 예배와 정부의 방역을 대립시키는 언행을 했다. 그리하여 전체 개신교회가 방역에 적대적인 듯 인식되는 구도가 만들어졌다. 어느 정도 확진자 숫자가 줄어들던 추세를 급반전시키는 계기가 되었던 개신교 극우세력 중심의 8.15 집회는 이런 구도를 더더욱 심화시켰다. 또한 이러한 과정들에서 막상 대면 예배를 그리 강행하지 않았을 보수 개신교 세력의 교회 지도자들도 대면 예배 그 자체가 방역의 표적이 되는 것에 불편한 심정을 계속 노출하며 대면 예배와 정부 방역 사이의 적대적 대립 구도를 오히려 심화시키는 데 일조했다. 예를 들어 2020년 9월에 발표된 감리교 한 감독의 목회서신에서는 비대면 예배를 계속할 경우 교회가 정부의 하부기관으로 전락할 것이라고 주장하면서 그것을 대면 예배를 강행해야 하는 근거로 삼고 있다.

　이런 일련의 과정에서 그리스도교/개신교 특유의, 자신들의 행위를 신성화시키는 언어 사용이 이 대립 구도를 더욱 악화시키는 계기가 되기도 했다. 개신교 내부에서 이 신성화된 언어들이 마치 코로나19에 대해 일종의 면역이 가능한 양 사용되는 예들이 드러나고 이런 예들 때문에라도 비그리스도교인 대중들이 이런 언어를 이해할 수 없었기 때문에 더욱더 그러했다.

그리하여 비그리스도교인 대중들은 대면 예배와 방역의 적대적 대립 구도가 개신교회가 교회 밖의 비개신교인에게는 해가 되든 말든 방역에는 신경 쓰지 않고 대면 예배를 고수하기 때문에 생기는 것이라고 이해하게 되었다. 그리고 개신교회가 이렇게까지 대면 예배를 고수하는 이유는 대면 예배가 개신교회에게는 마치 자영업자의 영업과 같은 것이므로 그것을 중단하면 상당한 재정적 피해를 보기 때문일 것이라고 생각하게 되었다. 8.15 집회로 개신교회에 대한 적대감이 다시 고조된 후 이루어진 정부와 개신교 지도자들 간의 만남에서 일부 인사들이 교회를 영업장으로 보지 말라고 말했던 것은 방금 언급한 것과 같은 시선에 대한 즉자적 반응으로 볼 수 있겠다.

개신교 내부에서의 대면/비대면 예배 이슈

대면 예배가 코로나19 방역을 위한 주된 통제 대상이 되면서 그리스도교, 특히 개신교 내부에 비대면 예배의 비중이 급격하게 커졌다. 이때 비대면 예배 이슈는 크게 두 가지 의미를 가지게 되었다. 앞에서 논한 방역과 대면 예배의 대립 구도가 심화되고 이에 따라 개신교 교회들에 대한 비판이 쏟아지면서 이 비판에 대한 개신교의 대응 방식에 관한 가치판단을 하는 것이 한편에서 진행되었다면, 다른 한편에서는 비대면 예배의 효용에 관한(가치판단을 전혀 배제할 수는 없더라도) 실용적 논의가 진행되었다. 개신교 내부에서의 대면/비대면 예배 이슈에 대한 논의는 이 두 가지 의미가 섞이면서 진행되는 양상을 보였으며, 대체로 개신교의 대면 예배 이슈 대응 방식에 대해 비판적일수록 비대면 예배의 효용을 긍정적으로 평가하는 경향을 보였다.

대면/비대면 예배 이슈에 대한 개신교 내부의 이런 견해 차이에는 크게 두 가지 요인이 작용했다. 하나는 교회 간의 규모 차이에서 오는 대면/비대면 예배 이슈 대응의 온도 차이이며, 다른 하나는 시민사회와의 관계를 중요시하는 개신교 내부 소수 집단들의 비판적 발언이다.

위 문단에서 지적한 두 가지 요인 중 우선 첫 번째 요인을 살펴보면, 앞에서도 지적했듯이 사실은 대면 예배를 강행한 교회들보다도 비대면 예배로 전환한 교회들의 숫자가 훨씬 많았으며 특히 사회적 자원을 더 많이 가졌기 때문에 일정하게 비그리스도교 영역과 피드백을 할 수밖에 없는 대형 개신교 교회들도 비대면 예배로의 전환에 적극적으로 참여한 것으로 보인다. 그리하여 비대면 예배가 오히려 개신교회의 주 예배가 되는 상황이 벌어졌고, 코로나19의 방역이 완료되지 않는 한, 이런 상황은 계속될 것으로 보인다.

이미 20세기 말부터 인터넷이 활성화되면서 개신교 교회들 역시 여건이 가능한 대로 자신들의 예배를 인터넷에 공개해왔고 점점 실시간으로 공개하는 경우들이 많아졌으며, 특히 개신교 교인들이 일반적으로 예배의 핵심으로 인식하는 설교의 경우는 더더욱 그러했다. 이는 코로나19 이전에도 이미 예배에 비대면적 요소가 많이 포함되어 있었으며 그런 요소들이 교인 동원에 활용되었다는 뜻이다. 따라서 이런 비대면적 요소를 구현할 수 있는 자원이 충분한 교회의 경우에는 비대면 예배로의 전환 자체에는 그다지 난항을 겪지 않았던 것으로 보인다.

그러나 중소형 교회의 경우 비대면 예배로의 전환이 신도들의 교회 참여에 대한 동력을 결정적으로 훼손할 수 있다는 우려를 안고도 어느 정도 울며 겨자 먹기로 참여한 경우가 상당수인 것으로 보인다. 앞에서 지적했던 방역과 개신교회의 대립 구도에서 이 대립을 조장하는 극우 개신교의 언행에 대한 동조의 배경에는 이런 울며 겨자 먹기 정서가 상당히 작용했으리라고 보인다. 물론 이런 수동적 참여조차도 하지 않고 아예 대면 예배를 강행한 중소형 교회들도 꽤 있었고, 그런 교회들 중에 집단감염이 일어난 교회도 상당수 존재했다.

그리하여 대면/비대면 예배 관련 이슈는, 비대면 예배로의 전환을 위한 물적 자원과 그 자원을 활용할 수 있는 인력이 충분한가 그렇지 않은가, 그리고 비대면 예배로의 전환에 따르는 부정적 영향이 얼마나 크게 작용하는가 하는 교회 간 자원의 불평등 문제와 연결된다. 뒤에 언급할 설문조사에서 비대면 예배는 임시적 위상을 부여받는다는 것이 지적되고 있는데, 그런 임시적 상태가 지속될 경우 교인 숫자의 직접적인 감소나 그렇게까지는 아니라 하더라도 앞으로의 교인 동원이 상당히 비활성화될 수 있다는 우려를 떨쳐버리기가 어렵다는 것이다. 중소형 교회의 경우 직접적인 교인 감소를 걱정하는 경우가 상당하며 대형 교회의 경우도 교인 동원의 비활성화는 물론이고 교인 감소에 대한 걱정도 진혀 없다고 할 수 없는 상황이다. 목사들이 코로나19 시대에 생존의 위기까지 느끼고 있다는 일부 조사에서는 위기를 느끼는 수치가 심지어

70~80퍼센트에 달한다는 결과를 내놓기도 하는데, 이 70~80퍼센트는 주로 중소형 교회에 집중되었을 것이며 사실 70~80퍼센트라는 숫자 자체가 한국 개신교회에서 중소형 교회의 숫자와 얼추 맞아떨어진다.

한편 비대면 예배로의 전환 자체에는 난항을 겪지 않은 경우라 하더라도 비대면 예배가 대면 예배를 완전히 대체할 수 있다는 감각은 예배의 수요자 역할인 일반 신도들이나 공급자 역할인 목회자들 어느 쪽에도 생기지 않았다. 개신교 청년운동 단체 청어람ARMC가 대면 예배와 비대면 예배 이슈에 관해서 진행한 설문조사[3]에 따르면, 설문조사 응답자 중 89퍼센트는 출석 교회가 온라인 비대면 예배만을 진행한다거나 소수 인원의 대면 예배와 온라인 중계를 병행한다고 응답했다. 이 설문조사 응답자들의 비대면 온라인 예배에 대한 만족도는 응답자의 처지에 따라서 경향이 상당히 달라진다. 응답자 전체로 보면 22퍼센트가 충분히 만족하고 28퍼센트가 만족하긴 하지만 가능하면 대면 예배를 드리고 싶다고 답한 반면, 만족은 못 했지만 이렇게라도 예배 참여가 가능한 것이 다행이라는 응답자가 35퍼센트, 그런 단서조차도 달지 않은 응답자가 11퍼센트에 달한다. 그런데 응답자의 처지에 따라 구분하면, 목회자 중엔 아예 만족을 못 했다는 응답자가 17.6퍼센트에 달할 정도인 반면, 정기적으로 출석하는 교회를 정하지 못한 소위 '가나안 성도'의 경우 충분히 만족했다는 응답이 50퍼센트에 달하는 등 처지에 따라 상

---

*

3) 《뉴스앤조이》 2020년 9월 4일자에 게재된 「비대면 시대의 온라인 예배, 어디까지 다가왔을까」.

당한 차이를 보였다.

비대면 온라인 예배의 각각의 요소 중 대면 예배와 같은 감각을 주는 요소가 무엇이냐는 질문(복수 응답)에는 설교 80퍼센트, 찬양 31퍼센트, 기도 24퍼센트 등이 꼽혔고, 반대로 그런 감각을 가장 주지 못하는 요소가 무엇이냐는 질문(복수 응답)에는 만남과 교제 70퍼센트, 성찬 27퍼센트, 찬양 23퍼센트 등이 꼽혔다. 전체적으로 공연성을 부각하는 것이 가능한 요소들에서는 만족감이 높게 나타나지만 실제적인 인간적 교류가 필요한 요소들은 불만족 경향이 높게 나타난다. 이와 관련하여, 추천할 만한 온라인 비대면 예배에 대한 응답이 주로 설교가 좋다고 평가된 교회 중심으로 나왔다는 것도 당연한 반응이라 하겠다.

한편, 대면 예배와 비교한 온라인 비대면 예배의 장단점을 꼽는 질문에서는, 먼저 장점으로 가장 많이 꼽힌 두 가지는 '안전하다'는 것과 '시공간의 제약이 없다'는 것이었고, 이 두 가지 응답의 비중이 80퍼센트를 넘었다. 반면 단점으로 꼽힌 것은 '신앙생활이 나태하고 신앙적 소비주의에 빠지기 쉽다' 36퍼센트, '현장감이 부족하다' 29퍼센트, '기술적 진입장벽이 있으며 화면에 대한 집중이 어렵다' 19퍼센트 등이 꼽혔다. 장점 항목 중에 있었던 '나와 맞는 곳을 선택할 수 있다' 항목과 이와 맞물리는 단점 항목 중의 '교회 간 쏠림 현상이 나타날 수 있다' 항목이 각각 7~8퍼센트에 그친 것은, 앞 설문에서 보았듯이 대면 예배가 어려운 상황으로 인해 교인 간의 만남과 교제가 크게 약화되었음에도 불구하고 예배의 교인 동원 성격이 비대면 예배가 주가 되는 상황에서도 아직 크게 약화된 것은 아니라는 징후일 것이다. 이 징후는 그다음 질문인 온라인 비대면 예배가 대면 예배를 대체할 수 있겠냐는 질문의 해석과도 연결될 수 있는데, 절반 이상이 비대면 예배의 가능성을 부정하지는 않으면서도 가능하면 대면 예배에 참여하겠다는 의사를 표시했고, 18퍼센트 정도의 응답자는 온라인 예배는 불충분하며 오래가지 못할 것이라는 응답을 했다. 즉 비대면 예배는 어디까지나 임시적 위상을 부여받고 있을 뿐이며, 교인 간의 관계와 네트워크는 궁극적으로는 대면 예배를 통해서 유지되어야 한다는 견해가 적어도 지금까지는 개신교인들에게 공감대를 형성하고 있다는 것이다. 이 설문조사를 시행한 단체가 개신교 지평 내에서는 상당히 진보적으로 평가받고 있다는 점을 감안하면, 아마도 실제 한국 개신교인들 사이에는 이 설문조사보다도 더 대면 예배 친화적인 경향이 존재하리라 추측할 수 있다.

개신교 내부에서의 대면/비대면 예배 이슈 논의에 대한 비평

지금까지 살펴본 대로 비대면 예배의 현실적 필요성을 받아들이면서도 정부의 통제에 대한 반감에서건 비대면 예배가 임시적 위상을 탈피하기 어려운 사정 때문에서건 비대면 예배가 대면 예배를 완전히 대체할 수는 없다는 공감대가 이루어진 상황에서, 비대면 예배의 가능성과 한계를 어떻게 볼 것인가 하는 문제는 개신교 내부에서 해명해야 할 이슈가 되었다. 그리하여 가능성에 초점을 맞추는 경향과 한계점에 초점을 맞추는 경향이 분리되며, 이러한 분리는 앞에서 언급한 개신교 내부 소수 집단들의 비판적 담론의 작동 구도와 일정하게 겹친다.

비대면 예배의 가능성에 초점을 맞추는 경향은 비대면 예배의 현실적 필요성을 인정하지 않을 수 없는 상황에서 그 상황의 정당화를 시도하려는 속성을 어느 정도 갖고 있다. 그리하여 이런 경향에서는 일단 비대면 예배 역시 대면 예배의 여러 가지 효능을 구현할 수 있으며, 앞 설문조사에서 비대면 예배로는 대체하기 어렵다고 지적되었던 영역들, 예컨대 성찬과 같은 경우까지도 어느 정도 대체 가능성을 탐색하기도 한다. 미국 클레어몬트 신학교의 김남중 교수에 따르면, 미국의 진보적 교단 중에는 온라인 성찬식의 가능성을 적극적으로 인정하는 교단들이 존재하며, 아예 온라인 성찬의 매뉴얼을 만든 교단도 있다.[4] 또한, 아예 대면 예배를 진행할 공간을 마련하지 않은 채 온라인 기반의 활동을 중심으로 커뮤니티를 형성하고 대면 모임은 커뮤니티의 소모임 중심으로 전체 회원 모임을 상정하지 않는 형태로 진행하는 온라인 교회의 예도 코로나19 이후의 대안적 가능성으로 소개되고 있다.[5]

다른 한편으로, 주로 진보적인 신학적 견해를 가진 사람들은 비대면 예배로의 전환이 강제되는 상황을 그동안 대면 예배를 중심으로 교인과 자원 동원을 해왔던 주류 개신교회에 대한 비판의 아포리즘에 활용

---

*

4) 김남중, 「코로나19 이후의 예배」, 이영재 외, 『코로나19 이후의 교회를 상상하다』 (도서출판BP, 2020), 44쪽.
5) 김승환, 「온라인 교회와 디지털 신앙」,《기독교사상》 2020년 9월호, 41~45쪽.

하려는 경향이 있다. 이런 경향의 배경에는 다음과 같은 상황이 깔려 있다. 서두에 인용한 농담이 이야기하는 대로 예배는 그리스도교의 중요한 조직 메커니즘 중 하나이며 특히 한국 개신교는 여러 가지 명목의 집회에 예배라는 이름을 붙여 교인 동원의 핵심 기제로 삼아왔다. 그런데 이것이 한국 개신교의 성공의 요인이기도 하지만 동시에 그 성공이 낳은 일종의 자기도취감, 즉 '하나님의 이름으로 교회를 성공시켰으니 우리는 옳았으며 그래서 우리가 하는 다른 일도 옳다'라는 도취감[6]을 낳게 한 요인이기도 하다는 것이 그동안 진보적인 신학적 견해를 가진 사람들이 지적해온 중요 사항이었다. 그래서 이들에게 비대면 예배로의 강제된 전환은 '대면 예배를 유지하는 것 외에는 아무것도 신경 쓰지 않았던 교회'가 오히려 자신을 성찰해야만 하는 계기가 된다. 이때, 비대면 예배는 대면 예배의 불완전한 대체품이 아니라, 대면 예배만을 거룩하게 여겼던 교회의 잘못을 성찰하고 대면 예배만이 아닌 삶의 모든 요소가 거룩한 것임을 깨닫는 개신교의 새로운 행동 양식을 모색해볼 실마리로서의 의미를 갖게 된다.

비대면 예배의 한계를 지적하는 논의들은 일단 앞에서 밝힌 보수적 개신교회의 입장에서 전개되는 논의들이 있고 그런 논의들은 대체로 보수 교회의 불쾌감을 반영한다. 이런 입장에 서지 않는 경우, 비대면 예배의 한계로 지적되는 요소들은 대체로 앞에 인용한 설문조사에서 지

---

*

6) 이런 자기도취감은 앞에서 지적한 개신교 특유의 자신의 행위에 대한 신성화된 언어 사용과도 긴밀하게 연관되어 있다.

적했던 비대면 예배에서 충족되기 어려운 지점과 겹친다. 주로 지적된 측면이 만남과 교제, 성찬 등인데, 이는 교회 내의 지평에서 보면 대면 만남이 어려워져서 조직 유지에 문제가 생긴다거나 성찬의 온라인 진행이 상당히 어렵다는 기술적 문제가 존재한다는 의미만이 아니다. 교회 내의 지평에서 교회는 언제나 상호 교류를 전제하는 교인들과 신의 교류가 이루어지는 공간이어야 하고 예배는 그 교인들 간의 상호 교류와 교인들과 신의 교류가 이루어지는 자리이기 때문에 의미를 갖는 것인데, 만남과 교제, 성찬 등은 바로 이 교인들 간의 그리고 교인들과 신 간의 상호 교류를 형성하는 핵심 요소들이다. 따라서 비대면 예배가 이 지점을 충족하기가 어렵다면 교회 내의 지평에서는 근원적 한계를 가질 수밖에 없다.

한편, 개신교 교회 내에 존재하는 다양한 예배/집회 중에서 주로 성인 예배의 전환에 초점이 집중된다는 점을 지적하는 경우도 있다. 성인 예배의 비대면 전환에 초점이 맞춰지면서 유소년 교육 예배/집회의 전환 이슈에는 상대적으로 소홀해지며, 중대형 교회의 경우에는 교회학교 예배 영상을 따로 제작하지만 대부분의 교회가 그런 역량을 갖추지 못하고 다른 교회나 개신교 교육기관 등이 마련한 영상을 전송하는 것으로 대체하거나 혹은 유소년 당사자들이 부모와 함께 비대면 성인 예배에 참석하는 것으로 그치는 경우가 대부분이라는 것이다.[7] 특히, 유소

---

*

---

7) 이은경, 「온라인예배, 동사에서 명사가 된 예배」, NCCK 신학위원회 웹진 《사건과 신학》 2020년 4월호.

년 교인 중 가족이 교인이 아닌 경우에는 가정에서 비대면 예배에 참여할 시공간적 여유를 확보하기가 상당히 어려워진다는 점도 있다.

대면/비대면 예배 이슈에 대한 이러한 비평들에는 앞에서 언급한 대로 기술적/실용적 측면에 대한 비평과 가치판단을 진행하는 비평이 섞여 있다. 가치판단의 측면, 즉 대면/비대면 예배 이슈를 어떤 가치를 중시하는 관점으로 바라보느냐에 대해서 조금 더 살펴본다면 다음과 같다.

먼저, 이 논란에서 대면 예배와 방역을 대립시키고 이 구도에서의 대면 예배의 정당성을 주장하는 보수 기독교의 입장은 일단 대면 예배라는 익숙한 방식이 난항을 겪고 비대면 예배가 그 난항에 대한 적절한 해결책이 되기 힘들다는 것에 근거한 방역에 대한 반작용의 측면이 기본일 것이다. 그러나 이것만으로는 설명하기 힘들며, 오히려 강하건 약하건 간에 노무현-문재인 정부로 이어지는 리버럴 정부에 대해 지속되어 왔던 보수 개신교의 반감이 이 대립 구도를 더욱 키운 측면이 있다. 말하자면, 대면 예배 이슈 자체에 대한 입장보다도, 대면 예배에 대한 정부의 통제, 특히 이전부터 그리 곱게 보지는 않았던 문재인 정부의 통제가 대면 예배 통제에 대한 반감을 더욱 키웠고, 이것이 대면 예배와 방역의 대립 구도를 더 키운 것으로 보인다는 것이다.

여기에 앞에서 지적했듯이 개신교 내부 지평에서의 신성화된 언어 사용으로 인해 마치 종교적인 면역 작동이 가능하기라도 한 양 행동하면서 집단감염이 발생한 사건들이 대립 구도를 더욱더 키웠다. 이는 앞에서 지적한 개신교회들의 자기도취감의 문제이기도 하다. 이런 사건들에 대해서는 다른 비평도 가능한데, 종교적인 면역 작동이 가능하다는 식

의 행동이 자신은 감염되지 않을 것이라는 자기도취적인 확신에 근거
한다면 이 확신은 방역의 기본 원칙인 남을 감염시킬 수 있으니 자신을
경계해야 한다는 원칙과 어긋난다고 할 수 있겠다. 종교인의 입장에서
이렇게 함께 살아가기보다는 자신이 할 수 있다고 믿는 것에만 초점이
쏠려도 되는가, 하는 질문을 던질 수 있다는 것이다.

   보수적 개신교회가 이렇게 대면 예배와 방역의 대립 구도를 조장하는
것에 대한 시민사회의 비판에 진보적 개신교 인사들은 꽤 많이 동조하
고 있다. 그러면서 자연스럽게 비대면 예배의 적절성을 최대한 변호하고
대면 예배를 대체할 수 있다고 보는 경향까지 겸비한다는 것은 앞에서
살펴본 대로이다. 그런데 이런 경우, 대면 예배에 관한 보수적 개신교회
의 집착에 대한 비판과 비대면 예배의 적절성에 대한 변호가 앞에서 본
대로 보수적 개신교회의 자기도취감에 대한 전면적 비판으로 연결될 때
정작 예배 그 자체에 대한 의미 규정이 비어 있는 상황이 종종 전개된
다. 다른 말로 하면, 대면 예배의 집착에 대한 비판으로 개신교회가 주
일예배 이외의 다른 삶의 지점들도 예배가 거룩한 자리인 것처럼 거룩
하게 여길 수 있어야 한다는 담론들이 주로 통용되면서 정작 대면이든
비대면이든 예배 그 자체는 그러면 어떤 의미를 가져야 하는가라는 질
문이나 답이 거의 보이지 않는 상황이라는 말이다. 말하자면 진보적 개
신교 인사들의 대면/비대면 예배 담론에는, 개신교 지평 내에서 담론을
전개하면서도 그 지평 고유의 문제에 대한 고려가 미진한 지점이 있다.
한편, 이런 문제의식을 갖고 본다면 보수적 개신교회들의 담론에서도
대면 예배에 신성화된 언어가 덧씌워져서 앞에서 지적했던 정부에 대한

반감이나 자기도취감을 키우는 빌미로만 사용되는 것이 아닌가, 하는 질문을 던질 수도 있다. 보수적이건 진보적이건 개신교 담론에 정작 예배의 자리가 지워져버린 상황이라는 것이다. 여기에 앞에서 지적했던 비그리스도교인 대중들의 무관심까지를 덧붙인다면, 보수적 개신교 담론/진보적 개신교 담론/비그리스도교적 담론 어디에도, 예배란 말이 논쟁의 대상인데 예배 자체의 자리가 없는 상황이라고 해야 할 것이다.

앞에서 언급한 대로, 진보적 개신교 인사들의 담론에서 예배 그 자체가 어떤 의미를 가져야 하는가에 대한 질문이나 답이 거의 보이지 않는다면, 이는 진보적 개신교 인사들의 대면/비대면 예배 담론이 시민사회의 대면 예배 비판을 개신교적 언어로 번역한 것에 그친 것이 아닌가, 하는 문제를 제기할 수 있는 지점이다. 이 지점에서 대면/비대면 예배 이슈는 대면 예배 비판에 주로 얽혀 있는 한국 사회의 시민성의 이슈와 연결된다.

대면/비대면 예배 담론과 시민성[8)]

근대사회가 정립된 이후부터 종교와 시민성 사이에는 긴장 관계가 성립한다. 보통 이 긴장 관계는 종교가 시민적 상식에 미달할 위험성을 어떻게 통제할 것인가의 문제로 읽히는 경우가 많다. 코로나19 사태와 관련하여 대면/비대면 예배 이슈가 제기된 맥락도 보수적 개신교가 방역과 대면 예배의 대립을 조장하는 것이 코로나19 사태를 극복하기 위한 시민적 상식에 미달하는 행태라는 비판의 맥락인 경우가 많았다. 물론 종교가 시민적 상식에 미달할 위험성은 언제나 상존하는 문제이며 실제로 코로나19 사태의 국면에서 개신교회에서 집단감염이 일어났던 상황들은 시민적 상식에 미달했다는 평가가 적절한 경우들이었다. 이런 경우 대부분이 앞에서 지적한 개신교의 신성화된 언어 사용과 자기도취감이 발현되는 경우들이었다.

그런데 여기서 종교가 미달했다는 시민적 상식에 대해서 이렇게 살펴본다면 어떨까. 방역과 대면 예배의 대립 구도 속에서 보수적 개신교를 비판하는 담론 중 헌법 제37조 2항, "국민의 모든 자유와 권리는 국가 안전보장·질서유지 또는 공공복리를 위하여 필요한 경우에 한하여 법률로서 제한할 수 있"다는 조항을 인용하는 담론이 많았다. 코로나19 사태는 최소한 질서유지나 공공복리에는 해당하니, 그 목적으로 보수적 개신교회가 주장했던 종교 자유를 제한하는 것은 정당하다는 이야기겠다. 그런데 이 조항은 사실 "제한하는 경우에도 자유와 권리의 본질적인 내용을 침해할 수 없다"라는 말로 끝나는데 이 말까지 포함한 전 조항을 인용하는 경우는 거의 없었다. 보수적 개신교회가 대면 예배와 방역의 대립 구도를 종교 자유라는 용어로 합리화하려 했던 것은 비판을

---

*

8) 이 장은 내가 쓴 다음 두 글의 논의에 많이 근거하고 있다. 크리스천아카데미-NCCK 공동토론회 '코로나19와 한국사회 현상학'(2020. 11. 9)의 논찬문 「사람들은 개신교에, 종교에 무엇을 바라는가」. ; 웹진 《제3시대》 173호(2021. 2. 18) 시평 「코로나로 아이들이 잃은 것들, 코로나로 어른들이 잃은 것들」. https://minjungtheology.tistory.com/1292

받아야 할 지점이지만, 앞에서 지적했듯 자유의 제한이 가능하다는 것만 인용이 되고 그 제한의 본질적 한계는 인용이 되지 않는 현상은 현재 한국 사회의 시민성이 '상식에 어긋나는' 존재들에 대해서는 자유 제한의 한계를 고려하지 않아도 된다는 사고 위에 성립한다는 한 징후가 아닐까.

이 지점에서 코로나19 사태가 지속되는 와중에 보수적 개신교회 이외에도 앞에서 보았던 신천지 교회, 그리고 성소수자 등이 집단적 공격의 대상이 되거나 혹은 집단적 공격의 시도의 대상이 되었음을 환기해 본다.[9] 물론 보수적 개신교회나 신천지 교회의 경우 많은 잘못을 저지르기도 했다. 그런데 여기서 앞에서 짚었던, 한국의 코로나 방역의 방식이 확진자의 동선을 하나하나 추적하여 그 동선 내의 전염 가능성을 없애고 동선에 관련된 추가 감염자를 찾아내려는, 악영향을 외부의 것으로 추정하고 그 악영향을 차단하려는 방식이었다는 점을 다시 짚어본다. 이런 방식은 광범위하게 축적/집중된 정보와 국가 내의 의료진에 대한 무한 동원으로 유지될 수 있었다. 그리고 시민 개개인들은, 다른 이들은 나를 도와줄 수 없고 오히려 다른 이의 접근은 나에게 해가 될 수 있다는 사고방식으로 내 몸을 내가 챙기기 위해 국가 행정의 효율적인 소비자 혹은 효율을 강제하는 소비자가 되면서 이런 행동 방식을 뒷받침했다.

---------------------------------- * ----------------------------------

9) 성소수자 집단에 관해서는 이 책에 수록된 시우의 글을 참조할 것.

그렇다면 이런 방식에는, 차단하고자 하는 악영향이 급격한 증대를 보일 때 빌미를 제공한 혹은 제공했다고 추정할 수 있는 집단이 앞에서 이야기한, 자유 제한의 한계를 염두에 둘 필요가 없는 집단으로 보여서 공격을 받을 위험이 근원적으로 내장되어 있지 않나 하는 질문을 던질 수 있을 것이다. 신천지/성소수자 등이 집단적 공격의 대상이 되거나 그 시도의 대상이 된 것은 바로 이런 위험이 드러난 실례들이 아닐까.

서두에 코로나로 아이들이 잃은 것들 중에 또래 집단과의 만남과 교류와 놀이, 그리고 축제와 계승과 전수의 경험이 있다는 언급을 했다. 사실 이 말은 아이들이 잃은 것이 그 나이대에서 배워야 할, 함께 살아가고 함께 무엇인가를 하는 경험, 즉 공공성에 대한 경험이라는 말도 될 것이다. 지금까지 쭉 논의해온 대로 대면/비대면 예배 논쟁에서 결국 공공의 자리가 방역이라는 공공의 이익을 침해하는 자들을 어떻게 잡아낼 것인가에 머무르며 그것이 다른 이의 접근은 나에게 해가 될 수 있으니 내 몸을 내가 챙기기 위해 행정의 효율적인 소비자가 되는 시민들이 함께 만든 상황이라면, 아이들이 공공성을 잃은 자리에서 어른들이라고 공공성을 잃지 않을 수는 없을 것이라는 비평이 적절한 자리가 되겠다.

코로나19 사태가 이렇게 시민적 상식에 미달한 이들의 약점만 드러내는 것이 아니라 그 시민적 상식에 의해 구성된다는 시민성 자체의 약점도 드러낸다면, 그 약점에 대해서 이런 이야기를 더할 수도 있을 것이다. 만약 2016년에 코로나19 사태가 벌어졌다면, 그해 말부터 시작된 박근혜 대통령 탄핵을 위한 촛불시위가 가능했을까. 이 질문은 코로나19 사태가 사회의 시민성의 부정적 측면을 시정할 수 있는 사회운동의 가능성도 제약하는 방향으로 한국 사회에 작용하고 있음을 보여준다 할 것이다.

코로나19로 빚어진 대면/비대면 예배 이슈로 인해 한국 사회 시민성의 이러한 문제가 드러나고 있다면, 그 문제에 대해 사유하기 위해서 대면/비대면 예배 이슈가 코로나19로 새삼 그 중요성이 부각되는 비대면 관계의 사회적 영향과 그 미래에 관한 질문과도 연결된다는 점을 짚어볼 수 있을 것이다. 흔히 SNS를 비롯한 인터넷 공간은 사람들에게 무한한 접속 가능성을 열어준다고 이야기되지만, 그 무한한 접속의 결과 중하나가 생각이 비슷한 사람들끼리 비대면 관계 혹은 그와 병행하는 대면 관계를 통한 집단을 형성하고 집단 간의 관계에서 배타성을 드러내는 부족주의 현상이라는 것은 이미 잘 알려진 바대로이다.

앞에서 살펴본 대로 이미 적지 않은 수의 교회들이 대면/비대면 예배를 병행하고 있던 상황에서 코로나19 사태는 비대면 예배의 중요성을 한층 더 강화시켰다. 그러면서 비대면 예배 이슈를 통해 그에 관련된 교회 간의 자원 불평등 문제가 드러나기 시작했다. 이 자원 불평등 문제가 비대면 관계의 부족주의와 결합할 경우, 자원이 충분하지 않은 교회는 자신의 부족을 형성/유지할 가능성이 그만큼 줄어들게 된다. 이는 중소형 교회들이 주로 느끼기 시작한 교회 생존의 위기와 상응한다고 할 것이다.

또한, 대면/비대면 예배 이슈를 통해 현재 한국 사회의 시민성이 '상식에 어긋나는' 존재들에 대해서는 자유 제한의 한계를 사고하지 않아도 된다는 사고 위에 성립해 있을 가능성이 드러났는데, 이러한 가능성은 비대면 관계의 부족주의하에서 더 크게 발휘되게 된다. '가장 큰 부족' 안에서의 합의점들이 사회의 상식이라고 주장될 가능성이 커지기 때문이다.

그렇다면 여기에서 물어야 할 질문은 이런 상황에서 '큰 부족' 안에 들어가지 못하는 사람들에게는 어떤 가능성이 있을까, 하는 것일 테다. 아마도 그런 사람들이 어떤 가능성이든 실행하기 위해서는 자신이 당장은 '작은 부족'으로 드러나는 것을 두려워하지 않는 것부터 시작해야 할 것 같다. 조금 더 나가면, 대면/비대면 관계의 무한한 접속 가능성의 지평은, 부족주의의 기반이기도 하지만, 동시에 나와 같은 사람을 한 사람이라도 만날 수 있는 가능성의 지반이기도 하다는 점, 아마도 여기에서 시작할 수 있지 않을까.

제3부

교회에게
말하다,
대안에 관하여

'그들만의 방주'가 되어버린 한국교회

교회와 세계의 '다시 연결'을 바라며

유기쁨

여는 말

> 질병을 받아들이기가 쉽지도 자명하지도 않은 이유는 질병이
> 우리를 다르게 살도록 이끌어가기 때문이다.[1)]

개인의 삶에서 심각한 질병은 몸의 상태뿐 아니라 그의 삶의 방향을 완전히 뒤바꾼다. 질병과 싸우는 과정에서 우리는 예전과 같은 생활 방식을 계속 유지할 수 없다. 병에서 낫기 위해 우리는 익숙한 생활 방식을 버리고 다른 방식으로 살아야만 한다.

"질병이 우리를 다르게 살도록" 이끌어가는 경우는 개인에게 국한되지 않는 듯하다. 한때의 유행으로 지나갈 것 같았던 전염병은 점점 더 맹위를 떨치며 전 세계로 확산되었고, 코로나19는 인간이 올라탄, 절대 멈추지 않을 것 같던, 영원히 계속 굴러갈 것 같던 바퀴를 강제로 멈추게 했다. 적어도 그 속도를 늦추었다. 그런데 잠시 속도를 늦춘 것만으로는 충분하지 않다. 코로나19라는 질병의 전 세계적 대유행 앞에서, 개인적 수준에서나 사회적 수준에서 인류의 살아온 방식을 돌아보아야 한다. 그리고 우리는 이전과는 다르게 사는 법을 생각해보아야 한다.

---
*

1) 아서 프랭크, 『아픈 몸을 살다』, 메이 옮김(봄날의 책, 2017), 10쪽. 아서 프랭크는 왕성한 활동을 하던 대학교수였다. 그런데 평온하던 그의 삶이 완전히 뒤바뀌는 사건이 일어났다. 일차적으로 심장마비가 일어났고, 뒤이어 암을 발견하게 된 것이다.

코로나19는 생태 문제다

국제 실시간 통계 사이트인 월드오미터를 살펴보면, 2020년 12월 27일 현재 코로나19 확진자 수가 8천만 명을 넘어섰다.[2] 사망자 수도 176만 명이 넘는다. 우주선을 쏘아 보내고 인공지능을 개발해 실생활에 이용하는 21세기에 일개 바이러스로 인한 전염병 때문에 온 세계가 당혹스러워하고 있다. 믿을 수 없는 일처럼 느껴진다. 왜 갑자기 이런 전염병이 창궐하게 된 것일까?

당연히, 코로나19 바이러스는 하늘에서 갑자기 인간 사회 한복판으로 떨어진 게 아니다. 코로나19 팬데믹 사태는 인간이 초래한 대위기의 일부일 뿐이다. 코로나19는 동물의 감염병이 진화하여 인간에게 전염된 인수공통전염병(zoonosis)이다. 데이비드 콰먼에 따르면, 현재 알려진 감염병의 60퍼센트가량이 동물과 인간 사이를 오가는 질병이라고 한다.[3] 코로나19뿐 아니라 독감, 에이즈, 에볼라 등이 모두 인수공통전염병에 속하는데, 이러한 질병들은 인간 역시 동물의 일종이며, 인간의 건강은 다른 동물의 건강과 밀접히 연관된 문제라는 점을 새삼스럽게 알려준다.

수많은 인수공통전염병들 중에서도 코로나19는 인간이 초래한 생태 위기의 한 가지 징후라는 점에서 이전 중세의 전염병들과 차이가 있다.

---------------------------- * ----------------------------

2) https://www.worldometers.info/coronavirus/
3) 데이비드 콰먼, 『인수공통 모든 전염병의 열쇠』, 강병철 옮김(꿈꿀자유, 2020), 17~18, 28쪽 참조.

현대사회에서는 인간의 이용과 편의를 위한 환경파괴가 놀랄 만한 속도로 가속화되면서 야생동물의 서식지가 빠르게 축소되었다. 그에 따라 갈 곳 잃은 야생동물과 인간이 접촉하게 되는 경우가 더 빈번해졌고, 동물이 보유하고 있던 바이러스가 인간에게 전파될 가능성이 더 높아졌다. 그리고 전 세계를 돌아다니는 현대 인류의 생활 방식으로 인해 전염병은 지역과 국경의 인위적 경계를 넘어 전 세계 인류에게 급속히 전파되었다.

사실 인간이 지구 행성 전체를 위험에 빠뜨릴 수 있다는 문제의식은 20세기 중반 핵실험과 뒤이은 강대국들의 힘겨루기를 경험하면서 이미 오래전에 시작되었다. 인간이 인간의 풍요를 위해 인간의 영역을 확장하면서 '야생' 자연의 영역을 빠르게 축소시키며 식민화하는 가운데, 그러한 행위가 역으로 우리를 파멸시킬 수 있다는 생각과 변화를 위한 노력 역시 반세기 전부터 일어났다. 많은 생태철학자들과 생태운동가들은 인간이 일단 '발전'과 '성장'의 바퀴를 멈추고 스스로를 돌아보기를, 우리 인간이 살아온 방식을 성찰할 것을, 다르게 살 것을 요청했지만, 그것은 불가능한 일로만 보였다.

그런데 21세기 초입에 코로나19라는 전염병이 엄청난 속도로 전 세계로 확산되면서, 마침내 인류는 잠시 멈추게 되었다. 그리고 우리는 보게 된다. 꼬리에 꼬리를 물고 연결된 세계를. 코로나19가 야생동물로부터 몇 단계를 거쳐 인간 사회에서 놀라운 속도로 대유행하게 된 뿌리에는 인간이 야기한 생태 위기의 현실이 자리하고 있다. 눈 비비고 살펴보니 지금까지 우리의 인간 중심적인 시야에서는 눈에 들어오지 않던 '동물'이, 인간이 파괴한 그들의 서식지가 조금씩 눈에 들어온다. 코로나19

는 운이 나빠서 어쩌다가 유행하게 된, 박멸이 가능한 어떤 것이 아니다. 코로나19는 더 크고 광범위한 위기, 생태 위기의 한 가지 징후에 불과하며, 우리가 그 해결을 위해 효과적으로 노력하지 않으면 결국 인류는 걷잡을 수 없는 고통을, 파멸을 목전에 두게 될 것이다.

생태 위기와 교회

1966년 12월 26일, 미국 UCLA의 역사학자 린 화이트Lynn Townsend White Jr.는 미국과학진흥회(AAAS) 워싱턴 모임에서 한 편의 글을 발표했다. 그 글에서 린 화이트는 1960년대 초반 레이첼 카슨의 『침묵의 봄』 이후 많은 이들의 관심을 끌게 된 인간에 의한 환경파괴와 오염 등 갖가지 문제 상황을 '생태 위기'로 표현했으며, 과학이나 기술만으로 생태 위기를 헤쳐 나가기는 어렵다고 보고, 역사학자로서 그러한 위기의 역사적 뿌리를 살피고자 했다. 그 글은 이듬해인 1967년 《사이언스》에 실렸고,[4] 적잖은 파장을 불러일으켰다.

그 글의 주요 진제 가운데 하나는 인간이 생태환경에 행하는 바가 인간과 자연의 관계에 대한 '관념'에 좌우된다는 것이다. 특히 인간이 자연과 운명에 대해 어떠한 믿음을 갖고 있느냐가 중요하며, 인간과 자연

---

*

4) "The Historical Roots of Our Ecological Crisis", *Science*, Vol. 155, No. 10, 1967, pp. 1203~1207.

의 관계에 대한 관념을 형성하는 핵심적인 요인으로서 종교가 부각된다. "인간생태학은 우리의 자연과 운명에 대한 믿음에 의해(곧 종교에 의해) 심층적으로 좌우된다."는 것이다. 린 화이트는 서구가 부주의하게 자연 세계를 남용하는 바탕에는 전통적인 유대-그리스도교적 가치가 깔려 있다고 보았다. 중세 서구 세계의 지배적 종교였던 그리스도교의 경전인 구약성서 『창세기』를 보면, 신은 인간을 자기 자신의 형상대로 만들었고, 인간에게 지구를 지배하도록 허락했다. 자연은 그것이 인간에게 무엇을 제공하느냐를 떠나서는 가치를 가지고 있지 않다. 그러니 인간은 자연을 자유롭게 이용할 수 있다. 린 화이트가 볼 때, 서구의 주류 그리스도교 전통에서는 이 구절을 마치 하느님이 인간에게 자연 만물을 마음껏 이용하고 정복할 권한을 내려준 것처럼 해석해왔다. 그리고 린 화이트는 중세에 미친 그리스도교의 영향이 20세기 생태 위기의 뿌리에 자리하고 있다고 보았다. 린 화이트의 글은 생태 위기의 좀 더 근본적인 원인을 알고 좀 더 근본적인 해결을 추구하는 많은 이들에게 강한 인상을 주었고, 린 화이트의 논의 이래 서구에서는 생태 위기의 원인으로 그리스도교의 인간 중심적 세계관, 우주관이 크게 작용했다는 주장이 널리 퍼지게 되었다.

하지만 그는 "(생태 위기의) 뿌리가 주로 종교적이기 때문에, 그 치료 역시 본질적으로는 종교적이어야 한다"는 말도 남겼다. 그리하여 린 화이트의 글은 일종의 양날의 검이 되어, 한편으로는 그리스도교 외부에서 생태 위기와 그리스도교를 연관 짓는 비판적인 시각을 뒷받침하게 되었고, 다른 한편으로는 생태 위기를 근본적으로 극복하기 위해 종교가 가진 잠재력에 주목하게 하는 역할을 했다.

린 화이트가 그 글을 쓴 지 반세기가 지났다. 그는 1960년대 중반에 이미 당시 상황을 '생태 위기'라고 표현했지만, 반세기 동안 상황은 급속도로 악화되어서 오히려 린 화이트 당시의 세계가 훨씬 더 생태적으로 건강한 시대로 여겨질 정도이다. 2020년 현재 코로나19의 전 세계적 대유행으로 수많은 사람이 죽거나 여러 어려움을 겪는 가운데, 이러한 재난이 인간에 의한 환경파괴의 결과물이라는 생각이 점점 더 확산되었다. 우리가 생태 위기의 한복판에 있다는 사실이 사람들에게 질병과 죽음이라는 이름 아래 생생히 실감되게 된 것이다. 이처럼 본격적인 생태 위기를 실감하는 오늘날 한국 사회에서, 그리스도교와 생태 위기를 연관 짓는 린 화이트의 글은 어떤 느낌으로 다가올까?

한국 국민 다수는 특히 코로나19의 대유행이라는 위기 상황에서 개신교에 대해 부정적인 인상을 갖고 있는 듯하다. 코로나19가 확산되고 있던 2020년 6월 23~26일, 엠브레인 트렌드모니터에서 전국 20~59세 남녀 1,000명을 대상으로 실시한 대국민 온라인 인식 조사 결과에 따르면, 우리 국민은 불교나 천주교인에 대해서 긍정적인 이미지를 갖고 있는 데 비해 개신교인에 대해서는 '거리를 두고 싶은' 32퍼센트, '이중적인' 30퍼센트, '사기꾼 같은' 29퍼센트 등 부정적인 이미지를 가진 것으로 나타났다.[5] 또한 개신교계 8개 언론사가 ㈜지앤컴리서치에 의뢰해

---- *

5) 목회데이터연구소 주간리포트, 《넘버즈》 61, 2020년 8월 20일. http://mhdata.or.kr/

서 8월 13~20일 사이에 전국 1,000명을 대상으로 조사한 결과에 따르면, 국민의 74퍼센트는 개신교가 코로나에 잘못 대응하고 있다고 응답했다.[6]

한국교회는 지금 어디로 가고 있는가? 방역지침을 따르지 않고 대면 예배와 모임을 강행한, 사랑제일교회를 비롯한 많은 교회들이 코로나19 확산의 거점으로 지목된 것이 눈에 띈다. 얼마나 많은, 어떠한 교회들이 왜 그토록 대면 예배 고수에 집착하는지에 대해서 여러 학자들이 분석을 내놓고 있다. 이 자리에서는 다만 다수의 한국교회가 드러내는 현실의 모습이 한국교회의 암묵적 자화상을 보여주고 있다는 데 주목하고 싶다. 그 모습은 한국 사회의, 나아가 세계의 일부라기보다는 고립된, 스스로 세상의 나머지로부터 울타리를 둘러친 일종의 '섬'과 같은 모습이다. 교회는 세상에서 분리된, 어딘가 다른 차원에 존재하는 것처럼 보인다. 아니, 어쩌면 교회는 스스로를 '방주'로 자리매김하고 있는 듯하다. 멸망의 위기에 빠진 세상 속에서 유일하게 구원이 가능한, 세계의 '표면에서' 부유하는 '방주' 말이다. 세계는 망해가고 있고, 그 안에 타고 있어야만 구원을 받을 수 있다. "살고 싶으면 우리 방주에 타라!"

그런데/그러면 이 이야기에서 방주 밖의 세상은 어떻게 될까?

어느 날 주일학교 교사 그래프 여사가 우리 반 아이들에게 노

---

6) 「국민 74% "개신교, 코로나 대응 잘못하고 있다", 개신교 언론 공동 설문조사」,
《경향신문》 2020년 9월 2일자.

아의 방주 이야기를 큰 소리로 읽어주었다. 홍수가 빠져나가는 대목에 접어들었을 때, 그녀는 책을 돌려서 우리에게 삽화를 보여주었다. 홍수가 지나간 뒤 반짝반짝 빛나는 튼튼한 방주가 울창한 푸른 나무들과 형형색색의 식물들에 둘러싸여 있고, 그 위 하늘에 아름다운 무지개가 둥글게 걸려 있었다.

반 아이들은 모두 넋을 잃고 보았지만, 내 옆에 앉아 있던 조엘이라는 남자아이만은 달랐다.

조엘은 선생님이 들고 있는 그림을 노려보더니 갑자기 소리쳤다.

"시체들은 모두 어디 있나요?"

선생님의 얼굴에 당황스럽고 언짢은 기색이 스쳤다. 그녀가 책을 내려놓으면서 물었다.

"무슨 시체들 말이니, 조엘?"

"시체들요." 그가 다시 한 번 외쳤다. "홍수에 쓸려가 목숨을 잃은 사람과 동물의 시체는 다들 어디에 있냐고요?"

— 엘런 오그래디, 「방주 밖에서」[7]

방주 밖의 세상 말이다.

거대한 위기가 다가온다고 느낄 때, 살아남기 위한 대피소로서 '방주'

＊
---

7) 롭 닉슨, 『느린 폭력과 빈자의 환경주의』, 김홍옥 옮김(에코리브르, 2020), 339쪽.

를 세우려는 반응이 있다. 중세에도 그랬다. 위대한 점성술사 슈퇴플러[8]는 1524년 2월에 세 개의 행성이 물고기자리에 모인다는 이유에서 두 번째 대홍수를 예언했고, 툴루즈의 영주 오리엘Aurial은 '노아의 방주'를 만들었다고 한다.[9] 살기 위해서는 구원의 방주 안으로 들어와야 하고, 방주 밖의 세상은 내 알 바 아닌 것이다. 중세의 이야기다. 그런데 지금 21세기 한국교회가 또다시 방주의 자화상을 내놓고 있는 것일까? 21세기 한국교회가 내놓는 방주 이야기는 중세 영주 오리엘의 방주와 얼마나 다를까?

우리는 코로나19라는 재난, 좀 더 근본적으로는 생태 위기 상황에 놓여 있다. 그리고 그러한 위기 상황과 부정적인 이미지로 종종 연결되어 온 개신교 교회는 또 다른 의미에서 총체적 위기에 빠져 있다.

이 시대도, 이 시대의 교회도 이전과 다른, 우리가 놓인 위기에 부합하는 적절한 이야기를 필요로 한다. 교회는 이 시대의 물음에 맞는 이야기를 발화할 필요가 있다. 생태 위기 상황에서, 생태학이란 개념부터 다시 생각해보자.

---

*

8) Johannes Stöffler(1452~1531). 독일의 수학자이자 점성술사. 튀빙겐대학의 교수로 재직했다. 1499년에 그는 1524년 2월 대홍수가 세계를 뒤덮을 것이라고 예언한 바 있다.

9) 에드워드 버넷 타일러, 『원시문화: 신화, 철학, 종교, 언어, 기술, 그리고 관습의 발달에 관한 연구』 1권, 유기쁨 옮김(아카넷, 2018), 189쪽.

생태, 생명이 살아가는 모습

생태학(ecology)이란 용어의 역사는 그리 길지 않다. 19세기 중반에 독일의 생물학자이자 철학자, 화가이기도 했던 에른스트 헤켈(Ernst Haeckel, 1834-1919)이 『생물체의 일반 형태론』(Generelle Morphologie der Organismen, 1866)에서 '유기체와 무기적 환경, 그리고 함께 생활하는 다른 유기체들 사이의 관계를 연구하는 학문'이라는 의미에서 'Oecologie'라는 신조어를 제안한 것이 시초이다. 'Oecologie'라는 단어의 그리스어 어원을 살펴보면, 주거 단위, 거주지, 집을 의미하는 '오이코스*οικος*'에 연구를 뜻하는 '로기아*λογια*'가 결합되어 있다. 1893년 국제식물학회의부터 오늘날처럼 'ecology'라고 표기되었다.

한편 '생태生態'는 글자 그대로 생명이 살아가는 모습이나 상태를 뜻한다. 헤켈의 생태학 정의와 연관 지어 생각해볼 때, '생명이 살아가는 모습이나 상태'를 뜻하는 '생태'에서 핵심이 되는 것은 생명이 주변 세계와 맺는 '관계'라 할 수 있을 것이다. 그리고 인간이 야기한 생태 위기라는 것은, 인간이 인간적인 것보다 더 큰 세계와 맺는 관계가 건강하지 않다는 뜻으로 이해할 수 있다. 생태 위기의 근원에서 우리는 관계의 위기를 발견하게 된다.

그러면 세계 안에서 관계는 어떤 원리로 작동하는가? 마르셀 모스의 『증여론』을 참고할 만하다. 그는 마오리족 사회를 연구하면서, '선물'과 '답례'가 그 사회를 지탱하는 주요 메커니즘이라는 것을 포착해냈다. 받고 되갚는 선물을 통해 창조되는 선순환 관계가 한 사회를 떠받치고 있다는 것이다. 북미 포타와토미족 출신의 식물생태학자인 로빈 월 키머러 역시 세상에서 '선물'이 차지하는 중요한 역할에 주목한 바 있다.[10] 그에 따르면, 선물은 세상에서 '진행형의 관계'를 만들어낸다. 비용을 치르고 구매하는 상품과 달리, 선물의 흐름을 통해 형성되는 관계는 나선형으로 확장된다. 그리고 확장되는 관계 속에서 느슨한 감정적 유대도 형성된다. 선물의 흐름은 그렇게 크게 호혜성의 원을 그리며 흘러서 세상을 풍요롭게 만든다.

그런데 생태계로 눈을 돌려보면, 이와 같은 선물의 선순환의 범위는 단지 인간 사이의 관계뿐 아니라 인간 이외의 생명, 나아가 인간 이외의 자연과의 관계까지 확장된다. 생태계서비스(Ecosystem Service: ES) 개념 역시 인간적인 것보다 더 큰 세계, 곧 자연이 인간에게 베풀어준 선물로 이해할 수 있다.[11]

지금껏 주로 인간이 자연에서 받는 혜택을 부각하면서 생태계서비스 논의가 진행되어왔다. 그렇지만, 비인간 자연과 인간의 관계에서도 일방적으로 받기만 하는 관계는 성립하지 않는다. 인간은 자연의 회복탄력성을 염두에 두고 자연이 베푸는 선물을 적절한 수준에서 이용해야 하

＊

10) 로빈 월 키머러, 『향모를 땋으며』, 노승영 옮김(에이도스, 2020), 47~57쪽.
11) 생태계서비스란 개념은 1980년대 초반에 처음 등장했고, 2005년 UN 주도로 발표된 새천년생태계평가(Millennium Ecosystem Assessment: MA) 이후 널리 알려지게 된 개념이다. MA에서 생태계서비스란 간단히 말해 생태계가 인간에게 서비스하는 것을 가리키는 용어이다.

며, 공존을 위해서 어떤 식으로든 자연에 답례를 해야 한다. 물론 여기서도 즉각적인 등가교환은 불가능하지만, 인간의 답례, 돌봄과 나눔을 통해 비인간 자연의 선물은 어디론가 흐르게 된다. 사실 인간과 비인간 자연이 공존해온 많은 원주민 사회에서 주민들과 지역 생태계는 오랜 세월에 걸쳐 서로 영향을 주고받아왔다. 지역민들과 지역 생태계는 서로 선물과 답례를 주고받으면서 서로를 먹이는 되먹임 회로를 구성해왔던 것이다.

호혜적 교환체계, 선물과 답례로 이루어진 관계의 중요성을 간파한 모스의 통찰은 지금도 유효하다. 마오리족을 비롯한 수많은 원주민 사회의 교환체계에서 우리가 주목할 것은 호혜적 교환체계 속에서 인간적인 것보다 더 큰 세계(비인간 자연)가 증여자로서, 그리고 답례를 수령하는 주체로서 중요한 자리를 차지하고 있다는 점이다.

관계는 은혜를 되갚으면서 건강해진다. 사회는 물론이고 생태환경으로부터 받은 선물을 돌려주고 갚으면서, 그리고 선물이 흘러가면서 관계가, 세계가 건강해진다. 종교는 세계의 한 부분이다. 종교가 인간이 세계 내 다른 존재들과 맺는 관계를 보지 못하고, 건강한 관계 맺기를 위해 노력하지 않을 때, 종교는 린 화이트의 지적대로 생태 위기의 뿌리이자 '동력'으로 작용하기 십상이다. 오늘날에도 종교는 인간이 세계를 바라보는 시각을 형성하는 강력한 힘으로, 그리고 실제적인 물리적 힘(신도 수, 조직력 등)을 보유한 세력으로서, 인류가 자연과 좋은 관계를 맺도록 혹은 관계를 망가뜨리도록 유도할 만한 강력한 영향력을 지니고 있기 때문이다.

오늘날 한국교회는 저 되먹임의 회로에서 어떤 자리에 있을까? 과연 생명이 살아가는 모습, 주고받음의 관계 속에서 스스로 자리를 찾고 있을까? 그렇지 않은 것 같다. 변화가 필요한 시점이다.

세계와 다시 연결되기: 두 방향의 관계 맺기

나는 교회가 두 방향에서 세계와 맺고 있는 관계를 숙고하고, 뒤틀린 관계를 바로잡아서 다시 연결되기를 제안하고 싶다. 첫째는 인간적인 것보다 더 큰 세계와의 관계이다. 둘째는 시야에서 사라지는 사람들과의 관계이다.

하나, 인간적인 것보다 더 큰 세계와 관계 맺기

인간의 모든 조직과 제도는 인간적인 것보다 더 큰 세계의 맥락에서 그 존재의 생태학적 의미를 다시 물어볼 필요가 있다고 생각한다. 교회역시 마찬가지다. 인간뿐 아니라 더 큰 생태학적 '공동체'를 염두에 두고서 교회의 존재 의미를 되물어볼 필요가 있다고 생각한다.

그런데 상당수 현대인들은 인간들만의 세계에 너무나 익숙해진 나머지 인간적인 것보다 더 큰 세계에 스스로를 거의 닫아놓은 채 살아간다. 현대 세계에서 우리는 거의 배타적으로 다른 인간 및 우리 자신의 인공적 테크놀로지에만 관여하고 있다. 인간이 만들지 않은 세계, 인간적인 것보다 더 큰 세계는 그저 인간 활동의 배경으로 물러난다. 특별한 일이 없을 경우, 인간(적인 것) 외에는 보아도 보지 못하고 들어도 듣지 못하는 무심한 상태로 하루하루를 보낸다. 그러다 보니 우리가 감각하는 세계는 점점 더 협소해지고, 우리의 생각도 편협해지는 듯하다.

관계의 복원을 위해서는, 먼저 관계 맺는 대상을 새롭게 발견하는 데서 출발해야 한다. 인간이 아닌 다른 생명체들, 가령 나무를 생명으로 보지 못하고 목재(재산)로만 여길 때, 주고받음의 관계 맺기는 요원할 뿐이다. 이와 관련해서, 노르웨이의 심층생태학자 네스Arne Naess의 이야기를 참고할 만하다.[12] 네스는 생태 위기에 직면한 우리가 심층적인 물음을 묻고 심층적 변화를 모색해야 한다고 여겼고, 개개인의 수준에서 우리의 지식이 생태학(ecology)에서 생태철학(ecophilosophy)으로, 나아가 생태지혜(ecosophy)로 깊어져야 한다고 제안했다.

여기서 생태학이란 그 용어를 처음 사용한 헤켈의 정의대로, 유기체와 무기적 환경, 그리고 함께 생활하는 다른 유기체들 사이의 관계에 관한 과학적 연구를 의미한다. 생태철학은 자연 속에서 인류의 위치 등에 관한 서술적 연구를 가리킨다. 그런데 네스가 궁극적으로 지향하는 것은 개개인이 저마다의 생태지혜를 발전시키는 일이다. 여기서 '지혜'로 번역된 '소피(-sophy)'는 통찰 혹은 지혜를 의미하며, 직접적으로 행동과 관련되는데, 우리는 행동을 통해 자신의 지혜를, 혹은 그 결여를 드러내

---
*

12) 이하에는 유기쁨, 「북미 심층생태학의 전개와 특성: 생태학과 종교/영성의 결합을 중심으로」, 《종교문화비평》 36(2019)의 2장의 일부를 수정, 보완한 내용이 담겨 있다.

기 때문이다. 생태지혜의 계발을 위해서 무엇보다 중요한 것은 저마다 자연 세계를 직접 경험하는 가운데 생겨나는 느낌, 감정, 직관이다.

　사실 그리스도교 교회에서는 생태 위기에 직면해서 변화를 위해 노력하더라도, 그 방향이 '인간이 창조세계를 보전해야' 하고, '관리해야' 하고, '돌봐야' 한다는 등, 주로 인간이 (생태계 보전을 위해서라고 해도) 생태환경에 대해 해야 하는 일, 인간이 생태환경에 작용하는 영향에만 초점을 맞춰온 경향이 있었다. 그렇지만 생명의 살아가는 모습, 생태학적 관계는 주고받음의 관계이며, 생태환경 역시 우리에게 무언가를 계속 주고 있다. 자연이 우리에게 주는 것을 주의 깊게 적절히 잘 받는 일 역시 중요하다. 단지 자원의 현명한 이용을 말하는 게 아니다. 생태지혜의 계발과 관련해서, 우리를 둘러싼 세계는 우리에게 우리의 반응을 유도하는 자극을 계속 제공한다. 유기체와 생태환경 사이에서 일어나는 상호작용의 기초는 유기체가 생태환경의 그러한 자극을 능동적으로, 주의 깊게 받는 일이다. 다시 말해서 우리의 생명 세계를 주의 깊게 느끼고 지각하는 일이 요청된다. 네스는 우리가 "일정한 존재가 감지하는 모든 것"으로서 지각세계(Merkwelt)를 확장시키도록 제안한다. 현대사회에서 주로 인공적인 것들에 주의를 기울이며 살아가는 우리의 지각세계는 매우 축소되었고, 인간(적인 것)보다 더 큰 세계를 온전히 지각하지 못하는 동물이 되어버렸다. 지각세계를 확장하는 일, 인간(적인 것)보다 더 큰 세계와의 만남을 의도적으로 늘리는 일이 요청된다. 오감을 이용해 생태환경에서 발신되는 신호들을 더 주의 깊게 보고 듣고 만져보고 냄새 맡고 맛보는 가운데 지각세계는 확장될 수 있고, 생명에 대한 감수

성도 민감해질 수 있다. 그렇게 주의 깊게 세계를 느끼는 가운데 비로소 저마다의 생태지혜를 계발할 수 있다. 가령 자연 속 다른 생명의 소리를 귀 기울여 경청하는 가운데 살아 있는 존재들을 새롭게 느낄 수 있다. 그러한 일이 반복될수록 잿빛 배경은 생기를 얻는다. 세계는 다시 활기를 띠게 된다.

사람마다 경험과 성격이 다르기에 자기 경험을 바탕으로 한 고유한 직관적 통찰인 생태지혜는 개개인에 따라 달라질 수밖에 없다. 네스 자신은 스스로의 경험을 통해 발전시킨 자신의 생태지혜를 '생태지혜T' 로 명명했다. T는 네스가 지역민들의 도움을 받아 해발 1,500미터 고지의 산비탈에 지은 오두막 트베르가스테인Tvergastein(돌무더기라는 뜻)의 첫 글자에서 따온 것이다. 그는 그곳에서 1년에 석 달 이상 지내며 인간적인 것보다 더 큰 세계를 느끼고 경험하는 데 집중했고, 그때의 경험이 그가 심층생태학을 전개하는 데 기반이 되었다.

네스의 '생태지혜T'에서 핵심적인 것은 생태학적 자아(대자아)의 실현이다. 1982년 4월 로스앤젤레스의 선禪 센터(ZCLA: Zen Center of Los Angeles)에서 행해진 인터뷰에서, 네스는 심층생태운동에 참여하는 대부분의 사람들이 보통 자연 속에서 자신이 에고보다 더 큰 어떤 것과 '연결된다는 느낌'을 받는다고 말한 바 있다. 네스 자신은 산속에 손수 지은 오두막 트베르가스테인에서 생활하며, "나와 내가 아닌 것 사이의 대비가 변화"하는 경험을 했다. 대자연 속에서 네스는 "나는 좀 더 주위 환경의 일부가 되고 주위 환경은 좀 더 나의 일부가 되는" 것을 경험했던 것이다. 그처럼 생태환경과 자기 자신의 경계가 변화하는 것을 경험할 때, 자아실현이란 결코 응집적인 에고에 국한될 수 없다.

　네스는 인간이 스스로의 '자아'를 자신의 욕망에만 따르는 편협한 에고와 동일시하는 데 머무르지 않고, 오히려 다른 인간들과의 동일시를 거쳐서 인간이 아닌 개체들, 종들, 생태계, 그리고 생태권 자체와 동일시하게 될 때, 다시 말해서 연결됨을 느낄 때 '생태학적 자아'가 발달되며, 개인적 자아실현과 심리학적-정서적 성숙을 획득한다고 여겼다. 그러니 네스의 '생태지혜T'에서 '자아'는 협소한 에고로부터 사회적인 자아(self), 나아가 생태학적인 자아(대자아, Self)로 확장되는 어떤 것이다. 자연 속에서 자기 자신이 살아 있는 존재들로 구성된 광대한 세계의 일부라고 느끼면서 생태학적 자아, 대자아의 발견이 시작된다. 그런데 그처럼 생태학적 자아가 발달되는 과정은 개인적으로 기쁨을 줄 뿐 아니라 정치적 실천을 위한 변화와도 연결될 수 있다.

　시야와 느낌의 폭이 아주 좁은 사람들은 협소한 에고와 주위 환경 사이를 완전히 분리하는 경향이 있다. 이러한 상태에서 우리는 무관심해지며, 생태환경을 단지 '잿빛 배경에 불과한 것'으로 경험하게 마련이다. 가령 개발론자들이 경험하는 상태가 그와 같을 텐데, 그들은 생태계 보전을 중시하는 생태운동가들이 실제로 보고 경험하는 것을 보지 못한다. 그들은 현실을 매우 다르게 보고 또 경험한다. 네스는 어떤 지역에 대해 개발론자들과 보전주의자들 사이에서 나타나는 견해의

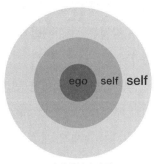

자아실현의 과정

불일치가 그들 사이의 윤리보다는 존재론의 차이에서 비롯한다고 본다. 가령 개발론자들이 인간의 유익을 위해 활용할 수 있는 '잿빛 배경' 혹은 오히려 '재화가 들어찬 컨테이너 박스'로 여기는 곳에서 보전주의자들은 '나와 연결된 존재들'을 발견하는 것이다.

오늘날 '코로나 블루'라는 용어가 흔하게 귀에 들어온다. 코로나19로 인한 우울감과 무기력감이 개인 심리를 넘어서 일종의 사회적 현상으로 나타나는 것을 가리키는 말이다. 생동하는 감정은 개인의 삶과 사회를 끌고 가는 에너지이기에, 우리가 생명과 장소에 대한 느낌, 생명 세계에서 경탄과 기쁨을 누릴 수 있는 능력을 회복하는 것은 개인적 수준뿐 아니라 사회적 수준에서, 나아가 생태학적 수준에서도 중요한 문제가 된다. 네스가 지적하듯이, 세계와 얽히며 생겨나는 느낌과 감정은 '사실'과 '가치'를 결합시키는 접착제 역할을 할 수 있다.

"왜 어떤 사람들은 자연 세계의 미래에 대해 다른 사람들보다 더 신경을 쓸까? 왜 사람들은 자연과 자연물에 대해 다르게 생각하고 느끼고 행동할까?" 인류학자인 케이 밀턴Kay Milton은 그러한 차이가 직접적인 자연 경험에 의해 형성되는데, 이때 감정이 핵심적 역할을 한다고 주장한다. 감정은 주로 개별적 유기체가 환경 속의 대상들과 상호작용할 때 유발된다.

생태적으로 유의미한 변화는 윤리의식이나 의무감보다는 오히려 우리가 무엇을 느끼느냐 하는 점, 곧 느낌, 감정과 관련된 문제이기 십상이다. 자연 속에서 그 창조적 힘을 경험하고 생명에 대한 느낌과 장소에 대한 느낌을 갖게 될 경우에 변화를 위한 동력이 가장 쉽게 생겨날 수 있다. 그러니 생태 위기에 직면한 우리는 자연에 대해 다르게 생각하려고 애쓰는 데 그치지 않고, 자연을 다르게 '충분히' 느끼도록 애쓸 필요가 있을 것이다.

둘, 시야에서 사라지는 사람들

현대사회는 이른바 생태적 위험사회로 접어들었고, 그 사실이 모두에게 인지되고 있다. 그러한 상황에서 눈에 띄는 것은, 오늘날 우리 사회에서 주로 생산, 유통되는 이야기들이 흔히 '잊힘'을, 혹은 일종의 '생략'을 특징으로 한다는 점이다. 특정 주제들을 보이지 않게 만드는 것은 현대사회의 주류 가치인 무한성장과 경제적 이윤 획득을 위한 핵심적 전략 가운데 하나이며, 이를 내면화한 사람들 사이에서는 그러한 망각을 자연스러운 것으로 받아들이는 이른바 '망각의 자연화' 현상이 일어나고 있다. 생태 위기의 현실은 이러한 사회적 잊힘, 망각의 메커니즘과도 불가분 얽혀 있다. 그리고 그러한 사회적 망각의 근저에는 자본주의가 작동하고 있다. 사회생태학(social ecology) 논의들은 그러한 메커니즘, 기제를 비판적으로 살핀다.

역사지리학자인 제이슨 무어[13]는 자본주의 역사에서 가치 법칙의 두 가지 국면으로 (1)자본의 끝없는 축적 (2)착취관계와 전유관계의 끝없

---

*

13) 제이슨 W. 무어, 『생명의 그물 속 자본주의』, 김효진 옮김(갈무리, 2020), 45쪽, 99쪽, 100쪽.

는 확대를 지적한 바 있다. 자본주의는 지속적으로 증가하는 생산, 소비, 낭비에 의해서 작동한다. 자본의 축적을 위해 노동생산성을 높여야 하고, 노동생산성을 높이기 위해 저렴한 가격에 식량, 노동력, 에너지, 원료를 산출해내야 한다. 이 '네 가지 저렴한 것'에서 가치가 쌓이기 시작하고, 이 네 가지 저렴한 것이 악순환적으로 재생산되는 것이다. 저렴한 가격에 자연과 노동이 최대한으로 착취되는 가운데, 이러한 저렴한 자연, 저렴한 노동력은 쓰고 버리는 일회용 물품처럼 여겨지게 된다. 한곳에서 가능한 대로 저렴하게 생산을 가동한 뒤에 더 이상 저렴한 이용이 불가능해질 때는 변방, '프런티어'로 진출하는 것이 자본주의의 출구 역할을 해왔다. 생태사회주의자 데렉 월의 말대로, 자본주의 경제는 일단 자연이 망가지더라도 "건너가서 울타리를 칠 수 있는 신개척지가 있다고 가정하기 때문에" 장기적인 생태계 보전이 묵살되기 마련이다.[14]

이렇게 이윤의 창출과 자본의 축적을 위해 저렴한 자연, 저렴한 노동을 이용할 때, 여기에 걸림돌이 될 만한 목소리들을 배제하고 그들의 존재를 은폐하는 일은 자본주의 세계 곳곳에서 광범위하게 일어나고 있다. 이러한 은폐와 배제를 시민들이 자연스럽게 수용하는 현상은 이른바 '망각의 자연화'라 일컬을 만하다. 현대사회에서 시민들은 대개 스스로를 소비자로 자리매김하는데, 이는 망각의 자연화를 가능하게 하는 주요 원인 중 하나다. 소비자로 머무르는 데 만족하는 시민의 주된 관심

---
*

14) 데렉 월, 『그린레프트』, 조유진 옮김(이학사, 2013), 38쪽.

사는 내가 지불한 돈으로 더 나은 상품을 찾는 일이다. 장소든 생명체든 일단 상품으로 여기기 시작하면, '망각'이 따라오는 것은 거의 필연적이다. 상품은 비명을 지르지 않는다. 매력적으로 포장되어 진열대에 놓일 뿐이다. 소비를 위한 상품화의 과정에서 생겨나는 파괴를 외부화하고 은폐하는 구조 속에서, 최소 가격으로 가장 좋은 상품을 찾는 데 주력하는 시민들은, 상품만 만족스러우면 상품화 과정에서 생겨나는 파괴를 묵인하는 '착한 소비자'가 된다. 순응하는 착한 소비자들은 상품이 마음에 들지 않으면 쉽게 다른 상품을 찾아 나설 수 있다. 문제는 그러한 관계가 현대사회에서 거의 무한대로 확장되고 있으며, 현대인에게 그러한 '뒤틀린 관계'가 거의 모든 관계에서 일종의 모델이 되고 있다는 점이다. 순응하는 소비자들은 망각의 기제 속에서 변방, 프런티어에서 일어나는 부당함을 보지 못하게 된다. 불평등과 배제, 소외와 폭력을 자연스러운 것으로 여기게 되는 것이다.

시야에서 사라진 사람들의 목소리를 애써 들으려는 노력이 필요하다. 코로나19를 둘러싼 제반 상황을 인류 역사상 대재난을 야기했던 몇 가지 전염병, 곧 중세의 흑사병이나 1918년 스페인 독감의 전후 상황과 비교한 역사학자 장문석 교수의 글을 살펴볼 만하다.[15] 그는 흑사병과 스페인 독감, 오늘날의 코로나19가 "세계적 차원의 교역과 성장의 결과"라

---

15) 장문석, 「코로나19와 역사적 시각에서 본 전염병」, 『코로나19 현상에 대한 인문학적 성찰(I)』(한국연구재단, 2020) 참조.

는 점을 지적한다. 특히 주목해야 할 것은, 과거 인류는 전염병의 대유행을 겪으며, 공포에 사로잡혀 사회적 결속과 연대를 포기했다는 점이다. 그러한 가운데 종종 사회 주변부의 가장 취약한 소수 집단들이 가장 많이 전염병에 희생되었을 뿐 아니라, 갖가지 오명을 뒤집어쓰고 사회적 혐오의 희생양이 되곤 했다. 특히 자본주의 사회에서 일회용 인간으로 취급되어온 사람들은 위기가 심화될수록 삶의 자리가 더욱 취약해진다. 뒤틀린 관계를 바로잡기 위해, 우리는 시야에서 사라지는 사람들, 배제되는 취약한 사람들과 다시 연결되어야 한다. 오늘날 교회는 어떤 자리에 있을까?

지구상 교회의 자리

자본주의의 영향력은 교회 안에서도 드러나는데, 대다수 교회 역시 자본주의의 은폐 전략에 포섭되고 자본주의 사회의 뒤틀린 관계들은 교회 안에서도 답습되는 듯하다. 심지어 위기 상황에 직면한 사람들의 만연한 불안을 자기 교회의 양적 성장을 위해 활용하는 현상이 나타나고 있다.[16] 이러한 현상은 스스로는 세상 속에 있으면서도 마치 세상을

---------------------------------- * ----------------------------------

16) 이 단락은 유기쁨, 「생태적 불안사회의 종교: 생태공공성과 종교의 자리」, 《종교문화비평》 26(2014)에서, III장 "'닫힌' 종교: 사(私)적 종교의 환상"의 일부 내용을 교회 중심으로 수정, 보완한 것이다.

초월한 것처럼, 세상과는 무관하게 존재하는 것처럼 자리매김해온 교회의 이중적 장소성에 상당 부분 기인한다. 교회는 지금 여기에 속해 있으면서도 그 너머를 추구한다. 다시 말해서 세상 속에 있으면서도 초월을 지향한다. 이중의 장소성을 스스로 예민하게 인식할 경우, 이러한 초월 지향은 사실 교회의 강점이 될 수도 있다. 세상의 꽉 짜인 통치 질서, 지배적 체계에서 동떨어진 일종의 '초월적 이상'을 끊임없이 '기억'하는 가운데, 창조적 긴장을 일으키는 틈과 균열을 만들어낼 수 있기 때문이다. 대안사회 운동을 하는 사람들이 종종 새로운 변화를 일으키는 종교의 힘에 기대를 거는 까닭이 그런 이유에서다. 그러나 다른 한편, 교회가 세상 속에 존재한다는 엄연한 사실을 부인하고 자신들은 성스러운 세계에 있고 세속과는 단절된 양 스스로를 닫아버릴 때, 교회는 주위에서 일어나는 각종 사회적 문제, 재난, 위험 등을 오히려 덮어버리고 망각시키는 기제가 되고 만다. 이러한 교회는 세속의 문제를 세속에게 맡기고 성스러운 세계의 일을 한다고 주장하지만, 실은 이른바 세속의 질서와 체계를 암묵적으로 승인하고 각종 문제들을 덮어버리는 역할을 하고 있을 뿐 아니라, 교회 자체가 그러한 세속의 지배적 질서와 통치 체계의 일부가 되어버린다. 그러한 교회는 세상이 직면한 문제에 무관심한 채 자본주의 체계의 내면화에 앞장서면서, 오히려 해당 교회 내부에서 이에 저항하는 흐름을 '세속적'이라고 비판하는 모습을 보인다. 그리고 일부 교회는 자본주의의 은폐의 메커니즘을 적극 수용해 망각을 내면화할 뿐 아니라, 나아가 반복적인 의례 등을 활용해서 망각을 적극적으로 유도하는 장치가 되기도 한다. 그러나 교회의 초월 지향은 세상의 지배적 질서를 넘어선 무언가를 끊임없이 기억해서 되살리고 추구한다는 의미이며, 마치 교회의 자리 자체가 세상을 초월해서 흔히 그 위에 위치하는 것인 양 일부 교회가 행세하는 것은 착오적인 행태일 뿐이다.

앞 장에서 우리는 호혜적 교환체계, 선물과 답례로 이루어진 관계가 살아 있는 생명 시스템에서 차지하는 중요성을 살펴보았다. 교회가 살아 있는 시스템의 건강한 한 부분이 되려면, 교회 역시 생태계의 호혜적 교환체계에서 자기 역할을 해야 한다. 세계 내 다른 존재들과 연결되고 관계 맺는 가운데 다양한 형태의 선물과 답례의 흐름이 이어지는 통로가 되어야 한다. 그런데 많은 교회에서 선물과 답례의 흐름은 열린 세계로 흘러가기보다는 닫힌 폐쇄회로 안에서만 빙빙 도는 듯하다. 분명 교회가 세계 안에 자리하며 자연으로부터 그리고 사람들로부터 많은 것을 받고 있지만, 한국 개신교에서는 받은 은혜를 감사한 마음으로 갚는 대상이 교회로, 일부에서는 교회의 성직자에게로 집중되는 듯하다. 가령 북미 원주민 문화에서는 감사의 대상이 자연 안에 있다. 그래서 자연에서 받은 선물에 대한 보답으로 인간이 자연을 보살피고, 그리하여 자연도 인간을 보살피는 선순환 구조가 이어진다. 그런데 교회는 어떠한가? 개신교계 일각에서는 교회를 사회 안에, 세계 안에 자리매김하고, 세계의 다른 존재들과의 호혜적 관계를 이어가려는 노력이 이루어지고 있다. 그러나 좀 더 일반적으로 한국의 교회는 세상에서 분리된, 어딘가 다른 차원에 존재하는 것으로 스스로 자리매김하는 것 같다.

일선에서는 생태 위기 극복을 위한 교회의 역할에 대해 실망이 두드러지고 있다. 나는 생태적 위험사회에서 '살아남기' 위해서는, 망각의 자연화를 통해 좁아지고 굳어진 시야를 넓히고, 불안으로 위축된 우리의 존재를 확장하고 열어놓으려는 의식적 노력이 필요하다고 본다. 곧 보이지 않고 들리지 않게 되어버린 존재들, 잊힌 존재들을 발견하고, 보고 듣고 호명하는 다양한 시도가 필요하다고 생각한다.

교회: 다시, 연결

코로나19 대유행이 시작된 이래 개신교 교회를 보는 일반 시민의 시선은 곱지 않다. 교회가 세계와 관계 맺기보다는 그들만의 '방주'를 형성하고 있으니 오히려 시민들로부터 "거리를 두고 싶은", "사기꾼 같은" 처치 곤란한 교회라는 평가를 받게 된다. 진퇴양난이다. 이러한 상황에서 교회가 나아가야 할 방향은 '다시 연결'하는 길이다.[17]

4세기 후반 로마의 문법학자 세르비우스Maurus Servius Honoratus는 '렐리기오religio'의 어원으로 '다시 묶다, 다시 연결하다'를 의미하는 라틴어 '렐리가레religare'를 제시하였다.[18] 생태 위기의 주요 현상을 도처에서 발견되는 '뒤틀린 관계들'이란 측면에서 조망할 때, 종교의 어원에

---
*
---

17) 이하에는 유기쁨, 「잊힌 장소의 잊힌 존재들: 생태적 위험사회의 관계 맺기와 종교」,《평화와 종교》 4권 4호(2017)의 일부를 맥락에 맞게 수정, 보완한 내용이 들어 있다.

18) Servius, *Vergiiil Aeneidos Commentarius* 8, 349.

서 '다시 연결하기'라는 의미를 발견하는 것은 상징적으로 의미심장하다.[19] 과연 교회는 돈이 신으로 표상되는, 돈이 신이 되어버린 자본주의 사회에서 뒤틀린 관계를 바로잡고 다시 연결하는 데 기여할 수 있을까? 사실 오늘날 상당수의 한국교회는 자본주의에 포섭된 모습을 보여주고 있다. 그렇지만 교회는 세상을 지배하는 메커니즘을 벗어난 초월적 가치와의 '다시 연결'을 지향하는 고유한 성격을 보유하고 있으며, 그렇게 하기 위한 다양한 자원을 갖고 있다. 만약 교회들이 세계 내 위치를 자각하고, (자신들이 무시간적 진리를 소유한다고 주장하고 있음에도 불구하고) 그들이 역사 속에 살고 있다는 사실을 인정할 때,[20] 그리고 한 걸음 더 나아가 교회가 자본주의의 메커니즘을 수용하고 망각의 자연화에 동참함으로써 일어나는 문제들을 직시할 때, 교회는 뒤틀린 관계들을 '다시 연결'하는 일이 시작되는 또 하나의 장소가 될 수 있다.

앞에서 나는 코로나19 시대에 교회의 '다시 연결'이 향해야 할 방향을 제안했다. 곧, 다양한 자산들을 활용하여 '인간적인 것보다 더 큰 세계'와, 그리고 '시야에서 사라진 존재들'과의 연결을 다시 추구하는 일이 우선시되어야 한다.

---

*

19) 'religion'의 어원에 대한 학계의 견해가 통일된 것은 아니다. 가령 일찍이 고대 로마의 저술가 키케로(기원전 106~43)는 '종교'의 어원을 '다시 읽다 (relegere)'에서 찾았다. 키케로, 『신들의 본성에 관하여』, 강대진 옮김(나남, 2012), 142쪽 참조.
20) David Landis Barnhill and Roger S. Gottlieb(eds.), *Deep Ecology and World Religions : New Essays on Sacred Ground*(SUNY, 2001), p. 2.

이를 위해, 교회들은 세상의 장소들에 뿌리내리면서 지상에서 자신의 장소성을 확실히 자각할 필요가 있다. 브라이언 캠벨이 말하듯이, "환경 문제는 항상 특정 장소에 위치한다. 종교도 마찬가지다."[21] 보통 교회는 지리적으로 지구 위의 특정 장소에 자리한다. 또한 교회는 인간 사회를 구성하는 한 부분으로서, 사회 내 다른 구성 요소들과 영향을 주고받는다. 한마디로, 교회는 세상 속에 있다. 이 점을 확실히 자각해야 한다.

구체적으로, 나는 교회가 그것이 속한 땅과 다시 연결되기를 바란다. 즉, 교회가 속한 생물 지역과 다시 연결되는 길을 하나의 가능성으로 제안하고 싶다. 2011년 문광부 조사 자료에 따르면 국내 개신교 교회 수는 7만 8천여 개에 이른다. 그리고 2015년 인구주택총조사에 따르면, 내국인 중 개신교인의 비율은 19.7퍼센트에 달하는 9백6십7만 5천여 명이다. 상당수 교회들은 현실의 물리적 공간을 점유하고 있으며, 적어도 교회의 신자들은 물적 존재로서 특정한 장소에서 삶을 영위하고 있다. 교회들은 교회가 자리한 저마다의 지역, 특히 생물 지역에 뿌리내리려는 노력을 기울일 필요가 있다. 문순홍은 생물 지역에 거주한다는 말의 의미를 '다시 봄(Reenvisioning)', '다시 삶(Reinhabitation)', '다시 있게 함(Restoration)'이라는 세 개념을 통해 요약한다.[22] 나는 교회들과

---

21) Brian G. Campbell, "Place" in Whitney A. Bauman, Richard R. Bohannon II, Kevin J. O'Brien(eds.), *Grounding Religion: A Field Guide to the Study of Religion and Ecology*(New York: Routledge, 2011), p. 203.
22) 문순홍 엮고 지음, 『생태학의 담론, 담론의 생태학』(솔, 1999), 316~317쪽 참조.

신도들이 그들이 속한 지역에서 생태환경을 다시 보고, 느끼며, 땅에 귀기울이고, 생물 지역의 독특한 특징과 필요를 배우고, 자연과 그리고 사람들과 뒤틀린 관계들을 다시 회복(restoration)하는 과정에 참여할 수 있기를 바란다.

또한 사회의 약한 고리들, 목소리가 지워진 사람들을 발견하고 그들과의 연결을 위해 애써야 한다. 교회가 세상 속에서 장소성을 자각하고 저마다 지역에 뿌리내리려는 노력을 기울이다 보면, 관심이 없을 때는 보이지 않던 많은 존재들이 발견되고, 그들의 목소리가 들리게 된다. 그들과 관계를 맺으려고 노력해야 한다. 교회의 울타리를 넘어서, 가령 지역사회의 다른 사람들, 특히 생태환경의 급격한 파괴로 고통을 겪는 지역민들, 그리고 생태환경의 보전을 위해 목소리를 높이지만 공공 영역에서 배제되어온 지역민들에 대한 적극적 관심과 행동이 요청된다. 나아가 지역의 인간 이외 생명체들, 특히 생태환경의 파괴로 서식지가 오염되어 멸종의 위기를 겪고 있는 잊힌 존재들에 대한 관심도 필요할 것이다.

코로나19 시대에 많은 교회들은 마스크 착용, 소모임 금지, 비대면 예배 등에서 관계의 단절, 연결의 끊김으로 인한 전망을 고민한다. 그러나 교회가 직면한 본질적 문제는 그게 아니다. 다시-연결되어야 한다. 그것은 종교의 본래적 의미/기능이기도 하다. 무엇과? 누구와? 교회는 방주에 탄 구원받은 '우리'만이 아니라, 이 세계의 다른 존재들, 고통받는 생명과 다시 연결되어야 한다. 그러한 방향 전환에서 마스크는 실은 큰 문제가 아닐 것이다.

부서지고 나누며 다가가는 그 몸

코로나19, 성체성사와 신앙 공동체[1]

조민아

재앙과 재해, 그리고 종교의 함수관계는 낯설지 않다. 종교는 이제껏 재앙과 재해가 불러온 새로운 문화에 적응하며, 혹은 적응을 거부하며 변화하고 성장해왔다. 그러나 코로나19가 종교에 던지는 문제 제기는 과거의 것들과 양상이 전혀 다르다. 감염병 확산과 더불어 사회가 종교에 요구한 것은 단지 '모이지 말라'는 것이었다. 질병이 종교의 영역이 아니라 의학과 과학의 영역임을 이미 잘 알고 있는 사회는 그 외에 아무것도 종교에 기대하지 않았다. 급기야 감염병 확산의 배후로 그리스도교가 지목되기 시작하면서 교회는 합리성, 효율성, 투명성, 공익성 등 질병과 싸우기 위해 사회가 갖춰야 할 기본적인 덕목과는 반대의 가치를 고수하는 방해 집단으로 여겨지게 되었다. 방역 의무를 준수했건 거부했건, 이 '모이지 말라'는 요구가 그리스도교인들에게 남긴 파장은 크다. 그리고 이 요구는 코로나19의 위협이 사라진다 하더라도 교회의 정체성과 역할, 존재 방식을 고민하는 깊은 성찰로 이어져야 한다.

교회는 믿음을 공유하는 이들로 이루어진 모임, 신앙 공동체다. 그리스도교에서 공동체의 결속과 지향을 표현하는 가장 절절한 비유는 '한 몸'이다. 그리스도인들은 모임을 통해 믿음을 공고히 하고 삶을 나누며, 나아가 영성체를 통해 그리스도의 살과 피를 받아먹고 마시며 '한 몸'이 된다. 가톨릭 신앙에서 이 '한 몸'은 단순한 비유가 아니다. 그리스도

---

*

1) 이 글은 민주평화통일자문회의 《통일시대》(2020. 11)에 게재된 「'한 몸'의 의미를 다시 생각하다: 코비드19와 종교」를 대폭 확장한 글로, 주제와 표현이 겹치는 부분이 있다.

의 몸이 우리 몸으로 녹아 들어가 우리 살과 피의 일부가 된다는, 또한 우리들 한 사람 한 사람의 몸이 그리스도의 살과 피와 연합한다는(요한 6, 56) 믿음은 바로 그 물성物性으로 말미암아 신자들의 삶으로 이어지는 신앙의 신비다. 숨 쉬고, 먹고, 마시고, 말하고, 걷고, 뛰고, 땀 흘리며 생식을 하는 우리의 몸에 그리스도가 있다. 그 몸들이 모여 그리스도의 신비체 교회가 되어 함께 살아간다.

그런데 나는 요즘 이 '한 몸'의 의미를 다시 생각하게 되었다. 신자유주의 시장경제, 세계화가 이제껏 구축한 신속하고 촘촘한 연결망 덕에 감염병 또한 동시다발로 함께 겪어야 하는 시대에, '한 몸'이란 사실 얼마나 조심스럽게 사용해야 하는 단어인가. 비대면 문화가 확장되어 몸의 만남이 축소되고 제한된다면, 그래서 성찬례에 참여할 수 있는 기회조차 축소된다면, 이 '한 몸' 비유를 어떻게 상상하고 사유해야 하는가. 더구나 요즘의 한국 사회는 '한 몸'이란 단어가 정치적 욕망, 종교적 행위와 결합할 때 어떤 파괴력을 가지는지, '한 몸'이기에 다른 몸들과 상생을 거부하는 몸들이 얼마나 많은지, 그 '한 몸'에 속하지 못하는 몸들은 또 얼마나 많은지 너무도 확연하게 보여주고 있다. 이 '한 몸'은 과연 그리스도의 몸인가? 아니면 누구의 몸인가?

이 글은 코로나19로 촉발된, 교회가 유지해온 기존의 회합 방식에 대한 사유의 전환이 요구되고 있는 지금, 새로운 공동체 문화를 도모하고자 하는 신앙 공동체들에게 건네는 신학적 제안이다. 나는 '모이지 말라'는 요구로 압축되는, 그러나 실은 훨씬 더 복잡한 층위를 갖고 있는 그리스도 교회의 위기에 대응하기 위해서는, 대면 회합을 고수하거나 팬데믹이 지나가기를 그저 기다리거나 단순히 대면 회합을 비대면으로 번역하는 식의 접근으로는 곤란하다고 생각한다. 대면과 비대면의 이분법적 선택 구도를 벗어나 안전한 대면의 조건을 확보하는 한편 관계의 깊이를 다질 수 있는 비대면 문화를 만들어야 하며, 그러기 위해서는 보다 긴 호흡의 신학적 사유가 필요하다. 이 글은 공동체의 친밀감과 유대를 압축하는 표현이었던 '한 몸' 비유에 질문을 던지며, 나아가 '그리스도의 몸된 교회'의 의미를 다시 생각함으로써 그 사유의 한 꼭지를 연다. 몸을 폐쇄적인 무기물로 인식했던 사고에 기반한 '한 몸' 비유는 시대적 요청에 반할 뿐 아니라 성서와 교회 전통이 말하고 있는 '그리스도의 몸'과도 어긋난다. 기존의 '몸' 비유가 내포하고 있는 인식의 한계를 인정하고, 죽은 몸이 아니라 성체성사의 신비에 기반한 몸, 역동적이고 살아 있는 몸, 부서지고 나누어져 결국 하나 되는 몸으로 이루어지는 공동체를 표현할 새로운 메타포가 필요하다. 나는 예수의 성체성사 제정이 갖고 있는 의미를 통해 신앙 공동체의 의미를 돌아보고, 이를 프랑스 철학자 장 뤽 낭시 Jean-Luc Nancy가 제안한 '무위의 공동체(inoperative community)' 개념과 견주어 살펴봄으로써 새로운 공동체를 상상해보려 한다.

'한 몸'을 다시 생각하다

몸은 모든 인간을 '인류'로 묶는 보편성의 토대인 동시에 인류를 세분화하는 개별성의 토대이기도 하다. 서구를 중심으로 하는 20세기 인류학적 사고는 몸과 정신을 분리하고, 인간 고유의 능력을 정신에 부여하여 몸과 자연을 다스리고 극복해야 할 대상으로 간주했지만, 사실 몸은 생물학적 차원을 넘어 정치, 경제, 문화적 맥락에서 정신을 구획하고 통제하고 훈육해왔다. 성별, 인종, 연령, 친족, 민족, 국가, 계급 등과 같은 차이와 경계에 의해 개인의 고유한 정체성이 형성되고 또 그것이 고정되어 있다고 믿었던 근대사회는 몸의 동질성을 강조했다. 특성을 공유하는 몸들이 집합적 범주로 마치 한 몸인 것처럼 묶이고, 그 범주를 기준으로 몸을 구분하고 통제하는 규율이 발생했다. 몸의 서열과 우위가 결정되었으며, 성별, 연령, 인종, 계급에 따라 무엇을 입고 먹을 것인가가 결정되는 문화적 코드가 만들어지고, 행위와 사고방식의 특성들이 선입견과 만나 전형으로 굳어졌다. 같은 몸들 안에서 공유되는 문화적 규정력을 벗어나거나 자신의 몸이 가진 경계를 초월하여 다른 몸과 만나는 것은 도발과 저항으로 간주되었다.

이러한 몸의 인식에는 몸을 물리적이고 독립된 실체로 여기는 사유가 전제되어 있다. 피부를 표면으로 하여 닫혀 있는, 마치 돌이나 플라스틱과 같은 무기물처럼 폐쇄적으로 집중되어 있는 어떤 덩어리로 몸을 간주하는 것이다. 무기물은 물리적 접촉을 통해서만 그 존재가 확인된다. 따라서 몸을 무기물처럼 생각한다면, 물질과 물질로서의 몸이 맞닿지 않는 상태, 상대방의 동질성과 접촉 가능성이 물리적으로 확인되지 않는 상태에서는 관계 형성이 극단적으로 제한된다고 믿게 된다. 몸을 무기물로 인식하는 사고는 공동체를 무기물로 인식하는 사고로 이어진다. 몸과 마찬가지로 공동체를 꽉 닫힌, 고정된 목적을 가진, 일관된 세계관을 가진, 일정한 행위 규범을 가진, 동질적인 몸과 마음을 묶어주고 정체성을 공고하게 하는 폐쇄된 어떤 덩어리로 인식하는 것이다. '모이지 말라'는 사회적 요구를 교회에 대한 도전으로 받아들이는 시각에는 몸과 공동체에 대한 이러한 인식이 자리 잡고 있다.

신앙 공동체의 존폐에 대한 불안과 위기의식으로 표현되는 이러한 인식은 성찬례에 직접 참여하지 못하는 데서 오는 그리움, 열망과는 다른 차원의 것이다. 이 둘을 분리한다면 팬데믹 확산과 더불어 교회 회합이 규제되기 시작했을 때, 상식적으로는 성찬례에 대한 성사적 이해가 강한 천주교가 비대면 회합을 받아들이기 어려웠을 것 같은데, 현실은 반대로 개신교회에서 저항이 심했던 이유를 설명할 수 있다. 즉, 개교회 중심인 개신교회는 대면 회합 규제를 교회의 존폐를 위협하는 도전으로 해석했지만,[2] 공교회 중심인 천주교는 상대적으로 위기감이 덜했기에 보다 유연하게 적용할 수 있었다. 그러나 대면 회합에 대한 규제가 장기화한다면, 천주교 내에도 심각한 위기감이 조성될 것이며, 갈수록 저항이 심해질 것이다.[3]

＊

2) 이 저항의 이면에는 대면 회합이 규제될 경우 교회의 재정에 직접적인 타격이 가해지는 실질적인 이유가 있었을 것이다. 목회자의 우려가 신자의 불안감과 만나 저항이 증폭되었다.

3) 이 지점에서, 교회사적으로 영성체 횟수와 방식, 그리고 신학적 동기들이 어떻게 논의되었는가 살펴보는 것이 도움이 되겠다. 미사 중 영성체가 정식화한 것은 교회의 긴 역사로 볼 때 최근이라 할 수 있는 20세기의 일이다. 매일 미사가 없던 초기 그리스도교에는 영성체 횟수에 대한 규정이 없었고, 때로 신자들이 성체를 집에

동질성을 기반으로 몸과 공동체를 사고하는 것은 본당 내 강력한 결속을 다지는 데 도움이 되지만, 혐오와 차별과 배타성에 근거를 제공하기도 한다. 『고린도전서』 12장에서 바울 사도가 묘사한 것같이 "하나의 몸과 여러 지체가" 서로서로 깊은 이해를 바탕으로 유기적으로 연결된 공동체는 '한 몸' 공동체의 이상적인 발현이겠지만, 한국 천주교회 본당의 현실은 어떤가? 현실의 본당은 안타깝게도 공동체성이 아닌 군집성에 기반, 동일한 의식과 규범에 갇혀 변화와 자극을 거부하는 '집단'에 머물러 있는 경우가 많다. 군집성과 결속력이 우선시되는 '한 몸'에 대한 열정은 본당 내부로는 훈육과 강제를, 외부로는 배제를 합리화하는 요인이 되기도 한다.[4] '한 몸'의 이미지를 본당에 적용하는 순간 우

---

*

모서가 다른 날에도 영했기 때문에 심지어 미사 횟수보다 영성체 횟수가 많은 경우도 있었다. 그리스도의 신성을 부정한 4세기 아리우스주의에 대항하고자 그리스도의 신성이 강조되면서 성찬례는 성사에서 멀어지기 시작했다. 두려움과 공경의 대상이 된 성체를 직접 영하기보다 멀리서 찬미하고 공경하고 관상하는 성체 현시를 권장하게 된 것이다. 최소한 1년에 한 번은 영성체에 참여하도록 하는 '부활 영성체'가 라테란 공의회(1215)에서 규정되었지만, 중세 교회에서 성체성사는 소수만이 참여하고 공동체는 그저 공경을 하는 것이 보편적이었다. 이 와중에 성체에 축성을 하고 직접 손을 댈 수 있는 사제들의 특권이 신성시되었으며, 공경을 원하는 신자들에게 성체를 드러내는 거양예절은 엄숙함과 화려함을 더해 갈수록 정교해졌다. 20세기에 이르러 미사 중 영성체가 정상화되자, 하루에 한 번 이상 미사에 참여하는 신자들의 영성체 문제가 제기되었고, 1983년 교회법전은 하루에 두 번까지 영성체를 할 수 있도록 규정하였다.(교회법 917조; 한국천주교 사목지침서 제79조) 성체성사의 역사에 관해서는 Miri Rubin, *Corpus Christi: The Eucharist in Late Medieval Culture*(NY, NY: Cambridge University Press, 2008) 참고.

리는 교회의 안과 밖을 구분하기 시작하고, 신자 누군가가 다른 생각과 행동을 보이면 그를 불온하게 여기기 시작하며, 바람직하다고 생각되는 몸의 전범을 세워 모방하길 강요하고, 노골적으로 혹은 암암리에 그 몸의 경계 안에 들어올 수 있는 기준을 세워, 경계 밖에 있는 이들을 밀어내기 시작한다. 한 지체가 고통을 겪으면 모든 지체가 함께 고통을 겪는 것이 아니라, 중심이 되는 몇몇 지체의 안온을 위해 주변의 지체들이 희생하기를 강요한다. 생각해보라. 전범이 된 그 몸이 어떤 형상을 떠오르게 하는지. '정상'적이고, '표준'적이고, '건강'하고, '조화로운' 그 몸은 당신의 몸인가, 아니면 누군가가 강요한 몸인가. 그 몸은 검은 피부의 중동인 예수의 몸, 범죄자로 몰려 고문과 매질 끝에 십자가에 처형당한 그몸, 상처 그대로 부활한 그이의 몸과 닮아 있는가?

'모이지 말라'는 요구가 시작된 후 많은 본당 공동체들이 모임이 가능했던 시간들, 몸으로 만나 '한 몸' 되던 시간들에 대한 애틋한 향수를 표현했다. 그러나 그 '한 몸' 안에서 상처받던 이들, 자신의 정체성과 삶의 방식을 포기하고 '한 몸'에 속하기 위해 분투하던 이들, 그럼에도 불구하고 결국 '한 몸'이 될 수 없어 본당을 떠나야 했던 이들에게도 그 '한 몸'은 살가운 기억을 불러올까? 우리 사회에 있는 많은 '한 몸' 신앙 공동체들 중, 감염병으로 인해 가장 큰 피해를 입고 있는 비정규직, 계

---

*

4) 우리신학연구소 온라인 화상 세미나, '부서지고 나누며 다가가는 그 몸, 코로나 19 성체성사와 신앙공동체'(2020년 12월 15일)에서 왕태언 신부(의정부 교구) 발언 참고.

약직 등 취약계층이 자신의 몸을 의탁할 수 있는 '한 몸'들, 증가된 생활고를 겪고 있는 신체적, 정신적 장애인들의 불편을 함께할 '한 몸'들, 봉쇄 조치로 인해 더 심각한 가정 폭력을 경험하고 있는 여성들의 드러나지 않은 상처를 자신의 몸에 새길 수 있는 '한 몸'들이 얼마나 있을까? 감염병 확산과 더불어 더 극심한 혐오의 대상이 되어버린 중국인들과 재한 중국인들, 외국인 노동자들, 아직도 그늘 속에 숨어 지내고 있는 성소수자들, 비대면 문화 적응이 어려워 더욱 소외되고 있는 노인들과 극빈자들은 또 그 '한 몸'의 어디에 속해야 할까?

코로나19의 전 지구적 확산은 우리의 몸이 개별적, 폐쇄적, 완결적이라는 근대적 인식이 잘못되었다는 것을 드러냈다. 인간의 몸은 무기물이 아니다. 몸은 동질적인 것, 돌멩이처럼 닫힌 것, 완성된 것이 아니다. 그 자체로 이질적인 것, 나누어지는 것, 변화하는 것이다. 몸은 우리가 인지할 수 없는 부분들로 구성되어 있으며, 우리가 통제할 수 없는 자율신경을 통해 생명을 이어간다. 살아 있는 몸의 기본 구성단위는 세포이며, 세포가 쪼개지고 모여 장기가 되고 기관이 되어 신체를 이룬다. 몸은 또한 안으로 닫혀 있지 않고 밖으로 열려 있다. 몸은 외부로부터 들어오는 이물질, 즉 음식을 통해 연명하며, 다양한 방식으로 밖과 접촉하고, 그 접촉을 통해 의식적 혹은 무의식적으로 살아 있음을 감지한다. 주디스 버틀러Judith Butler가 말했듯, 몸은 나의 것으로 귀속되는 것이 아니다. 몸은 항상 밖으로 열려 있는 것이기에 타자들의 세계와 닿아 있으며, 타자들의 상흔을 문신처럼 지니고 있다. 이를 부인하고 몸의 개별성만을 내세우는 것은 나를 구성하는 사회적, 생태적 조건을 부인하는 것이다.[5] 내부의 결속만을 지향하는 '한 몸' 공동체는 살아 있는 몸이 아니다. 폐기된 세포들로 뭉쳐 안으로 굳어가는 죽은 몸이다.

몸을 완성된 덩어리가 아니라 끊임없이 생성하는 유기체들의 조합으로 생각한다면, 몸과 몸의 접촉은 일정한 공간에서의 신체적 접촉 외에도 훨씬 미세하고 광범위하게 발생한다는 것을 알 수 있다. 전화로 상대방의 목소리를 듣는 것은 상대방 몸의 일부인 성대의 울림이 나의 고막을 통해 '접촉'하는 것이다. 비대면 화상으로 상대방의 모습을 보는 것은 100만 개의 신경세포 다발이 망막에 '접촉'한 상대방의 상을 인식하고 시각신경과 뇌신경으로 받아들이는 것이다. '접촉한다'는 것은 그러므로 단지 피부와 피부가 닿는 접촉이 아니라, 보고 듣는 것, 냄새 맡는 것, 말하는 것, 자극하는 것, 공감하는 것, 불안하게 하는 것 등 공고한 나의 개별성을 흔들리게 하는 모든 감각, 지각 행위를 포함하는 것이다. 그 접촉을 통한 외부의 자극은 내부의 세포에 전달되어 끊임없이 쪼개고 나누고 성장하는 생성 행위로 이어져 인간의 삶을 유지한다. 상처를 입거나 머리나 손톱, 발톱을 깎아도 복구되는 까닭은 오래된 세포와 새로운 세포가 자리를 바꾸는 세포의 분열 능력 때문이다. 몸의 기본 원리는 이렇듯 접촉과 나눔이다. 따라서 비대면 상황 속에서도 우리는 늘 타자와 접촉하고 나누며 살고 있으며, 그러지 않고는 살 수 없다. 한 공간에서 만나 만지고 어우러지는 접촉만을 참된 접촉으로 간주하고 그

---
*

5) 주디스 버틀러, 『불확실한 삶』, 양효실 옮김(서울: 경성대출판부, 2008), 53~61쪽.

접촉이 없다면 공동체 내 회합과 관계 형성이 불가능하다고 생각한다면 우리는 항상 이루어지고 있는 수많은 접촉의 기회들을, '몸'의 만남과 나눔을, 함께 변화하고 성장할 수 있는 관계의 가능성들을 무언가 결핍된, 진짜가 아닌, 임시방편용으로 치부하게 된다.

비대면 문화가 대면 문화를 대체할 수 있다거나 대체해야 한다는 것이 아니다. 한 공간에서 만나 감각과 지각을 모두 동원하여 상대방의 전인적인 존재를 경험하는 대면 접촉은 물론 비대면 접촉과 차원이 다른 접촉이다. 내가 문제시하는 것은 대면 문화와 비대면 문화가 공존할 수 없다는 이분법적 사고다. 이런 양자택일의 관점으로 접근한다면, 비대면 문화를 그저 참아내야 할 대상 혹은 극복의 대상으로만 생각하거나, 대면 회합을 비대면으로 단순 번역하는 기술적인 방식만 고민하는 근시안적 입장에서 벗어날 수 없다. 코로나19의 시대, 또 그 이후의 시대에 종교가 단지 살아남는 것이 아니라 시대와 호흡하며 살아가기를 원한다면 과감한 사고의 전환이 필요하다. 경직된 사고로 일관하다 보면 결국 종교는 고립과 소외를 자처하게 될 것이다. 아니, 고립과 소외는 이미 시작되었다.

"내 살은 참된 양식": 사도 요한이 이해한 그리스도의 몸

그렇다면 코로나19 시대가 우리에게 던지는 질문에 응답할 수 있는 신앙 공동체의 몸이란 어떤 몸일까? 나는 몸을 동질적이고 폐쇄적인 무기물로 생각하는 기존의 군집성에 대한 집착, 즉 본당을 중심으로 하는 신앙생활에 대한 집착을 포기할 때 오히려 신앙 공동체들이 살아 있는 몸으로 기능할 수 있다고 생각한다. 뚜렷한 목표 아래 모여 단단하게 '한 몸'이 되는 기존의 군집적인 생존 방식을 버리고, 안과 밖의 접촉과 나눔의 행위를 통해 (안으로는 고정된 정체성을 끊임없이 의심하며 구성원들 사이의 차이를 감추지 않고, 밖으로는 본당의 공간을 지역사회와 공유하며) 적극적으로 타자들을 받아들이는 방식으로 말이다. 예수가 성체성사 제정을 통해 우리에게 준 몸 또한 무기물처럼 나누어질 수 없는 몸, 피부 안에 갇힌 폐쇄적인 몸이 아니라, 잘게 부서져 타자의 몸들과 끊임없이 접촉하고 나누어지며 생성하는 몸이다.

복음서와 바울 서신을 통해 우리에게 전해지는 예수의 성체성사 제정에는 '몸'을 묘사하는 두 그리스어 단어, '사릌스σάρξ'와 '소마σῶμα'가 등장한다.[6] 잘 알려져 있듯, '사릌스'는 인간의 육체, 살덩어리를 이르는 단어이며, '소마'는 인격적 구성체를 포함하는 몸을 지칭하는 단어이다. 더 구체적으로, '사릌스'는 유한성, 나약함, 욕망, 어리석음 등에 쉽게 영향을 받는 몸이며, 소마는 전인적이고 개별적인, 나누어지지 않는 하나의 인간 존재 자체를 이르는 포괄적인 개념의 몸이다.[7] 공관복음과 바울

---

*

6) 성체성사 교리의 바탕이 된 신약성서 구절 중, 『요한복음』 6장에 등장하는 예수의 '몸'은 사릌스로, 『마태복음』(26, 26:14, 22), 『루가복음』(22, 19), 『고린도전서』 (10, 16)의 '몸'은 소마로 표현되었다.

7) 소마에 대한 해석은 불트만의 바울 신학 해석을 따른다. Bultmann, *Theology*, 192 H. 콘젤만, 김철손·박창환·안병무 옮김, 『신약성서신학』(서울: 한국신학연구소,

서신은 '소마'라는 단어로 성체성사 제정 당시 그리스도의 몸을 표현하는 데 비해, 요한은 '사릌스'를 선호한다. 『요한복음』의 예수가 "내 살은 참된 양식이며 내 피는 참된 음료이기 때문이다. 내 살을 먹고 내 피를 마시는 사람은 내 안에서 살고 나도 그 안에서 산다"(요한. 6:55~56)라고 말했을 때 그 '살'은 바로 이 '사릌스'였다. 자신의 복음서 첫 장에서부터 예수가 인간의 취약한 살덩어리 '사릌스'를 입고 태어났다는 것, 이 취약한 살덩어리가 하느님의 몸이 되었다는 것을 강조하는 요한의 신학적 입장이 성체성사를 묘사할 때도 일관되게 유지되고 있는 것이다.[8] 요한은 예수가 자신의 피와 살을 나눈다는 이 그래픽한 선언을 비유를 통해 전달하지 않았다. 예수의 몸이 우리 몸과 마찬가지로 육체의 성질을 갖고 있다는 사실이 그에겐 무척 중요했던 듯하다. 예수는 숨 쉬고 먹고 자고 땀을 흘리는, 취약하고 연약하여 외부의 영향에 늘 열려 있는 '사릌스', 고문 끝에 십자가에 달려 죽은 그 '사릌스'를 우리의 '사릌스'와 나누었다. 바로 그 몸을 나누는 행위를 통해, 접촉하고 나누어지는 몸의 성질을 통해, 예수는 죽어 없어지지 않는 그의 생명 또한 우리와 나누었던 것이다.[9]

사릌스를 강조한 요한의 신학을 이어받아 성체성사 신학의 기반을 마

---

*

1982), 207쪽. ; 김광수, 「바울신학에 기초한 로마서 8:10의 번역과 해설」, 『성경원문연구』(Journal of Biblical Text Research, JBTR) 47(2020. 10) 참고.

8) David Grumett, *Material Eucharist*(UK: OxfordUniversity Press, 2016), p. 165.

런한 5세기 이전의 신학자들에게는 예수의 몸이 시공간을 뛰어넘어 우리의 몸과 접촉하고 하나 되는 성사의 신비를 신학적인 언어로 풀어내는 것이 무엇보다 중요했다.[10] 이를 위해서는 몸을 한 덩어리로, 몸의 접촉을 피부와 피부의 접촉으로만 인식하는 사고를 뛰어넘는 신학적 상상력이 요구되었다.[11] 그들은 예수가 자신을 '생명의 떡'이라 명시했다는 것과, 떡을 나누는 행위를 통해 자신의 몸을 제자들과 나누었다는 사실에 착안한다. 그리하여, 떡이 잘게 부서져 우리의 살아 있는 몸에 섭취되어 생명을 지속시키듯, 떡을 나누는 영성체를 통해 예수의 몸이 "우리 몸으로 들어가 몸의 일부가 되어 우리 몸을 변화시킨다"는, 보이지 않는 신비와 우리 몸의 물질적 성질이 결합하는 성사 신학의 근간을 마련한다.[12] 여기서 그리스도의 몸이 우리 몸의 일부가 된다는 것은 하느님의 몸이 우리 몸으로 환원된다는 뜻이 아니다. 떡의 형태로 부서지고 나누

---

*

9) 공관복음과 바울 서신에 등장하는 '소마'는 따로 분석이 필요하지만 이 글에서는 다루지 않겠다. 다만, 바울은 소마라는 단어를 선호하지만 사륵스와의 연관성을 부정하지 않는다는 것을 밝혀둔다. 영(πνεῦμα)과 육(σάρξ) 사이에 놓여 있는 인간의 중립성을 강조하기 위해 소마라는 단어를 선호했던 것으로 보인다. 실제로 바울의 소마는 수식어와 함께 사용되어 죽음의 몸, 죽을 몸, 육의 몸, 낮은 몸 등 사륵스의 특성을 갖고 있는 것으로 표현된다. 상기한 김광수의 논문 참고.

10) 안티오키아의 이냐시오(Ignatius of Antiochia), 알렉산드리아의 치릴로(Cyril of Alexandria), 닛사의 그레고리(Gregory of Nyssa)를 포함한다.

11) Cyril of Alexandria, trans. by John Anthony McGuckin, *On the Unity of Christ*(Crestwood, NY: St.Vladimir's Seminary Press, 1995), p. 131.

어지되 여전히 살아 있는 그리스도의 몸이, 살아 있는 우리 몸에 들어와 몸의 생성 작용을 통해 몸 전체를 변화시키고 우리를 살게 한다는 말이다. 초기의 신학에는 이렇듯 나누어지는 몸, 생성하는 몸에 대한 비전이 살아 있다. 중세로 접어들며 교회의 일치와 단일성을 강조하는 신학이 권위를 얻게 되자, 성체성사 중 그리스도의 몸을 표현하는 단어가 '사륵스'가 아니라 완성되고 나누어지지 않는 '소마'로 안착되었다는 것은 시사하는 바가 많다.

『요한복음』과 그리스도교 초기의 성사 신학이 강조한 그리스도의 몸의 실재성을 통해 우리가 배울 수 있는 것은 무엇일까? 우선, 성체성사 중심에 그리스도의 살아 있는 몸이 있다는 믿음이다. 성사를 통해 받아먹는 그리스도의 몸은 개별적, 폐쇄적, 완결적인 무기체가 아니라 모든 인간의 몸과 마찬가지로 나누어지고 접촉해야 살 수 있는, 생성하고 변화하는 유기체다. 그의 몸을 받아들이는 우리의 몸 또한 나누어지고 접촉해야 하는 유기체, 내부의 서로 다른 기능들을 활성화하고 외부의 작고 큰 접촉들에 열려 있어야 살아갈 수 있는 몸이다. 즉, 영성체를 통해 예수의 삶과 고통과 부활에 동참한다고 믿는 우리의 신앙은 살아 있는 몸들을 전제로 할 때, 그 몸들의 생성 작용을 전제로 할 때 실재하는 생명의 신비가 된다. 한 덩어리로 묶여 하나의 생각으로 움직이는 기계가

---

*

12) Gregory of Nyssa, trans. by Cyril C. Richardson, "Address on Religious Instruction", in Edward R. Hardy(ed.), *Christology of Late Fathers*(Louisville, KY: Westminster JohnKnox, 1954).

아니라, 내부의 다양성과 외부의 자극에 늘 열려 있어야 하는 몸이라는 말이다. 나눔과 접촉을 통한 공생은 성체성사 신학뿐 아니라 삼위일체 신학에도 표현되는 하느님의 존재 방식과 성품이다. 삼위의 하느님은 서로에게 환원되거나 융합되지 않고 각자의 다름을 유지한 채 서로 사랑하고 일치하는 살아 있는 하느님이다.

밖으로 나가는 교회, 부서지고 쪼개어져 세상을 한 몸 되게 하는 교회는 프란치스코 교황이 누누이 강조해온 교회의 모습이기도 하다. 2020년 9월, 팬데믹의 와중에 발표한 새 회칙 『모든 자매형제들(Fratelli tutti)』에서 교황은 이를 명료하게 밝힌다. "사람들의 삶에 동행하고 희망을 지지하고 일치의 표징이 되고 (……) 가교를 만들며 벽을 허물고 화해의 씨를 뿌리고자 집 밖으로, 성당과 제의방에서 벗어나 밖으로 나가는 교회가 되기를 바랍니다."[13] 밖으로 나가는 교회란 그리스도의 몸인 교회의 본질을 잃어버리는 것이 아니라, 사회적 연대를 통해 세상을 자매 형제애로 연결하는 것, '집단'으로서의 외피를 벗고 살아 있는 공동체로 거듭나는 것이다. 이를 위한 교회의 역동성과 창의성을 재발견하는 원칙이 되는 것은 사랑이다. 회칙에서 교황이 특별히 강조하는 것은 사랑의 다양한 성격 중에서도 '카리타스Caritas'로서, 특정한 행위와 감정을 일컫는 말이 아니라 삶의 길, 살아가는 양식 자체가 사랑으로 변화하여 하느님 안에 머물고 하느님과 일치를 이루며 살아가는 것을 말한다. 이 카리타스가 삶의 모든 영역에서, 교회뿐 아니라 개인과 사회, 국

---- * ----

13) 『모든 자매형제들(Fratelli tutti)』 276항.

가 간의 외교정책 등 모든 영역에서 원칙이 되어야 한다는 것이며, 교황은 그것을 "사회, 정치적 카리타스"라 표현한다. 다시 말해, 카리타스란 전인적이고 통전적인 삶의 양식의 변화를 요구하며, 그러기 위해서는 그리스도인들이 성과 속의 이분법에 기반한 전통적인 종교의 영역에 머무르는 것이 아니라 사회, 정치적 영역에 구체적으로 개입하여 사랑을 드러낼 수 있어야 하며, 또한 사회 조건들을 변화시키고 새로운 사회구조를 만드는 일에도 적극적인 목소리를 내야 한다는 말이다. 이렇듯 새 회칙에는 부서지고 흩어져 결국 하나 되는 교회, 성체성사적 교회의 비전이 살아 있다.

성체성사적 교회, 그리스도의 몸으로 한 몸 되는 교회의 의미를 되새겨본다면, 동질적, 폐쇄적인 몸에 기반하여 모든 신자들이 본당에 모이는 대면 회합을 통해서만 신앙 공동체의 정체성이 규정된다는 기존의 인식은 적절치 않다. 대면과 비대면의 이분법적 사고를 만드는 원인이 되는 것도 바로 이 본당만을 중심으로 하는 신앙생활이다. 오히려, 본당에서의 집단적인 대면에 집착하기보다는 안전한 대면 조건을 통해 이루어지는 작고 지속적이고 일상화된 접촉, 구성원 하나하나가 공동체 내부와 외부를 연결할 수 있는 나눔을 통한 접촉이 성체성사 신학의 원리에 더 가깝다. 이를 위해 구성원 서로가 서로에게 환원되거나 융합되지 않을 수 있는 '거리'는 공동체 삶에 필수적이다. 성체성사적 교회의 비전은 나아가 양권석이 그의 발제문에서 건넸던 제안 즉, 코로나19로 인한 이 위기 상황을 "서로 긴밀하게 관계하고 보살피는 사회성의 측면과 물리적, 공간적, 육체적 거리두기라는 외관상 상이하게 보이는 두 과제를

결합해 볼 수 있는 기회"로 적극적으로 사유할 단초를 제공한다.[14]

무위無爲(inoperative)의 공동체로서의 교회

그렇다면 성체성사의 신학이 드러내는 그리스도의 몸은 팬데믹 상황이 야기한 교회 회합의 위기에 구체적으로 어떤 제안을 할 수 있을까? 교회의 미래에 대해 비관적이고 회의적인 시각이 안팎에서 제기되고 있지만, 나는 여전히 교회가 할 수 있는 역할이 있고, 해야 할 과제가 있다고 생각한다. 다만 교회의 개혁과 변화가 더 이상 미룰 수 없는 지점에 이르렀다는 사실을 이제는 심각하게 받아들여야 한다. 교회는 이를 계기로 동질적이고 폐쇄적인 '한 몸', 그 죽은 피부 아래 곪아가던 상처들을 감추지 말고 안과 밖의 생명을 드러내어 공생을 이루는 공동체로 나아가야 한다. 형식과 절차를 붙잡고 세상 저편의 천국을 담보 삼아 신자들을 모으는 죽은 몸의 신앙에서 이제는 벗어나야 한다. 예수가 죽음을 거쳐 우리에게 돌아왔을 때, 그는 우리가 붙잡고 매달릴 수 있는 몸으로 남지 않았다. 부활한 그이가 막달라 마리아에게 했던 말은 "붙잡지 말라"였다. 그는 개별화된 몸으로 존재했던 자신의 몸을 부수어 생명의 떡이 되어 우리 삶으로, 살아 있는 우리의 몸으로 돌아왔다. "붙잡지

---
*

14) 양권석, 「코로나 이후의 세계와 교회」(크리스찬아카데미와 NCCK가 공동 기획한 연속토론회의 첫 번째 포럼, 2020. 9. 14) 발제 원고 중.

말라"는 예수의 청은 '모이지 말라'는 사회의 부탁과 함께 교회의 역할과 정체성에 대한 근본적인 성찰을 부른다.

집단성에 집착하는 교회는 구성원들이 하나 되는 단일한 정체성을 원칙으로 삼는다. 일사불란하게 움직이는 군대와 같은, 갈등이나 이견이 없어 기름칠이 잘된 기계처럼 돌아가는 본당 조직은 사목자의 로망이다. 다른 생각을 표현하거나 다른 삶의 방식을 추구하는 소위 '튀는' 구성원을 사목자가 공동체 분열의 원인으로 간주하고 심지어 신앙적, 도덕적 비판을 가하는 일은 낯설지 않다. 단일한 공동체는 사목자에게만 바람직한 것이 아니다. 신자들 또한 이런 귀찮은 존재들을 소외 혹은 설득의 대상으로 삼아 마름질하고 다림질하여 매끄럽고 긴장 없는 '원래'의 상태로 되돌리고 싶어 한다. 이러한 공동체에서 추구하는 이상은 외부와 내부의 변화에 쉽게 흔들리지 않는 '순수한' 어떤 상태에 멈추어 있다. 이 '순수한' 상태는 도통 그 내용이 질문에 부쳐지지 않은 채 공동체의 노스탤지어로 남아 구성원들의 의식과 무의식을 지배하며, 이 이상에 다다르기 위한 자기 검열과 훈육의 기제가 된다.

단일한 정체성에 집착하는 사목자와 신자들의 욕구는 대개 교회의 '목표'와 '프로그램'으로 표현되곤 한다. 일정한 목표를 세우고 빡빡한 프로그램을 돌려 성취하는 과정을 통해 공동체는 하나 됨을 확인하고, 공동체가 추구하는 것이라면 어떠한 개인의 희생도 마다하지 않을 것을 종용한다. 이견이 있더라도 공동체의 목표와 프로그램에 동조해야 한다는 심리적인 압박을 받게 되며, 내용이 비합리적이더라도 '하나 됨'의 이상을 실현하는 것 자체를 큰 기쁨으로 여긴다. 이런 본당은 조직의 효율성이 높기 때문에 좋은 성과를 내기 마련이지만, 성공의 경험이 쌓일수록 한마음 한 몸으로 움직이면 무엇이든 할 수 있다는 믿음이 강화되고 집단주의적, 전체주의적 성격이 공고해진다. 구성원들은 그 조직의 일원이 됨으로써 균열도 없고 밖으로부터의 도전도 없는 안정을 누리기 원하고, 조직을 통하여 자신의 동일성과 고유성을 보장받기 원하며, 나아가 자신의 정체성 또한 조직 안에서 구현하려 한다. 이러한 집단주의는 교회 안팎의 타자에 대해 쉽게 거부감을 드러내기 마련이다.

성체성사가 드러내는 본당의 비전은 이렇게 단일한 정체성과 노스텔지어에 기대어 연명하는 교회가 아니다. 살아 있는 그리스도의 몸으로 연결되는 교회는 그 몸의 중심인 예수가 그랬듯, 부수고 나누어 타자들과 접촉하고 섞이고 생성하는 교회다. 지켜야 할 하나의 정체성에 집착하지 않기에 내부와 외부의 이질성을 거부하지 않으며 끊임없이 자신의 몸 자체를 변화시켜 타자들을 받아들인다. 이러한 본당은 눈에 보이는 목표와 프로그램과 성과를 통해 존재 의미를 갖는 것이 아니라, 구성원들의 수많은 작은 접촉을 가능케 하는 느슨한 틀이 되어줌으로써, 다만 '함께 있음'으로써 의미를 갖는다. 어떤 원리, 기준, 이념, 동일성을 전제하지 않고서도 함께 존재할 수 있는 공동의 삶을 추구한다. 성체성사적 교회는 이렇게 내려놓음과 비움을 통해 비로소 세상과 함께 숨을 쉬는, 그리스도의 몸 된 교회다. 살아 있는 세포인 구성원들의 눈으로 세상을 보고, 그들의 귀로 세상의 탄식을 들으며, 그들의 팔과 다리로 세상과 연결되고, 그들의 입으로 복음을 선포하는 교회, 스스로 성곽을 허물고 세상으로, 삶으로 들어오는 교회다.

프랑스 철학자 장 뤽 낭시의 '무위의 공동체' 개념이 성체성사적 교회를 상상하는 데 도움이 될 듯하다.[15] 지난 세기 교조주의적 마르크스주의의 패배와 동구권의 몰락을 통해 드러난 집단주의의 문제를 자신의 주요한 연구 과제로 삼은 낭시는, 실패의 역사에도 불구하고 개인주의를 넘어서는 공동체, 함께 존재하는 방식에 대한 요구는 여전히 유효하다고 보았다. 낭시가 비판하는 것은 공동체를 사회, 집단과 일치시키려 하는 전체주의적 시도이다. 사회와 집단이 동일성의 기준에 따라 닫힌 구조를 만들어 안과 밖을 가른다면 파국은 이미 예정되어 있다. 반면 그가 주목하는 것은 집단과 사회 내로 환원되지 않는 사람과 사람 사이의 관계이다. 그 관계는 가치와 성과와 개념으로 평가되는 기존 공동체의 구도에 종속될 수 없는 평등과 소통의 장소이며, 인간의 기본적인 열망이다.[16]

　낭시가 주장한 '무위'의 공동체의 '무위'란 아무것도 하지 않는다는 뜻이 아니라, 공동체가 동일성을 강요하지 않는다는 뜻이다. 기획과 프로그램의 완수를 위해 존재하지 않는다는 뜻이다. 무위의 공동체는 '함께 있음' 자체가 목적이다. 이상을 앞세워 전체주의적 방식을 통해 어떤 목적을 성취하는 것이 아니라, 고착되지 않는 관계 그 자체를 목적으로

＊

15) 장 뤽 낭시, 『무위의 공동체』, 박준상 옮김(인간사랑, 2010), 23쪽.
16) Jean-Luc Nancy, *The inoperative Community*(Minneapolis, MN: The University of Minnesota Press, 1991), p. 3. ; 박준상, 「무위의 공동체의 몇몇 개념들에 대하여」, 《철학과 현상학 연구》 46(2010) 참고.

하는 열린 공동체가 무위의 공동체다. 낭시의 말을 빌리자면, 이러한 공동체는 "과제에 앞서, 과제 너머에서 존재하는 것이며, 과제로부터 탈피하는 것"이다. 따라서 무위의 공동체는 확장과 완성에 매진하는 것이 아니라, '중단, 파편, 유예' 등 구성원들이 모두 경험하는 삶의 취약성을 공동체의 자연스러운 요소로 받아들인다.[17] 지도자의 이상과 계획에 좌우되지 않고 공동체 구성원들의 삶, 그들 사이의 관계, 또 그 한계를 통해 움직인다. 합치와 일치가 아니라 불일치를 드러내는 소통을 통해, 나눔과 분유를 통해 성장한다. 외부와의 접촉은 공동체의 삶에 필수적이다. 경계를 넘나드는 타자들에 의해 내부의 다름과 불일치가 부각되며, 그 불일치를 성찰하고 식별하는 과정을 통해 구성원들이 공감 능력을 키울 수 있기 때문이다. 동일한 정체성이나 이루어야 할 목표가 없기에 서로 간의 차이를 훼손할 이유도 없으며, 오히려 그 차이가 공동체에 활력을 불어넣는다.[18] 즉, 물러남 가운데 도래하는, 물러나야만 다가오게 할 수 있는 어떤 미완과 미지의 존재들을 받아들임으로써 공동체 자체가 의미를 갖는 것이다.[19] 무위의 공동체는 효용성의 측면에서 어떠한 목적도 갖지 않지만, 예외적으로 단 하나의 목적을 갖는데 그것은 타인에 대한 윤리적 책임이다. 모두가 보편적으로 불안정하고 취약하며, 그렇

---
*
---

17) 낭시, 박준상 옮김, 31쪽.
18) 허정, 「유한성과 취약성이라는 공통성: 장-뤽 낭시와 주디스 버틀러의 공동체론」, 《다문화 콘텐츠 연구》 14, 2013년 4월, 410~414쪽.
19) 허정, 429쪽.

기 때문에 서로 접촉하고 기댈 수밖에 없다는 사실이 공동체의 존재 근거이자 구성원들이 함께 짊어져야 할 책임이 되는 것이다. 또한 공동체의 구성원들뿐 아니라 외부에서 다가오는 미지의 존재들 또한 인간으로서의 취약한 몸을 갖고 있다는 것, 그 취약한 몸으로 말미암아 서로의 경계를 넘어 인간이라는 너른 대지에서 유대를 형성해야 한다는 것이 공동체의 유일한 과제다. 그 외의 모든 기획들은 부차적이다.

이런 공동체가 교회의 미래라면 어떨까. 너와 나의 취약함을 통해 함께 존재하는, 그리하여 나의 삶이 타자들과 연결되어 있고 그들에게 의존할 수밖에 없음을 인정하는 이런 무위의 공동체가 우리가 만들어가야 할 성체성사적 교회의 모습이라면 어떨까. 물론, 이러한 교회는 '불가능성'의 형상을 취하고 있다. 낭시 본인도 무위의 공동체는 미완성을 원리로 삼고 있기에 완성되지 않고 그 실체 또한 없다고 말한다.[20] 자본과 기술 관료적 통제, 합리적 계산과 무관심이 지배하는 세계에서 이 무위의 공동체는 도저히 받아들이기 힘든 존재 방식이다. 눈에 보이는 성과를 지표로 삼아 몸을 불리고 돈을 불려야만, 남들을 밀쳐야만 살아남을 수 있다고 믿는 자본주의 논리를 답습한 교회, 중산층화, 귀족화하여 비슷한 생활수준을 가진 이들끼리 모여 교양과 품위를 유지하는 교회, 기존 사회질서에서 결코 벗어나지 않는 고만고만한 윤리적 삶에 자족하며, 가난이라는 실재하는 고통을 추상적이고 영적인 문제로 환원하여 기도문을 통해서나 기억하고 입에 올리는 영성이 관습이 되어버린

---
*

20) 낭시, 40~41쪽.

교회, 열심히 신앙생활을 하고 합당한 자격을 갖춘 이들에게만 열려 있는 교회, 그 합당함을 갖추지 못한 많은 이들, 이혼한 이들, 낙태 경험이 있는 여성들, 성소수자들을 직간접적으로 배제하는 교회에서 무위의 공동체란 한낮의 몽상에 불과할 것이다.

그러나 불가능하다는 것이 그 공동체에 다다르고자 하는 상상력까지 불가능하게 만드는 것은 아니다.[21] 다시 말해 이러한 공동체는 완성에 의미가 있는 것이 아니라, 상상에 의미가 있다. 코로나19 이후의 시대를 준비하며 신앙 공동체를 새롭게 구상해야 할 이때, 가장 필요한 것이 바로 이 상상력이다. 딱딱하게 굳어져 화석이 되어버린 '한 몸' 교회에 대한 기억이 아니라, 새롭게 생성되는 몸과 피의 공동체를 통해 살아 있는 그리스도의 몸 된 교회를 만들어가고자 하는 상상력 말이다. 이렇듯 상상력에 뿌리를 둔다면, 단지 사람이라는 이유로 존중받아야 할 공통의 근거를 만들어가는 이 무위의 공동체가 새로운 사유의 한 전범이 될 수 있지 않을까?

이러한 상상력에 기반하여, 우리는 너무나 오랫동안 미루어왔던 변화의 움직임을 본당 내에 만들어볼 수 있을 것이다. 본당이 변화하기 위해서는 성직자, 수도자, 평신도가 함께 식별하고, 함께 결정하고, 함께 책임을 지며 성찰하고 반성하는 공동 합의성이 필수적이다. 이를 위해서는 교회의 전반적인 생활양식부터 서로 존중하고 경청하고 이해하는 소통

---------------------------------- * ----------------------------------

21) 이진경, 「코뮨주의에서 공동성과 특이성」, 《탈경계 인문학》 3/2, 2010년 6월, 292쪽.

과 환대의 문화로 바뀌어야 한다. 교회의 지체들이 유기적으로 연결되고 함께 일하지 않는다면 지역사회와의 유기적 연결도 불가능하며, 나아가 사회적 카리타스, 정치적 카리타스의 실현도 요원하기만 할 것이다. 동질성과 군집성에 대한 집착을 버리는 대신, 구성원 한 사람 한 사람의 삶에 집중하여 비대면 상태에서도 깊은 관계 맺기가 가능한 방식들을 사목자와 평신도가 함께 고민하며, 대면과 비대면의 사각지대에서 소외되고 있는 이들을 보듬을 실행 가능한 대면의 조건들을 만들어 낼 작은 시도부터 시작해야 한다. 그런 작은 시도가 모여, 우리는 언젠가 교회를 모두가 함께 살아가기 위한 장소, 자율적, 자발적, 일상적 접촉이 자연스러운 소통의 장소, 너른 평상과도 같이 열리고 트인 장소로 바꾸어갈 내일을 함께 꿈꿀 수 있을 것이다. 더디고 초라하고 비능률적이겠지만, 이런 교회가 교회의 미래가 되어야 하는 까닭은 그곳이 살아 있는 몸들, 그리스도의 몸과 하나 되는 사람들이 있기 때문이다. 기획과 프로그램이 아니라, 머리를 맞대 고민하고, 발을 맞추며, 더디고 불편한 사람들을 위해 멈추고 기다리는 사람들이 있기 때문이다. 서로 의지하지 않고는, 관계 맺지 않고는 살아남을 수 없는 사람들이 있기 때문이다. 그리고 나는 이 사람의 길이 교회의 최우선 선택이 되어야 하며, 거기에 코로나19가 우리에게 묻고 있는 교회의 정체성과 존재 이유가 있다고 믿는다.

코로나19 위기 속 교회의 변화와 이웃됨의 자세

김주인

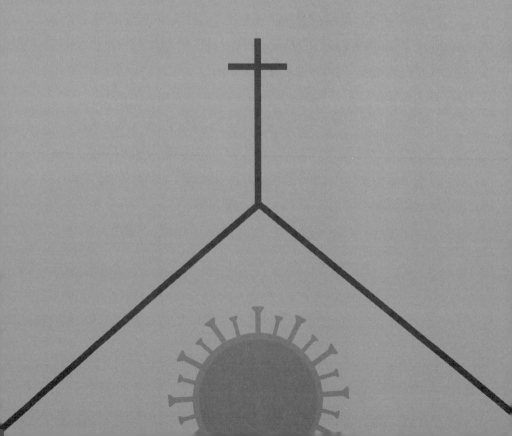

코로나19 위기 속 교회와 사회

　시작도 모르지만 끝도 모를 코로나19 시대가 이어지고 있다. 정은경 질병관리청장은 2020년 9월에 이미 우리가 "코로나바이러스와 함께 장기간 공존해야 하는 위드with 코로나 시대"에 살고 있다고 진단한 바 있다.(2020년 9월 11일 정례브리핑) 백신 접종이 본격화되었지만 새로이 확산되고 있는 변종 바이러스들은 코로나19의 팬데믹을 새로운 국면으로 이끌고 있다.

　시민들은 2020년 코로나19 발흥 초기, 집단감염의 진앙지가 된 예수교 증거장막성전(신천지)의 비상식적인 대응과 교인 명부 제출 거부 등의 사태를 보며 그들의 사회적 위해성을 빠르게 인식해갔다. 한국교회는 신천지와 적극적인 선 긋기에 나서며 차별성을 부각시키는 데 성공하는 듯했다. 그러나 사회적 거리두기 완화에 따른 대면 예배 허용 이후, 교회발 집단감염이 잇따르면서 시민들은 개신교회의 위해성을 인식하기 시작했다. 특히나 교회들은 정부의 대면 예배 불가 방침에 반대하는 목소리를 적극적으로 표출해왔던 터이다. 이에 더해 전광훈 사태로 일컬어지는 8.15 광복절 집회는 교회에 대한 무관심을 넘어 혐오로까지 이어지게 했다. 추적이 되지 않도록 핸드폰을 끄라는 등의 지침들이 알려지고, 집회에 참가했던 확진자가 지역당국의 방역 관계자들을 피해 도망가는 영상 등이 퍼지면서 개신교는 도저히 상대할 수 없는, 비상식적이고 사회에 해악을 끼치는 집단이라는 여론이 확산되었다.

　2020년 1월 중순 이후 한국 사회의 모든 구성원들이 코로나19의 확산을 막기 위해 고강도의 희생을 이어오고 있었다. 이 '고통의 시간 단기 극복'이라는 공동의 목표하에 실내외를 가리지 않는 마스크 착용, 손씻기와 사회적 거리두기는 유아들까지도 예외 없이 따르는 사회 공통의 규범으로 자리 잡았다. 그렇게 다시 일상으로 돌아가는 데 성큼 가까워졌던 찰나, 사회적 감수성, 위기의식과 자기희생이라고는 찾아볼 수 없는 교회와 개신교인들의 모습에 시민들은 분노했고, 조소와 멸시를 보내기 시작했다.[1]

한편, 교회발 감염이 과장되게 인식되고 있다는 지적도 있다. 2021년 1월 21일 중앙방역대책본부의 발표에 따르면 집단발생 주요시설별 비율에서 종교시설의 비중은 17퍼센트로, 누적 감염자 수의 약 8.8퍼센트 정도였다.[2] 이에 비해 국민들 대부분이 교회발 확진자의 비율을 실제보다 높게 보고 있었다.[3] 하지만 여타 집단발생 시설들과 비교해보면, 교

---

*

1) 엠브레인 트렌드모니터, '종교(인) 및 종교인 과세 관련 인식 조사'(2020. 7. 17)에 따르면, 비종교인 중 믿어보고 싶은 종교로 천주교(74.3%)와 불교(74.3%, 중복 응답)를 꼽았고, 개신교에 대한 관심은 19%에 불과했다. 개신교 신자에 대한 이미지는 '거리를 두고 싶은'(32.2%), '이중적인'(30.3%), '사기꾼 같은'(29.1%)의 부정적 이미지가 주를 이뤘다. 이 조사는 심지어 8.15 집회 이전에 행해진 것이었다.

2) 집단발생 관련 주요시설별 발생 현황을 보면, 종교시설이 17%로 1위, 신천지가 16%로 2위였다. 이외에 8.15 집회 관련 감염자가 2%로 기독교와 연관 지을 정도가 되겠다. 다른 시설들의 경우 요양시설 13%, 직장 11%, 가족 지인 모임 10%, 의료기관 8%, 체육/여가시설, 교육시설, 교정시설 각 4%, 일반음식점/카페, 다단계/방문판매, 기타 다중이용시설, 유흥시설 각 2%, 목욕탕/사우나, 군부대 관련 각 1%의 수치를 기록했다.

회가 대부분일 것으로 추정되는 종교시설의 비중이 과도하다는 지적이 나올 법하다. 더구나 교회발 감염으로 인한 지역사회 마비와 확진자 수 증가는 생업을 이어 가기 위해 노심초사하며 영업을 하는 이들에게 절망스러운 소식이었을 것이다. 국가적 재난 수준의 위기에서 교회가 앞장서 희생할 수 없으면 따라오기라도 하라는 여론의 질타는 사회의 공공성을 경시한 교회에 뼈아픈 지적이었다.

코로나19로 촉발된 사회·경제적 위기는 백신과 치료제의 상용화로 그 탈출구를 찾을 수 있겠지만, 교회가 보인 행태에 대한 대중의 트라우마를 극복하는 길은 묘원해 보인다. 이어지는 장에서는 코로나 위기 속에서 한국교회는 어떤 궤적을 그리고 있는지, 교회의 두드러지는 변화 양상을 살펴보고자 한다. 이 중에서도 교회의 사회적 고립, 목회자 이중직의 확산과 온라인 교회의 부상을 주목하는데, 이들 변화가 만들어내는 가능성과 그 함의를 짚어볼 것이다. 이어서는 새롭게 전개되는 교회 지형의 변화 가운데 오늘의 사회 속에서 교회가 견지해야 할 이웃됨의 두 가지 자세를 제안하고자 한다.

---

*

3) 한국교회총연합회가 지앤컴리서치에 의뢰한 '코로나19 정부 방역조치에 대한 일반국민 평가 조사 보고서'에 따르면 기독교인은 전체 코로나19 확진자 중 교회발 확진자 비율을 평균 27%로, 비기독교인은 평균 48%로 추정했다. 비기독교인의 15.9%는 교회발 확진자 비율을 71% 이상으로 보았다.

교회의 사회적 고립

코로나19 상황에서 심화된 교회에 대한 부정적 인식은 교회의 사회적 고립으로 이어질 가능성이 높아 보인다. 이는 사회의 인식과는 거리가 있는 개신교계의 언행에서 기인하는 바가 크다. 단적인 예가 전광훈 목사의 이단성 시비를 다룬 2020년 각 교단의 총회였다. 8.15 광복절 집회를 계기로 그 심각성이 사회적으로 공론화된 것일 뿐 전 목사에 대한 문제 제기는 이전부터 불거져왔었다. 그러나 그의 정치적 영향력과 교회 전반의 보수적 성향이 고려되면서 전광훈 목사에 대한 이단 규정은 미뤄졌다. 한국 개신교의 주류가 전광훈류와 비슷한 사회에 대한 시각을 갖고 있음이 드러나는 순간이었다. 극우성향의 보수집회들에서 보이는 십자가나 미국·이스라엘 국기들, 그리고 교회 단체카톡방에 올라오는 친북 좌파의 정권 장악이나 국가의 공산화 등에 대한 메시지들에 비춰보면 총회 대의원들의 인식이 실제로 다수 교인들의 입장과 비슷한 맥락임을 알 수 있다.

근본주의 신앙에 기반한 진화론·공산주의·동성애·이슬람에 대한 교회의 혐오적, 반지성적 태도는 이미 시민사회 영역에서부터 지적돼왔었다. 이에 더해 국가 구성원 모두가 희생을 감내하며 따르고 있는 정부의 방역지침에 대해 교회 탄압이니 교회 폐쇄법이니 하는 자기중심적이고 극단적인 주장은 비기독교인들의 교회에 대한 시선을 더욱 차갑게 만들었다.[4] 교회의 이러한 모습이 시민들에게는 한국교회가 정치적으로는 태극기 집회를 주동하는 극우세력의 주요한 축으로, 사회적으로는 신천지와 별반 다르지 않은 종교로 비친 것이다. 즉, 공공의 윤리 위에 서고자 하는 한국교회의 인식, 이성과 과학을 무시하는 한국교회의 태도가 사회로부터 교회가 외면받도록 만들었다.

교회에 대한 인식의 추이를 살펴보면 코로나 사태 이전부터 교회의 사회적 입지를 교회 스스로 축소해오던 차였다. 7, 80년대 독재·군사정권하에서 정교분리를 내세우며 가파르게 성장했던 보수 교회들은 김영삼 장로의 대통령 탄생에 일조하며 사회적, 정치적 영향력을 본격적으로 확장하기 시작했다. 한국기독교총연합회는 교회가 가진 조직력·동원력·자금력의 상징이었다. 그러나 한기총은 2011년 이후 금품선거, 이단·사이비 단체들의 회원 가입 등의 논란 속에 주요 교단들이 탈퇴하며 그 영향력을 상실해간다. 개신교계는 한국교회총연합회라는 새로운 초교파 교회 연합체를 구성하지만, 그 영향력이나 대표성이 전과 같지 않았다. 정부당국이 개신교계 지도자들과 몇 차례 간담회를 진행하며 협조를 요청했으나, 교회발 소규모 집단감염 사례들이 지속해서 발생하는 데서 보듯이 교단이나 교파 연합체를 통한 개교회 및 선교단체에 대한 통제는 어려웠다. 공공의 상식과는 별개로 개교회 중심의 논리가 앞

---

*

4) 기독교윤리실천운동의 '한국교회 사회적 신뢰도 여론조사' 결과에 따르면, 2008년 조사를 시작한 이래로 가장 최근인 2020년도까지 한국교회에 대한 신뢰도는 꾸준히 감소해오고 있었다. 그리고 코로나 위기 속에서 교회에 대한 신뢰도는 더욱 하락한 것으로 드러났다. 목회데이터연구소의 '코로나19 정부 방역 조치에 대한 일반국민 평가 조사'(2021. 1. 29)에 따르면, 비개신교인 중 한국교회를 신뢰한다고 응답한 사람은 9%에 불과했다.

서는 구조적 한계가 교회발 집단감염이라는 형태로 드러난 것이라 볼 수 있다.

사회의 성숙한 인식을 따라가지 못함으로 인해 생기는 사회와의 괴리감, 이에 따른 교회에 대한 시민들의 외면과 불신이 교회의 사회적 고립을 심화시키는 악순환을 만들고 있다. 기존 사회구조에서 정치적·사회적 영향력을 행사하던 개신교계의 고립, 다시 말해, 이들 존재에 대한 사회와 대중의 불인정은 한국 개신교의 주류를 이루는 세력에 대한 사회적 불신임이라고 해석할 수 있다. 신천지가 사회적 지탄의 대상이 된 것은 그들의 교리 때문이 아니라 일반 상식선에서 납득하기 힘든 그들의 행태 때문이었다. 시민들이 가진 인식의 지평에서 볼 때 코로나 위기 속에서도 대면 예배를 강행하고 집단감염의 클러스터가 되는 개신교회는 신천지와 동일선상에 놓이는 것이다. 감염자 전체에 비하면 작은 비중이었을지 모르나, 사회적 비용을 야기하며 지역사회와 국가를 불안하게 만드는 교회들의 행태는 교회가 예수의 섬김과 자기희생의 삶을 따르는 집단이 아니라 자신들의 생존 논리만을 앞세우는 이기적 종교 집단으로 보이게 했다. 사회의 다른 구성원들이 교회를 사회적으로 공존하기 힘든 집단으로, 경계해야 하는 집단으로 여기게 된 것이다. 이는 앞으로 교회가 건전한 이웃으로 지역사회에 자리매김하기가 쉽지 않아졌음을 의미한다.

교회와 사회의 관계 지형이 바뀌는 상황 속에서 앞으로의 10년이 중요하다. 현재 교회의 지도층이 베이비부머 세대(1955~1963년 출생)라는 점을 고려하면[5] 이들이 생산연령(15~65세)에서 물러남으로써 교회에 대한 재정 기여도가 낮아지고, 교회의 의사 결정을 주도하는 직분(목사·장로)에서 은퇴(정년 70세)하는 시기이기 때문이다. 이 시기를 단순히 물리적 세대교체의 시기로, 혹은 교회의 유형적 변화의 시기로 주목하는데 그쳐서는 안 된다. 교회 안팎의 지형 변화는 이어서 다루게 될 목회자 이중직의 확산과 온라인 교회의 부상과 맞물려 본격적으로 진행될 텐데, 이러한 변화가 본격적으로 시작되기에 앞서 교회의 존재와 지향에 대한 신학적 고민이 선행되어야만 한다.

목회자 이중직의 확산

교회의 사회적 고립이 가속화되는 상황에서 목회자 이중직의 확산과 온라인 교회의 부상은 변화하는 시대에 대한 응답인 동시에 기존 질서에 고착된 개신교회에 새로운 물꼬를 트는 역할을 할 것으로 보인다.

교회 밖에서도 일을 하는 목회자의 증가는 교인은 줄고 목사는 늘어나는 개신교계가 가진 기형적 구조를 반영한다. 매년 과잉 배출되는 신학생 대부분은 영세하고 열악한 교회 환경에 맞닥뜨려야 한다.[6] 더구나 코로나19로 인한 고강도의 사회적 거리두기 방역지침은 교회 공간을 기

---

5) 예수교장로회 통합 교단의 통계에 따르면, 목사와 장로로 구성된 총회 대의원의 평균 연령은 62.6세, 60대 대의원이 75.3%를 차지했다. 대의원의 평균연령과 60대 비중이 5년째 상향 및 확대되는 추세다.

반으로 주중에도 지속되는 예배와 친교 중심의 한국교회에 치명적이었다. 비대면 기조가 지속되면서 교인들의 예배 참여율과 헌금이 줄어들었고, 이는 교역자 수를 줄이거나 교회 문을 닫아야 하는 상황으로 이어지고 있기에 이중직을 선택하는 목회자는 계속해서 늘어날 전망이다.

개신교의 각 교단은 여전히 목회 이중직의 합법화에 대해 머뭇거리고 있는 반면, 목회 현장에서는 목회 이중직이 당면한 현실에 대한 대안으로 받아들여지고 있다. 교회 유지와 목회자의 생존에서 기인한 목회자 이중직은 점차 보편적인 현상으로 자리 잡아갈 것으로 예측되는 가운데, 현재 목회 이중직의 개념은 교회로부터의 재정적 독립뿐만 아니라 일터를 선교지로 삼아 사역하는 선교적 모델로도 발전하는 중이다. 선

---
*
---

6) 2019년 통계청의 '2017 전국 사업체 조사'에 따르면 한국 기독교 단체는 5만 5,104개, 종사자는 10만 7,676명이다. 교회의 수는 편의점이나 치킨집보다 많고 카페와 비슷한 수준이었다. 그러나 목사의 사례를 감당하기에도 버거운 곳들이 많았다.
개신교 주요교단 중 하나인 대한예수교 장로회 통합 교단의 2019년 발표에 따르면, 전체 교인 수가 30명 이하인 교회가 33.8%, 31~50명인 교회가 16.5%로, 50명 이하의 교회가 전체 교회의 절반을 넘어섰다. 더구나 지난 10년 동안 교인 수 30명 이하의 교회 비율은 2010년 23.8%에서 2019년 33.8%로 증가했다.
한국기독교목회자협의회의 2017년 조사는 이러한 변화가 목사의 생활에 어떻게 영향을 미치는지 구체적으로 보여준다. 이에 따르면, 150만 원 이하의 사례비를 받는 목사는 46.5%, 151만 원~250만 원은 30.4%로, 목사들의 평균 사례비는 176만 원이었다. 2017년 2인 가구 최저생계비 169만 원(3인 가구 218만 원, 4인 가구 268만 원) 기준, 목사 가정이 교회 사례에만 의존할 경우 최소 절반이 빈곤층에 해당한다.

교적 자세로 또 다른 생업의 현장에서 일하는 목사들에게는 만나는 모든 사람들이 이웃이 되고 일하는 그곳이 바로 선교의 현장이 된다는 것이다. 목회 이중직의 사역을 하는 목회자들에 따르면 목사들이 일터에서 지켜내는 신앙적 가치와 삶의 모습은 주변인들의 신뢰와 기대로 돌아온다고 한다.[7] 교인들에게도 목사가 강단에서 부르짖는 부흥의 성공신화 대신 목사의 치열한 삶 그 자체가 교인들의 동료이자 이웃이 되어 다가가게 되는 것이라고 볼 수 있다.

교회의 사회적 고립이 교회 기득권 세력의 해체로 이어진다면, 목회자 이중직의 확산은 교회 내 권위 구조의 해체로 이어진다. 다시 말해, 목회자의 이중직은 목사 중심의 수직적 구조가 평탄화되는 구체적인 계기로 작용할 것이다. 목회자가 교회 밖에서 일을 해야 한다는 것은 교회 규모가 작다는 것을 상정하기도 하지만 기성 교회의 시스템을 적용할 수 없다는 말이기도 하다. 새벽기도회, 수요예배, 금요 철야기도회, 소그룹 모임, 성경공부반 등을 교역자 중심으로 유지하기 어렵다는 뜻이다. 주중 직업을 가진 목회자가 다 감당할 수 없는 교회의 사역들, 교역자의 역할들은 자연스럽게 분산되고 그 권한 역시 이양될 것이다. 동시에 목사가 교회로부터 경제적으로 자립하고 주중에는 일반 교인과 같은 노동자로 살아감으로써 목사는 하나의 직분처럼 여겨지게 될 것이다. 목회적 차원에서는 목사가 교회의 규모와 교인의 헌금에 집착하지 않아도 되고, 교

---

*

7) 이용필, 「3040 목회자 이야기」 연재, 《뉴스앤조이》 참조. http://www.newsnjoy.or.kr/news/articleList.html?sc_serial_code=SRN169

회 차원에서는 일반 신도들의 주도적 역할이 늘어나고 교회 사정에 맞는 유연한 방식으로 교회가 운영될 수밖에 없기에 목회자가 이중직을 맡은 교회는 자연스럽게 탈권위, 탈성장의 보다 열린 공동체를 지향하게 된다.

온라인 교회의 부상

이중직 목회자가 인정받지 못하는 것과 마찬가지로 온라인 교회도 기성 교단에서는 온전하지 못한 교회로 취급받는다. 온라인 예배는 드릴 수 있지만, 교회 존재 기반이 온라인이 되는 것에 대해서는 여전히 부정적인 인식이 강하다. 코로나 이전부터 이미 대형 교회들은 케이블 채널에서, 교회 홈페이지에서 예배와 설교 영상을 송출해왔음에도 온라인으로만 드리는 예배에 대해서는 회의적인 분위기였다. 그러나 코로나 창궐 이후 대면 예배가 금지되면서 녹화 송출이든 실시간 중계든 비대면으로 진행되는 온라인 예배는 현 상황에서 예배의 주요한 방법 중 하나로 자리 잡았다. 나아가 교회의 온라인 공간에 대한 고민은 오프라인 교회가 온라인 콘텐츠를 제공하는 수준에서 벗어나 온라인에 기반한 공동체의 형성이라는 새로운 흐름으로 이어지고 있다.[8]

온라인 교회의 모습은 온라인 예배에서 유추할 수 있다. 비대면 예배

---
*

8) 청어람이 실시한 조사에서 응답자의 23%가 온라인 예배만으로도 충분히 예배가 가능하고, 지속해서 온라인 예배를 드릴 의사가 있다고 한 점은 주목할 부분

초기, 많은 교회들이 기존 시스템 그대로 녹화된 영상을 온라인 공간에 올리던 것에서 실시간 화상 예배로 전환했다. 이뿐 아니라 예배 진행과 함께 채팅할 수 있는 공간을 마련하는 교회들도 늘어나고 있다. 일방향의 예배가 쌍방향을 넘어 다방향의 소통이 가능한 방식으로 바뀌는 중이다. 예배 참석자들은 설교하는 목사나, 교회 중직자, 교회 비등록자 상관없이 동일한 사이즈의 화면을 할당받고, 상황에 따라서는 예배 중에도 채팅창에서 나의 의견이나 느낌을 표현하며 예배하는 다른 이들과 소통할 수도 있다. 강단에 선 목사에게 시선을 고정한 채 침묵해야 했던 오프라인 예배에서는 상상할 수 없었던 일들이 온라인에서는 당연한 것처럼 자연스럽게 일어나고 있다.

온라인 예배의 변화는 단순히 예배 형식의 변화에 그치는 것이 아니라 교회에서 진행돼왔던 대부분의 모임과 행사에 영향을 미친다. 이러한 변화는 디지털 문화에 익숙한 젊은 세대[9]를 주축으로 기성 교회에 실망하고 교회를 떠난 이들, 기존 교회체계에서 배제되었던 이들이 활

---

*

이다. 응답자의 70%가 가장 아쉬운 부분으로 지적한 만남과 교제의 부족함이 비대면의 한계를 보여주긴 하나, 이러한 부분들이 보완되면 온라인 예배를 넘어 온라인 교회를 실질적으로 시도해볼 수 있는 인식과 환경이 준비되었다고 볼 수 있다.

9) 이들은 최근 주목받고 있는 'MZ세대'라고 일컬어지기도 한다. MZ세대는 1980년대에서 1990년대 중반에 태어난 '밀레니얼 세대Millennials'와 1990년대 중반에서 2000년대 중반에 태어난 'Z세대'를 아우르는 표현이다. 이들은 자신의 영향력을 온라인에서 발휘할 줄 알고 자유로운 사고로 대안을 스스로 만들어 세상과 소통한다.

동할 공간을 열어준다. 교회의 공간이 하향식의 일방적 권위가 주도하던 공간에서 주어지는 해석에 대해 자유로운 접근과 질문이 제기되고 다양한 의견이 교환되는 새로운 공간으로 재편되는 것이다. 뿐만 아니라 온라인 공간에서 적극적으로 활동하는 이들은 온-오프라인을 넘나들며 교회의 공간을 확장시킬 것이다. 이들은 사회 현안에 대해서도 적극적으로 자신의 의견을 표출하며 필요에 따라서는 재정 후원 등의 구체적인 활동과 실천까지 이어가는 경향을 보이기 때문이다. 공통된 관심과 문제의식이 있다면 누구와도 연결될 수 있고 자신의 정체성을 명확히 드러내며 선한 영향력을 끼치는 것이 온라인 교회를 구성하게 될 이들의 특징이다.

따라서 온라인 교회는 전통 교회가 갖고 있던 수직적이고 일방적인 위계와 권력을 해체하며 보다 상호적이고 평등한 관계의 네트워크로 구성될 것으로 보인다. 나아가 온라인 교회는 목사의 권위를 중심으로 하는 기존 교회의 모습을 벗어나 다양한 갈래, 다양한 구성원의 온라인 모임으로 나타날 가능성이 크다. 이렇게 만들어지는 교회의 새로운 양식은 사회로부터 고립되어가는 기존 교회에 대한 대안으로 부상하게 될 것으로 예상된다.

조건 없는 환대로의 지향

코로나19로 인해 촉발된 전 사회적 위기가 한국교회의 문제를 드러내는 동시에 미래의 변화를 성큼 앞당겼다. 이러한 흐름은 기존의 권력 구조를 흔들면서 주변부에 머물던 시도들을 본격적으로 부상시키고 있다. 문제는 새롭게 열리고 있는 이 장이 사회로부터 외면받고 배척받는 '그들만의 리그'로 게토화될 위험에 처해 있다는 점이다. 한국교회는 사회의 질책에 대해 '소수의 문제일 뿐이다', '우리의 사회적 기여를 알아봐달라', '억울하다'는 주장만 되뇔 게 아니라, 현재 한국교회의 사회를 향한 태도, 교회 밖 사회 구성원들과의 관계를 점검해봐야 한다.

예수의 가르침과 행적은 이에 대한 기준만이 아니라 비신앙의 언어로 교회와 사회 모두에 적용할 수 있는 개념들을 제시해준다. 이는 한국 사회의 교회를 향한 요구를 신앙의 관점으로 해석할 수 있다는 말이기도 하다. 이어지는 부분에서는 교회가 지향해야 할 이웃됨의 자세로서 성서에 기반해 '조건 없는 환대'와 '이웃과의 상호인정'을 제안하고 이 개념들이 비신앙의 언어와 어떻게 공명하는지, 교회 현장에서의 실천은 어떻게 드러나는지 살펴보고자 한다.

환대는 교회나 그리스도인들에게 익숙한 개념이다. 그런데 이 환대가 누군가를 교회로 유인해야겠다는, '목적이 이끄는 환대'는 아니었는지 돌아볼 일이다. 오늘날 교회의 환대는 결국 교인 등록이라는 궁극의 목표를 위한 수단으로 이용돼온 측면이 적지 않다. 바자회 같은 교회 주최의 행사든, 지역사회와 연합해서 하는 행사든 교회의 이름을 세우고 교회가 주도권을 갖는 게 중요했다. 교회의 접근방식에 따르면 교회 밖의 누군가가 교회의 이웃이 되는 것은 교회가 다져놓은 범주 안으로 들어와 교회의 문화와 언어를 수용하고 동일화될 때에야 비로소 가능한 일이었다. 함께 예배드릴 만한 이, 달갑지 않은 이방인, 잠재적 적대자가 구분되어 교회의 문턱을 넘어도 괜찮을 것 같은 이들이 교회에 초대됐다. '누구는 함께 예배드릴 수 없다', '누구는 교회의 이웃으로 삼을 수 없다'는 구별 짓기가 교회의 환대에 내재돼 있었던 것이다. 진리(를 앎)라는 권위를 갖고 구원(의 통로가 됨)이라는 시혜를 베풀 수 있는 능력의 초대자와 그 수혜를 입는 초대받은 자의 위계 속에서 교회는 그들의 이웃과 관계 맺어온 것으로 볼 수 있다.

'맞춤형 전도'라는 말이 익숙해져버린 한국교회에 주린 자, 목마른 자, 나그네 된 자, 헐벗은 자, 병든 자, 옥에 갇힌 자는 다소 부담스러운 존재일 수 있다. 그러나 예수는 이들을 환대하는 것이 바로 이 땅을 딛고 살며 하나님과 마주하는 신앙의 비밀이요 구원의 길이라고 설파한다.(마태 25:31~46) 하나님은 그렇게 벌거벗은 타자의 얼굴로 우리에게 찾아온다는 것이다. 성서는 신구약에 걸쳐 고아와 과부, 나그네로 대표되는 보이지 않는 자들의 목소리에 귀 기울이고 그들의 요청에 응답하는 것이 하나님의 뜻임을 강변한다. 선한 사마리아인이 아무런 연고도 없는, 강도를 만나 쓰러진 이의 신음에 보살핌과 섬김으로 응답했듯이 말이다.(루가 10:29~37) 예수는 그 유대인이 훗날 어떤 보답을 했는지보다는 이름 모를 이를 끝까지 책임지는 사마리아인의 행실을 주목한다. 예고 없이 마주하게 된 타인의 존재에 사마리아인은 자신의 바쁜 걸음을 즉각적으로 포기했다. 그리고 주저 없이 타인이 처한 상황에 최선을 다해 응답한다. 자신이 목표하던 방향과 속도의 대폭적인 전환이 일어난 것이다.

이러한 성서의 가르침은 자크 데리다Jacques Derrida의 '무조건적 환대'의 개념과 맞닿는다.[10] 데리다에 따르면 내가 누군가를 초대함으로써 초대받은 자를 포용하는 것은 나의 우월함에 기반한 조건적 환대에 불과하다. 무조건적 환대는 예기치 않은 누군가의 방문 앞에 그 방문자에게 나의 규범과 문화를 강요하지 않으면서 나의 것을 내어주는 것이다. 데리다는 타자에 대한 주도성을 포기하고 자신의 공간을 온전히 열어주는 무조건적 환대에서 사회의 희망을 찾는다. 이런 맥락에서 예수의 선한 사마리아인 비유는 무조건적 환대의 개념이 예수의 가르침과 상응하고 있음을 보여준다.

한국교회에도 강도 만난 이를 보살핀 사마리아인과 같은 방향과 속도의 전환이 필요하다. 이 사람이 교회에 나올 것인가, 이 사람이 교회에 도움이 될 것인가라는 조건부 환대가 아니라, 조건 없는 환대로의 전환이다. 교회의 선함과 우월함으로 타자를 초대하고 맞아들이는 것이 아니라, 단지 그들이 교회 곁에 있기 때문에 교회는 응당 그들의 존재에 응답해야 하는 것이다. 이는 타자에 대한 환대가 교회가 원하는 방식으로 열매 맺힐 것이라는 기대까지도 내려놓음을 포함한다. 타자의 반응, 환대의 결과를 예단하지 않고, 때로는 교회의 환대가 사회 전체의 공감을 얻지 못하더라도, 그저 주어진 환대의 사명을 감당해가는 것이 하나님께 부름받은 교회의 모습이다.

---

*

10) 자크 데리다, 『환대에 대하여(De L'hospitalite)』, 남수인 옮김(서울: 동문선, 2004) 참고.

이런 면에서 독일개신교협의회(Evangelishen Kirche in Deutschland) 는 오늘의 시대에 교회가 행해야 할 조건 없는 환대의 모습이 무엇인지에 관한 좋은 사례를 보여준다. 코로나19의 확산으로 인한 독일 정부의 봉쇄정책이 시작되기 전에 이미 대면 예배를 취소한 독일교회였다. 독일교회는 코로나19로 인해 고통받는 이들을 돌보는 데 역량을 집중하는 동시에 코로나 위기로 인해 잊힐 뻔했던 난민 사역을 지속해 나간다. 2019년, 난민에 대한 논란과 우려가 불식되지 않았음에도 불구하고 독일개신교협의회는 지중해에 표류하는 난민을 위한 구조선 구입을 비롯해 난민 구조 활동을 시워치(Sea Watch, 국제난민구호 NGO)와 공조하기로 결의했다. 독일 내부적으로 극우세력이 힘을 더해가던 터라 교회의 이런 결정은 교회 안팎으로 비판과 반발을 불러일으키기도 했다. 그러나 독일교회는 정치적, 외교적 난관을 헤쳐가며 2020년 8월 첫 구조선을 지중해에 띄웠고, 그해 11월부터는 두 번째 배를 위한 모금운동을 시작했다. 배 한 척 구입에만 130만 유로(약 17억 6천만 원) 이상이 들어가는 프로젝트지만, 독일교회는 교회세가 아닌 개인들의 자발적인 후원으로 기금을 충당하고 있다. 이처럼 독일교회는 자신들에게 들려오는 고통에 찬 신음 소리를 놓치지 않았고, 그들이 누구인지, 그들이 어떻게 보답할 것인지 묻기보다는 교회가 먼저 그들의 이웃이 되고자 행동으로 환대에 나섰다.

한국교회가 앞장서고 있는 것은 혐오인가, 환대인가. 자본의 논리에 충실한 강탈적인 오늘의 사회구조[11)]는 경쟁에서 밀린 이들을 계속해서 '우리'라는 경계선 밖으로 내몰고 있다. 오늘의 시대에 교회가 위치한 자리에서, 목소리를 내어도 외면당하는 이들, 목소리를 낼 수조차 없는 이들이 누구인지 다시금 돌아보고 그들을 맞아들일 준비를 해야 한다. 물론 그 모두를 품을 수 없는 교회의 현실이 있기도 하다. 환대는 구체적인 상황 속에서 행사되기 때문에 그 자체로 조건적일 수밖에 없는 한계가 있다. 데리다 역시 무조건적 환대의 불가능성을 전제하기도 했다.[12] 그러나 이것이 교회의 조건적 초대를 합리화하는 근거가 될 수는 없다. 제한된 환경에서 펼쳐지는 환대일지라도 조건 없는 환대, 문턱 없는 환대로 나아가도록 교회의 문을 활짝 열어젖힐 때에야 비로소 그리스도를 닮은 환대로서의 정당성을 가질 수 있기 때문이다.

---

*

---

11) 데이비드 하비David Harvey는 현재 지구적으로 진행되고 있는 신자유주의화의 과정을 자본주의적 제국주의의 개념으로 파악한다. 그 주요한 특징 중 하나가 '탈취에 의한 축적(accumulation by dispossession)'이다. 상위 계급의 자유와 권리에 편향된 민영화와 상품화, 금융화 등의 요소로 이루어진다. 이를 통한 부의 재분배는 사회경제적 양극화를 심화시키는 중요한 원인이 된다. 탈취에 의한 축적 현상의 하나로서 자본 주도의 도시 공간 재편은 부의 쏠림 현상을 가속시키며, 이에 따라 도시 공간에서의 소외와 배제는 더욱 심화된다. 데이비드 하비, 『신제국주의(The New Imperialism)』, 최병두 옮김(파주: 한울, 2005), 『신자유주의(A Brief History of Neoliberalism)』, 최병두 옮김(파주: 한울, 2007) 참고.

12) 데리다는 '무조건적인 환대(unconditional hospitality)'는 현실에서는 이루어질 수 없는 불가능한 것들로 인정하고 이상으로 두는 것이 아니라 불가능한 것의 가능성에 도전할 것을 요청한다. 자크 데리다, 『환대에 대하여(De l´hospitalite)』(서울: 동문선, 2004) 참고.

더불어 살아가는 이들과의 상호인정

교회는 이 세상에서 나그네로, 낯선 이로, 외부인으로 살아가는 이들이 머물며 환대를 받는 곳일 뿐만 아니라 나아가 그들이 사회의 한 주체로 세워지고 인정받을 수 있도록 그 존재의 자리에 함께하는 공동체여야 한다. 교회의 이러한 정체성은 교회에 모인 이들 역시 모두가 나그네요, 하나님과 원수 되었던 자라는 사실에서 출발한다. 스스로가 죄인이라는 자각, 그에 대한 통렬한 고백은 그들 자신을 하나님 나라의 이방인이요, 외부인으로 규정한다. 그러나 예수 그리스도의 자기 비움의 환대가 우리를 하나님의 자녀로, 복음을 살아내게 하는 주체로 변화시켰다. 예수는 누가 환대받기에 합당한지 따지지 않았다. 그는 그를 찾아온 이들에게 "와서 보라"(요한 1:35~42; 3:1~5)며 자신의 공간을 내어주었고, 기적과 깨달음을 경험했음에도 자신을 배신한 제자들을 찾아가서는 따스한 불과 함께 뜨끈한 밥상을 차려준다.(요한 21:1~14) 자신을 배신한 제자들에게조차 예수는 그 연유를 캐묻거나 반성을 촉구하지 않는다. 오히려 이미 식사가 준비되어 있음에도 제자의 길을 포기하고 어부로 돌아간 이들의 갓 잡은 물고기도 식탁에 올리도록 한다. 그들이 살아낸 삶, 그 자체를 수용함으로써 그들을 자신의 친구요 하나님 나라의 동료로 인정한 것이다.(요한 15:15) 예수의 제자들에 대한 인정은 당신이 나의 모든 것을 안다는 베드로의 고백으로, 서로 간의 인정으로 응답된다.(요한 21:15~17) 이것이 교회가 받아든 복음이고 교회가 이웃과 더불어 경험해야 할 복음이다.

예수와 제자들의 이러한 관계는 악셀 호네트Axel Honneth의 '인정' 개념으로도 풀어낼 수 있다. 호네트는 서로의 고유성을 상실하지 않고, 존재 그 자체로 환대받고 인정받는 상호인정을 통해 자아와 타자는 각자의 정체성을 발달시키고 자기의식을 향상시킬 수 있다고 본다.[13] 타자에 대한 인정은 타자에 대한 나뉨의 강요를 포기하고 타자의 정체성을 긍정적으로 수용하는 적극적 행위이다. 이것은 타자에 대한 자아의 일방향적 행위로 그치지 않고 자아와 타자의 상호인정으로 나아간다. 자아는 타자의 타자가 되기에 자아도 마찬가지로 타자의 인정을 통해 자신의 정체성을 재발견하고 발전하기 때문이다. 그래서 상호인정은 상대를 내가 규정할 수 없다는 자기 한계의 고백인 동시에, 나도 상대가 없이는 온전히 파악될 수 없다라는 겸손한 고백이다.

예수에게도 이방인이지만 타자로 인정받음으로써 그 공동체에 용납되고 서로의 정체성을 새롭게 하게 된 경험이 있다. 사마리아 수가라는 마을에서 일어난 사건(요한 4장)은 예수의 느닷없는 방문과 그를 환대한 여인 사이에 있었던 상호인정, 그리고 그들의 상호인정이 마을 공동체로 확장되어가는 과정을 보여준다. 예수는 타자였던 이들에게 타자로 다가가 그들에게 인정받기를 자처했다. 무명의 사마리아 여인은 타자를 인정함으로써 자신의 정체성을 확인하게 되고, 더 이상 일자의 논리에 의해 배제되고 왜곡된 타자로서가 아니라 당당한 주체의 모습으로 마을 사람

*

---

13) 악셀 호네트, 『인정투쟁(Kampf um Anerkennung)』, 이현재·문성훈 옮김(고양: 사월의책, 2011) 참고.

들에게 다가가게 된다. 마을 사람들 역시 예수를 마을 속으로 포용하고 인정하는 과정에서 그들의 정체성을 새롭게 형성하게 된다. 예수와 사마리아 여인의 상호인정이 유대인과 사마리아인의 적대 관계를 녹이고 공존의 자리를 새롭게 연 것이다.

영국 브리스톨에서는 매년 1월부터 3월까지 초교파의 지역교회들과 기독교인들이 연대해 노숙자를 위한 야간 쉼터(Night shelter)를 운영한다.[14] 기존에는 교회의 여유 공간에 매트리스 12개를 놓고 운영했지만, 코로나19로 인한 국가봉쇄(lockdown) 이후 2021년에는 소규모 숙박업체를 임대했다. 수용 가능 인원은 9명뿐, 운영을 위해 3개월간 소요되는 예산은 약 3만 파운드(약 5천만 원)였다. 노숙인을 돕는 NGO들을 통해 연결된 노숙인들은 종교도, 인종도, 국적도 상관없이 자신의 의사에 따라 쉼터가 운영되는 기간 동안 자유롭게 숙소에 머물 수 있었다. 원한다면 언제든지 떠날 수 있고, 어떤 교육이나 강제적인 규칙도 주어지지 않았다. 그저 한 존재로 그 공간과 생활을 영위하도록 하는 것이 이 쉼터를 운영하는 목적이다.

쉼터는 노숙인과 자원봉사자라는 구별을 뛰어넘어 주객의 구분 없이 서로 주체가 되어 교제하는 장이 되었다. 식사는 70여 명의 자원봉사자들이 2, 3명이 한 조가 돼 돌아가며 준비했는데, 자원봉사자들의 기쁨은 쉼터를 찾은 이들이 조금이라도 더 식당에 머물면서 대화를 나누

---

*

14) 필자는 2021년 2월과 3월에 걸쳐 자원봉사자로 참여했다.

는 것이었다. 누군가 다만 몇 개월일지라도 안정적인 주거지를 바탕으로 일자리를 찾아 나섰다는 소식에 함께 기뻐했고, 누군가 아무 말도 없이 사라져버렸다는 소식에는 아쉬움과 기다림으로 그 자리를 지켰다. 3개월 동안 적을 때는 3명에 불과한, 더구나 불특정한 몇몇의 노숙인을 위해 상당량의 물적, 인적 자원이 투입되었지만, 누구도 주인 행세하지 않았다. 단지 동료 인간으로 함께 자리하며 서로를 돌볼 뿐이었다. 자연스레 쉼터에 머무는 이들에게서는 며칠이 지나면 위축되거나 머뭇거리는 기색이 사라졌다. 그 자리에 있는 누구든지 그 공간을 구성하는 다양한 궤적 중의 하나로 인정받고, 그들의 이야기에 다른 이들이 귀 기울였다. 누구도 변화를 강요하지 않았지만, 그 순간 그 자리에 머무는 이들의 정체성은 새롭게 구성되고 확장되고 있었다.

사마리아 수가 마을, 영국 브리스톨 노숙인 쉼터에서 일어났던 상호 인정이 변화하는 한국교회에도 필요하다. 코로나바이러스가 빚어낸 사회 변화는 교회 공동체의 다양화, 소규모화를 가속시킬 것이다. 온라인 교회와 일하는 목회자들의 확산 속에 교회의 기존 권력 구조는 해체되고, 다양한 자생적 모임들, 목사 중심에서 탈피한 공동체들이 교회라는 정체성으로 모이게 될 것이다. 이들의 주요 구성원은 기존 주류 기독교의 담론에 편입되지 못한 채 변두리에 머물던 이들이 될 가능성이 높다. 이때 기성 교회는 그들과 동일하게 그리스도에게 사랑의 빚을 진 자이자 예수의 길을 좇는 신앙의 동료로서 그들에게 존중을 보이고 품위를 갖춰, 새로운 교회 공동체들과 관계를 가꾸는 노력을 기울여야 한다. 기존 주류 교회의 틀에서 벗어난 이들을 적극적으로 수용하고 긍정적으로 인정하는 자세가 필요하다. 이러한 토양이 다져질 때, 다양한 공동체의 발현과 이 공동체들을 담아내는 교회라는 공간은 사마리아의 수가 마을처럼 예수를 매개로 서로를 인정해주며 서로를 발견해가는 가능성의 공간, 공존의 공간이 될 수 있다.

상호인정은 교회와 사회와의 관계에도 적용된다. 즉, 상호인정은 교회 역시도 타자에게 인정받아야 할 대상이라는 관점의 전환을 요구하기에 사회의 타자로서 발견되는 교회를 돌아봐야 한다. 진리의 담지자로서 스스로 절대화시켰던 교회가 타자의 타자로서 상호인정의 관계에서 용납받고 포용될 때에야 교회는 교회로서의 건강한 정체성을 다져나갈 수 있기 때문이다. 타자의 시선을 통해 재발견하게 된 교회의 모습과 이에 따른 교회의 사명에 대한 도전은 왜곡된 자아를 강요하거나 존재 자체를 무시하고 억압하는 부정의한 사회적 구조에 대항했던 예수의 모습에 조금 더 가까워지도록 이끌 것이다.

이웃에게 환영받는 교회

2020년 3월, 영국에 전국적인 봉쇄령이 내려지면서 교회도 예배당 문을 걸어 잠가야 했다. 멈춰버린 것 같은 도시 속 굳게 닫힌 예배실이었지만 그들의 예배는 섬김을 통한 예배(worship through service)로 이어졌다. 런던 이스트햄Eastham 지역에서는 5개의 소규모 지역교회들이 초교파적으로 협력해 취약계층과 사회 필수 근로자들(key workers)을 위한 무료 음식 서비스를 시작했다. 예산도, 인원도, 홍보도 없이 급작스레 시작돼 갖춰진 게 없던 상황에서 이 소식을 지역사회에 알리자 지역 주민들의 기부 물품이 쏟아졌고 크라우드 펀딩을 통해서만 11,700파운드(약 2천만 원)를 모금할 수 있었다. 이들 교회는 2020년 5월부터 현재까지 도시락 제작 및 물품 나눔을 위한 허브로 변신하여 자원봉사자들과 함께 지역사회를 돌보고 있다. 내세울 것 없는 작은 교회들이 그들 앞에 선 이들의 신음 소리에 응답하고자 지체 없이 닫힌 문을 열고 자신의 것을 나누기 시작했을 때 교회와 그들이 속한 지역사회 모두에 변화가 시작됐다. 세속사회에서 주변부에 머물던 교회가 지역사회의 적극적인 도움과 인정 속에 자신의 정체성을 확인함과 동시에 교회와 지역사회가 서로를 환대하고 공존하는 자리를 새롭게 만들어낸 것이다.[15]

지역사회로부터 환영받는 영국교회들의 모습 위에 지역사회의 성토의

---

*

15) 크리스토퍼 베이커Christoper Baker와 아담 디넘Adam Dinham은 영국 정부의 사회봉쇄 정책이 한창이던 2020년 7, 8월, 팬데믹 기간 동안 지역 기관들과 신앙 그룹들 간의 협업을 주제로 194개 지역 기관 대상 설문조사와 55개의 심층 인터뷰를 진행했다. 영국의 공공정책 분야에서는 암묵적으로 종교의 쇠퇴를 기정사실로 여기고 있었다. 이들 보고서에 따르면, 코로나로 인한 사회봉쇄 상황 가운데 종교 관련 그룹들의 역할이 부각되면서 이들이 지역사회를 위한 중요한 자원이라는 인식으로의 변화가 일어나고 있었다. 팬데믹 이후 지역 기관들은 신앙 그룹들과 연계 사업을 늘렸고, 이들과의 협업에 대해서는 응답 기관의 61%가 매우 긍정적으로, 30%가 전반적으로 긍정적으로 보았다. 부정 평가는 0%였다. Baker and Dinham, "Keeping the Faith"(All-party parliamentary group, 2020) 참고.

대상이 되어버린 한국교회를 놓아 보게 된다. 코로나 위기 속에서 더욱 곤두박질치고 있는 교회에 대한 신뢰도는 교회의 변화를 요청하는 목소리이다. 그리고 그 변화는 외부로부터였건 내부로부터였건 이미 시작되었다. 성장과 번영을 복음의 능력으로 여기던 교회들은 점차 사회로부터 고립되어갈 것이고, 교회 밖에서도 일하는 목회자들, 온라인 교회를 비롯해 교회의 새로운 체계와 그 구성원들은 교회의 변화를 본격적으로 보여줄 것으로 예상된다.

대변혁의 시기, 한국교회는 생존의 기로에 서서 교회의 존재와 지향에 대한 적극적인 해석과 실천이 필요하다. 교회가 교회를 바라보는 내부자의 시선을 깨뜨리고 나와 예수가 가르쳤고 세상이 필요로 하는 교회의 교회됨, 교회의 이웃됨을 구현해 나가야 한다. 조건 없는 환대와 더불어 살아가는 이들과의 상호인정은 이를 위한 신학적 개념이자 실천적 토대를 제공할 것이다. 물론 교회 밖의 이웃을 조건 없이 환대하고 상호인정하자는 주장이 다소 이상적으로 들릴 수 있다. 그러나 교회를 향한 예수의 요구가 그러했고, 사회의 요구도 이와 별반 다르지 않다. 이에 대한 완벽한 재현은 가능하지 않을 것이나 독일교회와 영국교회의 사례에서 보듯, 예수를 따르는 길 위에 선 이들은 그 요구에 응답해 걸음을 내딛고 앞으로 나아가야 한다.

3, 40년 전, 여름성경학교가 열릴 때면 동네 구석구석 큰 북을 울리며 어린이들을 모아 교회로 가던 시절이 있었다. 누구는 와도 되고, 누구는 오지 않아도 되고의 기준은 없었다. 집집마다 돌며 문간에서 울리는 북소리를 듣고 누구든 나와서 함께 따라나서길 바라는 마음이었다.

이제는 그런 북소리를 울리며 다닐 동네도, 동네에서 놀던 아이들도 현대화된 도시 속 빌딩과 아파트 사이로 사라진 듯 보인다. 설령 교회가 북소리를 울린다 한들 사람들은 귀를 막은 채 고개를 절레절레 흔들 것이다. 그러나 그때와 마찬가지로 경계 밖에 선 이들, 사회의 시선 밖에 있는 이들이 있다. 교회의 환대를, 교회의 응답을 기다리는 이들이 있다. 이 시대, 교회가 울려야 할 북소리가 무엇일까? 교회의 공간이 우리 모두의 공간임을 알리는 북소리, 서로의 존재를 인정하고 응원하는 북소리가 한국교회에, 그 교회가 자리한 지역사회에 울리길 기대한다.

백화점 교회의 종말과 새로운 교회들

김승환

코로나19가 가져온 한국교회의 가장 큰 변화는 예배 방식과 모임 형태에 관한 것이다. 일요일, 정해진 시간에 한 공간에서 함께 모여 예배하며 교제하던 코로나 이전과는 달리 비대면(untact) 사회로 진입하면서 예배는 온라인과 영상으로 전환되고 예배 장소도 교회에서 가정으로 이동하고 있다. 2020년 3월 C.S.I. BRIDGE에서 실시한 설문조사를 보면, 응답자의 84퍼센트가 온라인 예배를 드린 경험이 있으며 70퍼센트 정도는 신앙교육 프로그램을 온라인으로 진행하고 있다고 응답했다.[1] 다른 나라도 이와 비슷하다. 미국 리서치 기관 바나그룹이 2020년 8월에 조사한 결과에 따르면 응답자의 35퍼센트는 소속된 교회에서 현장 예배를 드렸지만 32퍼센트는 교회에 출석하지 않았다고 응답했다. 또한 정기적으로 교회에 출석하던 이들의 34퍼센트는 다른 교회의 온라인 예배를 드린 경험이 있으며, 18퍼센트는 여러 교회의 온라인 예배를 옮겨 다니며 참석한 것으로 나타났다.[2] 여름과 겨울을 지나면서 상황은 더욱 악화되고 있다. 8.15 광화문 집회 이후로 코로나가 전국적으로 재확산되면서 더욱 강력해진 사회적 거리두기로 현장 예배가 취소되고 많은 교회가 온라인과 영상을 통한 예배로 전환했고, 겨울 3차 대유행 기간에는 대다수 교회가 비대면 예배로 전환했다. 물론 여전히 대면 예배

---

*

1) 최은숙, 「사회적 상황 인식, 교회 온라인 예배에 적극 동참」, 《한국기독공보》 2020. 3. 12.
2) 표현모, 「온라인 예배, 34%는 타교회 영상으로… 설문조사 결과 눈길」, 《한국기독공보》 2020. 8. 7.

를 고수하는 교회들도 존재한다. 공적 교회로서 사회적 책임을 다하자는 입장과, 주일성수라는 신앙 행위의 핵심을 훼손할 수 없다는 입장이 팽팽히 맞서는 상황이다.

코로나19가 완벽하게 종식되지 않는 한 현장 예배와 온라인 예배는 병행될 수밖에 없을 것이다. 우리의 일상이 포스트 코로나post-corona가 아닌 코로나와 함께하는 일상인 어미드 코로나amid-corona로 전망된다면 기존의 예배 형식과는 다른 참여 방식과 신앙생활의 형식을 고민해야 한다. 교회의 조직과 운영도 건물 중심에서 인격적 관계 중심으로, 예배 생활도 주일에 다 함께 모이는 것에서 주중 또는 일상의 예배와 삶의 예배로 전환을 고려해볼 필요가 있다. 그리고 신앙교육과 가르침을 성직자 중심이 아닌 모든 신자 중심의 자율성과 주도성을 기초로 하는 가정과 평신도 중심의 패러다임으로 전환한다면 코로나가 촉발한 탈장소적인 신앙 행위는 현대판 종교개혁의 시발점인지도 모른다.

새로운 교회론이 필요하다면 크게 두 가지 방향이 될 것이다. 바로 온라인 교회와 가정 교회이다. 온라인 예배는 단순히 예배 방식만의 전환이 아니며 새로운 시대에 따른 교회론의 재정립을 요청한다. 가상의 공간에서 진행되는 예배 참여와 신앙 행위가 익숙지 않지만 서구 교회의 몇몇 사례들은 그 가능성을 보여주고 있다. 또한 기성 교회와는 다르게 교제와 소그룹 중심으로 출발한 가정 교회는 만남을 최소화하면서도 교회의 본질을 유지할 수 있는 다른 모델이 될 수 있다.

본 연구는 건물 중심의 한계를 지적하고 탈장소적인 신앙의 가능성에 대한 고찰을 시도한다. 장소를 떠난 만남과 예배가 코로나 상황으로 새

로운 장소로 옮겨 가는 재장소화가 진행 중이다. 온라인 교회의 등장은
그동안 건물 중심으로 모이던 신앙 패턴에 상당한 위협이 될 수 있지만
반대로 교회의 본질을 고민하며 그동안 간과해왔던 관계성과 초월적 영
성을 발견하는 계기가 될 수도 있다. 코로나19가 우리에게 준 선물은 종
교 건물의 공간이 아니고서도 예배를 드릴 수 있다는 가르침이었다. 이
는 너무나 쉽게 그리고 편하게 예배드리던 것을 당연시해왔던 우리의
신앙적 습관을 탈피하고 전혀 다른 교회 유형과 신앙생활의 등장을 예
고하고 있다. 디지털 혁명(Digital Revolution)은 교회도 예외가 아니며
현실이 되고 있다. 또한 대형 교회를 추구해왔던 신앙의 한계를 인정하
고 새로운 교회론을 향한 진지한 고민을 시작하게 한다. 이 연구를 통해
한국교회가 안고 있는 건물 중심의 한계를 비판하고 포스트 코로나에
도 지속 가능한 새로운 교회 유형을 제안해보려고 한다.

모여라, 돈 내라, 집 짓자

한국교회의 성장은 세계 기독교 역사상 유례가 없을 정도로 폭발적인
것이었다. 물론 통계마다 차이는 있지만 한국교회는 복음이 들어온 지
백여 년 만에 1천만 성도와 7만 교회를 이루었다. 특히 2,000명 이상 모
이는 대형 교회가 약 900여 개에 달한다. 교회성장연구소에서 2004년
과 2005년에 조사한 결과를 보면 국내 대형 교회의 비율은 1.7퍼센트
로 미국의 0.0005~0.0007퍼센트와 비교했을 때 300배 정도 많은 수

치이다.[3] 구미정은 한국의 대형 교회를 지역에 따라 '강북형'과 '강남형' 또는 사회적 계층에 따라 '중산층'과 '혼합층'으로 구분했다. 특히 1990년대 중반부터 성장한 강남-중산층 대형 교회는 후발형 대형 교회로 '사랑의교회'와 '온누리교회'로 대표될 수 있다. 한국 대형 교회는 신도시와 같은 도시개발, 중산층의 성장과 맞물린 결과이다. 김진호는『대형교회와 웰빙보수주의』에서 '제자훈련'과 '귀족영성'으로 무장한 이들의 교회는 종교 소비시장의 승리자가 되었다고 비판한다. 교인의 수평이동으로 몰려드는 성도들을 감당하기 위해 후발형 대형 교회는 대형 건축 프로젝트를 진행했다. 수백, 수천억 원의 공사비에 달하는 보이는 하나님의 나라로서 교회 건물은 교회의 성공과 영적 축복의 상징이 되었다.

대규모의 건축은 막대한 비용을 지불하지 않으면 불가능하다. 수완이 좋은 목회자들은 빠르게 도심의 큰 부지를 매입하였고, 아파트 인근의 종교 부지 획득에 성공하였다. 교회의 성장과 확장이 목회적인 요인과는 별개로 주변 입지와 인프라 등에 의존하는 기형적인 교회를 낳게 했다. 교회 건축은 일반 건축보다 더 많은 비용이 발생한다. 특히 높게 올라간 돔의 기둥을 따로 두지 않게 가설하는 공법이 필요하고, 교회 시설 곳곳을 최고급 재질로 마감하며, 종교적 초월을 장소를 통해서 경험시키도록 의도한다. 대규모 교회의 건축을 시도하는 것은 목회자의 카리스마적 리더십을 바탕으로 성도들에게 거대한 건축을 통해 종교적 열

---
*

3) 김진호, 『대형교회와 웰빙보수주의』(오월의 봄, 2020), 14~15쪽.

망을 가시화하고 성전(?) 완공을 통한 물적 축복을 약속한 결과이다. 성도들은 교회의 크기로 목회 성공 여부를 평가할 뿐 아니라 그들이 섬기는 하나님도 예외는 아닌 듯하다.

한국 사회에서 교회의 성패를 가시적으로 확인할 수 있는 것은 당연히 건물이다. 교회는 마치 중세의 거대한 성당처럼 종교적 권위와 위용을 과시한다. 건물은 그 자체로 특정한 메시지를 갖는다. 거대한 건축 규모는 시장 논리에 따라 선하고 아름다운 것으로 받아들여지며 그 장소에 머무는 이들은 선택받아 구원받은 사람이 된다. 큰 건물을 유지하기 위해 열심히 전도하고 사람들이 모이면 각종 헌금을 종용한다. 때로는 무리한 교회 건축으로 빚더미에 오르다 파산하기도 한다. 건물을 유지하기 위해 교회는 다양한 신앙 프로그램을 돌려야 했고 성도들의 영성과 신앙의 성숙에 관심을 두기보다 스스로를 좋은 교회의 성도로 인식하도록 만들었다. 그래서 한국교회를 설명하는 세 가지 구호가 있지 않은가! 모여라, 돈 내라, 집 짓자.

하비 콕스는 『신이 된 시장』에서 대형 교회를 자본주의 논리를 따르는 소비주의 시장 정신이 종교로 확대된 것이라 비판한다. 특히 한국교회의 대형화에 놀라움을 표현했다. 그는 여의도순복음교회를 방문했던 일화를 소개하면서 기업화되어가는 모습에 우려를 나타냈다.

초대형 교회가 기업과 가장 흡사한 특징은 어느 학자가 말한 것처럼 "혹독하게 성장을 강조한다"는 점이다. (……) 다른 비평가들이 성장주의(growthism)라고 부르는 현상의 신봉자인 초대형 교회는 교인숫자를 늘리고 더 많은 헌금을 모으는 노력에 집중한다. 이런 활동이 대부분 노골적인 물질주의고, 진정한 영적 의미는 전혀 없다는 사실은 아랑곳하지 않는다.[4]

교회 건물의 규모와 운영은 철저히 시장 논리를 따른다. 투자된 비용을 회수하기 위해 서점과 카페가 들어서고, 심지어 학교와 어린이집을 병행하기도 한다. 교회 장소가 비어 있는 것은 곧 교회 운영의 실패이기에 여러 마케팅 기법을 동원하여 사람들을 끌어모으려 한다. 자본주의 시스템에 편승한 교회는 일반 기업과 같이 더 많은 예산을 세우고 충성스러운 종교 소비자를 끌어모으고자 갖가지 아이디어를 낸다. 그중에서 교회 건축은 정점에 달해 있다. '성전 건축'은 교회가 행하는 최고의 미션mission이다. 이 땅에 하나님의 교회를 건축하는 것만큼 성스럽고도 영광스러운 사역은 없을 것이다. 성전 건축을 위해 무리하게 헌금했던 성도들이 하나님의 축복을 받았다는 일화는 여러 간증자들에 의해 미화되었고 한정된 신도들을 두고 경쟁하는 종교시장에서 절대우위를 점하고자 무리한 건축을 시도하기도 한다. 신앙의 필요를 위해 마련한 건물이 곧 신앙의 목적이 되고 조직과 공동체를 유지, 확장하기 위해 더 많은 예산과 에너지를 쏟아부어 자신만의 왕국을 마련한다. 그리스도의 몸으로서의 교회가 아니라 단단한 콘크리트로 된 교회가 우리의 믿

---

*

4) 하비 콕스, 『신이 된 시장』, 유강은 옮김(문예출판사, 2018), 144쪽.

음과 신앙을 보장해줄 것이라는 잘못된 믿음은 정설이 되어버렸다.

교회인가, 백화점인가

　장소는 인간의 정체성과 인식의 형성에 상당한 영향을 미친다. 장소가 갖는 집단 기억과 내러티브는 그 공간을 사용하는 이들에게 투사되고 자연스레 자신의 일부로서 받아들이게 된다. 우리의 기억이 어떻게 구성되어 있는지 자세히 살펴보면, 과거의 추억들은 장소에서 장소로 연결되어 있으며, 그 공간에서 경험하였던 사건과 관계들이 나를 형성하는 데 결정적인 역할을 하고 있음을 알 수 있다. 장소로서 교회도 마찬가지이다. 교회 건물은 성도들의 신앙 정체성과 특징들에 상당한 관련을 맺는다. 교회 공간을 하나님 나라의 모형으로 인식하며 공간의 규모와 양식을 통하여 그 나라를 구체적으로 상상하게 된다. 거대한 예배당에서 뛰어놀던 주일학교 학생들의 하나님과 지하 전세방에서 예배드렸던 주일학교 학생들의 하나님은 어떤 모습으로 다가올까?

　교회 공간을 설계하고 건축할 때는 분명한 의도와 방향이 있다. 사용자들의 내적인 가치와 비전을 외적인 건물로 형상화하는 것이기에 공간은 그 자체로 영적인, 심미적인 메시지를 갖는다. 교회 건물은 각각의 시대마다 추구하는 신앙관과 성도들의 내적 욕구가 무엇인지를 잘 보여준다. 수도원과 같은 건물에서 소박함과 단순함을 추구하기도 하고, 중세 성당과 같은 건물에서 화려함과 웅장함을 좇으려고도 한다. 최근에는 자본주의의 효율성과 실용성을 추구하는 경향이 강하다. 공간은 하나의 이야기를 가질 뿐 아니라 또 다른 이야기를 창출한다. 공간 안에 머무는 이들은 공간이 전하는 끊임없는 메시지에 설득당해 어느새 공간의 일부가 되어버린다. 백화점 교회와 같은 공간의 정체성은 욕망으로 빚어진 바벨탑과 같으며 시장 논리를 따르는 또 다른 욕망과 비전으로 이어져 현실의 삶에 상당한 영향을 미친다. 비슷한 욕망을 소유한 이들이 모인 예배당 안에서 이루어진 다양한 관계들과 신앙의 경험들은 끊임없이 종교적 욕망과 세속적 욕망을 자극하여 우리에게 말을 걸어온다.[5] 공간의 경험은 내면 깊숙한 곳에서 신앙을 형성시킨다. 공간은 분명히 정치적이면서 동시에 사상적이다.

교회 건물은 시대성을 대표하면서 문화마다 지향하는 신앙의 가치관과 이상이 무엇인지를 상징적으로 구현한다. 성서시대부터 최근에 이르기까지 예배 장소가 갖는 영적, 정치적 의미가 무엇일까? 모세의 회막(Tent of Meeting)은 가나안으로 향하는 과정에서 언제든지 이동 가능할 뿐 아니라 소박한 재료로 구성되어 나그네 생활을 하는 히브리인의 하나님 이미지를 잘 보여준다. 한곳에 정착하고 뿌리내리는 것이 아니라 언제든지 떠날 수 있음을 전제하면서 모든 장소에서 하나님을 예배할 수 있음을 깨닫게 한다. 히브리인의 하나님은 약자들을 헤아리고 보듬어 구원하는 분이며, 새로운 사회로 이끄시는 분이다. 하지만 솔로몬

---

*

5) Murray A. Rae, *architecture and theology the art of place*(Baylor University Press, 2017), p. 4.

의 성전이 주는 메시지는 모세의 회막과 분명한 차이가 있다. 화려한 장식과 거대한 규모는 당시 이스라엘의 국력과 경제력을 보여줄 뿐 아니라 백성의 신이 아닌 강력한 나라의 통치자로서 신의 전능함을 과시한다. 솔로몬의 하나님은 성공과 승리의 신이며, 부와 축복을 선사하는 가나안의 다른 신들과 별반 다르지 않았다. 하지만 솔로몬의 하나님은 예루살렘 성전 안에 갇혀 있는 민족의 신으로 축소되어버렸다. 성전 안에 갇힌 신은 세속의 성공에 도취되어 무력하고 게으르며 비만한 신이 되어버렸다. 결국 솔로몬의 성전은 무너지고 만다.

313년 기독교가 로마로부터 공인되면서 여러 형태의 교회 건물이 등장하게 된다. 제국의 관리 아래 교회 건축이 당시 로마 신전의 형태를 빌려오다 보니 제국적 신, 세속적 신으로 하나님이 둔갑되어버린다. 4세기 말, 로마에 건축된 산타 푸덴치아나Santa Pudenziana 성당 안의 성화가 그것을 잘 대변한다. 모자이크로 된 벽화에서 예수는 황금의 옷을 입고 보라색 스톨을 두르고 있는데 이것은 제국의 권위와 위엄을 상징한다.[6] 그리스·로마의 건축양식으로 예배당이 세워질 때, 교회는 제국의 종교가 되었다. 그들의 전쟁을 지지했고 축복했으며 나라의 확장과 번영을 곧 하나님의 나라로 환원시켜 이해했다. 국가와 신, 황제와 교황은 곧 동의어가 되어버렸다. 로마시대의 신앙은 건축물이 보여주는 것처럼 철저히 세속적이며, 욕망적이었다.

---- * ----

6) 위의 책, p. 88.

중세 고딕양식의 높은 첨탑은 하늘까지 닿아 오르려는 종교의 무한한 열망을 표현한다. 어쩌면 인간 스스로 신의 자리에 도달하려는 욕망인지 모른다. 종교 권력이 세상을 장악하던 시대 성직자들은 신의 반열에 올랐고, 그들은 구원을 몇 푼 돈에 매매하는 장사치가 되어버렸다. 거대한 성당을 짓기 위해 백성들의 고혈을 짜내야 했고 신의 이름으로 정당화된 건축은 이 땅에 건설한 또 다른 바벨론이었다.

오늘날의 한국교회도 이런 흐름을 답습하고 있다. 자본주의 사회에서 교회는 쇼핑몰과 너무나 유사한 전략을 취한다. 특정 교회를 브랜드화하고 교회가 제공하는 신앙 프로그램을 귀족화하여 마치 다른 그리스도인들과는 차별화된 영적 권위를 취득한 것으로 착각하게 한다. 쇼핑몰이 새로운 상품을 진열하고 할인 행사를 실시하며 각종 마케팅과 이벤트로 사람들을 끌어모으는 것처럼 교회들은 다양한 신앙 프로그램을 제공하며 영적 레벨을 업그레이드해주면서 차별화된 신앙의 경험이 가능한 것처럼 유혹한다. 소비문화가 이룩한 제국에서 쇼핑몰은 왕국이나 신전과 같다. 소비제국의 백성들에게 쇼핑몰은 성스러운 공간이며 그 안에서 좋은 삶을 살 수 있다는 메시지를 받아들이게 된다. 교회도 쇼핑몰과 다르지 않다. 자신들이 제공하는 종교적 프로그램들이 새로운 종류의 신자로 거듭나게 할 것처럼 성도들을 현혹한다. 창문도 없고, 시계도 없는 쇼핑몰이 그 안에서 일상의 삶과 단절된 환상적인 유토피아 세계를 구현하는 것처럼 교회 건물도 세상과 단절된 자신들만의 하나님 나라를 세우려고 안간힘이다. 신앙의 내용보다는 그것이 상징하는 기호와 브랜드로 자신을 치장하며 스스로 좋은 그리스도인이라 생각하게 한다.

미로슬라브 볼프는 코프만Kaufmann을 인용하면서 "개인이 그 스스로가 원하는 것을 무엇이든 살 수 있는 커다란 상점을 닮은 문화 속에서 종교 역시 하나의 상품이 되며, 어느 누군가가 사용하거나 사용하지 않을 수 있는 하나의 사회적 가능성이 되어버렸다."고 주장한다.[7] 상품은 인간의 욕망을 자극한다. 교회와 쇼핑몰은 모두 욕망을 자극한다는 공통점이 있다. 교회가 영적 욕망을 채워준다면 쇼핑몰은 육적 욕망에 관심을 둔다. 인간은 욕망에 따라 살아가는데, 사실은 그 욕망도 구성되고 학습된 결과이다. 장 보드리야르는 욕구 체계를 생산 체계의 산물로 이해했다. 인간의 욕구가 내면에서 자연스레 발현되는 것이 아니라 사회화 과정을 통하여 생산되는 산물이라는 것이다.[8] 욕구는 사물 자체를 대상으로 하는 것이 아니라 사물이 지니는 상징적 가치와 메시지를 대상으로 한다. 소비자의 무의식적이고 자동적인 선택은 특정 사회의 생활양식을 받아들이는 것이다. 따라서 그것은 더 이상 선택이 아니다.

교회가 영적 욕망을, 쇼핑몰이 쾌락적 욕망을 자극하는 것처럼 인간은 무엇인가를 욕망하는 존재인지 모른다. 제임스 스미스는 인간이 욕망하는 것을 예배하는 '예전적 동물(liturgical animal)'이라 정의한다. 인간은 자신이 사랑하는 것을 욕망하고, 욕망하는 그 자체를 예배한다. 영적인 대상이든 물질적인 대상이든 자신의 욕구를 채워주는 무엇을 경배하며 갈망한다. 인간의 마음은 우리가 무엇을 사랑하는가에 따라 그

---

*

7) 미로슬라브 볼프, 『삼위일체와 교회』, 황은영 옮김(새물결플러스, 2012), 41쪽.
8) 장 보드리야르, 『소비의 사회』, 이상률 옮김(문예출판사, 1992), 105쪽.

방향이 결정되고 그 욕망은 습관을 형성하는 실천으로 우리를 안내한다. 쇼핑몰과 시장에서 행해지는 예전은 우리의 세속적 욕망에 따른 결과이며, 교회에서 행해지는 예전은 하나님을 향한 욕망에 따른 결과이다. 하지만 쇼핑몰과 교회가 혼합되어버린 백화점식 예배당 안에서 우리는 무엇을 예배하고 있을까? 제임스 스미스는 『하나님 나라를 욕망하라(Desiring the Kingdom)』에서 쇼핑몰을 종교적 건물로 비유하며 이렇게 언급한다.

> 종교의 보편성 때문에 어느 쇼핑몰에서나 완벽히 동일한 형태의 복음이 선포되고 있다. 나는 쇼핑몰을 종교적 공간으로 그리는 것은 단순한 비유나 유비가 아니라고 단호히 주장하고 싶다. (……) 쇼핑몰은 예전적 기관이기 때문에 종교 기관이며, 형성적 공간이기 때문에 교육 기관이라는 것을 곧바로 이해할 수 있다.[9]

쇼핑몰은 인간의 욕망을 훈육하며 소비의 방식으로 길들이기를 시도한다. 브랜드와 상품을 숭배하게 하고 그것을 소유했을 때 기쁨과 감격을 선전하는 동시에 구원받은 사회의 일원이 되었음을 선포한다. 그것은 하나의 종교적 방식을 취한다. 종교가 세속화되자 구매와 소비가 성스러움을 경험하는 매개체가 되었다. 사람들의 마음속에 있는 무한한

---

*

9) 제임스 스미스, 『하나님 나라를 욕망하라』, 박세혁 옮김(IVP, 2016), 31~32쪽.

갈망이 가장 새롭고, 가장 좋고, 가장 값비싼, 끊임없이 품질이 향상되는 상품에 투사된다. 쇼핑몰은 소비의 대성당이다. 영원(Eternity)은 캘빈 클라인Calvin Klein의 향수병에 담겨 있고 무한(Infinity)은 일본의 자동차에 들어 있다. 사람의 마음은 더 이상 초월적이고 인격적인 존재인 하나님이 거하는 보좌가 아니고, 더 이상 삼위일체를 본받아 다른 이들을 사랑하지 않는다.[10] 우리의 예배 대상은 결국 우리의 욕망이고 우리의 신은 우리의 욕망을 채워주는 존재에 지나지 않는다.

오늘날 교회 건축물은 철저히 욕망적이고 자본화된 또 다른 맘몬이다. 백화점이 파는 상품처럼 교회는 믿음으로 포장한 종교 상품을 제공하며 영적 카타르시스를 경험케 한다. 일상의 삶이 주는 만족과 행복감이 아닌 종교성과 초월성에 도취되게 하여 세상과 분리시키며 건물 안에 가두어놓으려 한다. 하지만 그 끝이 얼마 남지 않았다. 코로나로 건물 중심의 신앙은 조금씩 균열을 보이고 있으며, 새로운 교회론이 대두되기 시작했기 때문이다.

붕괴되는 건물 신앙

코로나19로 인한 건물을 떠나서 어디서나 자유롭게 예배드릴 수 있

＊
---

10) 존 캐버너, 『소비사회를 사는 그리스도인』, 박세혁 옮김(IVP, 2011), 60쪽.

다는 생각은 탈장소적인 시각을 가져다주었다. 하나님이 특정 건물에 거하는 것일까? 화려한 교회 건축을 하나님이 기뻐할까? 성서를 통해서 볼 때, 하나님은 건물 안에 갇혀 있는 존재가 전혀 아니다. 에스겔이 보았던 환상은 하나님의 영이 성전을 떠나는 장면이었다. 예루살렘 성전에 우상이 가득하고 다른 신들을 섬기는 백성들로 인해 하나님은 더 이상 그곳에서 영광을 받으실 수 없었다. 하나님은 포로로 끌려가 있는 이스라엘과 함께했다. 하나님은 사람들과 함께하는 분이다. 그이는 장소에 갇힌 존재가 아니다. 자신을 예배하며 찾는 이들과 함께하는 이다. 『요한복음』에 나오는 예수와 사마리아 여인의 대화는 예배가 장소 중심이 아님을 명확하게 드러낸다. 여인은 유대인의 성소들, 그리심산과 예루살렘에서 예배를 드려야 하냐고 질문했지만 예수는 신령과 진정으로 예배해야 한다고 말했다. 여인의 관심은 장소에 있었지만 예수의 대답은 예배자의 상태와 행위에 더욱 강조점을 두었다. 『요한복음』에는 예수가 자신을 성전으로 소개하는 대목들이 자주 발견된다.

> 예수는 하나님의 실재를 세상 속으로 가져올 뿐만 아니라 예배가 드려지는 거룩한 장소 그 자체가 된다.[11]

『사도행전』 8장에 나오는 스데반의 기도를 보라. 하나님은 성전 안에

---

*

11) 개리 버지, 『예수와 땅의 신학』, 이선숙 옮김(새물결플러스, 2020), 119쪽.

서만 군림하는 분이 아니라 그분을 예배하는 모든 장소에 함께하고 있다고 간증하지 않는가! 교회 건물로부터의 신앙이 자유를 선포할 때 우리는 진정한 교회가 무엇인지를 질문할 수 있다. 사람 중심, 관계 중심 더 깊이 말해서는 하나님 중심의 신앙이 무엇인지를 물어야 한다. 코로나19는 장소적 교회의 종말을 예고하고 있다. 종교 건물에서 벗어난 종교적 경험의 가능성이 확인되면서 건물 중심의 신앙이 무너지고 있다. 건물과 규모가 주던 안정감과 소속감이 아닌 교회는 관계임을 다시 확인시켜주고 있다. 신앙의 정체성이 건물을 통해 형성되는 것이 아니라 신적 경험과 관계적 만남을 통한 진정성에 있음을 눈뜨게 한다.

신적 공간은 장소가 핵심이 아니다. 하나님의 장소성은 삼위일체의 존재와 관계 안에 놓여 있다. 모든 곳에 있으며 모든 이들의 안에 거한다는 상호 침투는 특정 장소에서 하나님을 해방시킨다. 그리스도 안에서 성전은 사라졌으며 그리스도를 통하여 모든 거룩한 장소들이 그 거룩함을 완성하게 되었다. 그리스도의 이름으로 모이는 곳에서 우리는 그리스도의 현존을 경험하며 우리가 곧 교회가 된다. 교회는 어느 곳에서도 결코 지역적으로 회합된 회중을 위해 존재하지 않으며, 지역적 회중 위에, 회중과 함께, 회중 아래에 존재한다. 회중은 그리스도 안에서 함께 모여 구체적인 장소에 위치한 그리스도의 몸이다.[12]

구약의 시내산과 예루살렘 성전과 같은 장소의 거룩함 추구는 땅에

---

12) 미로슬라브 볼프, 『삼위일체와 교회』, 황은영 옮김(새물결플러스, 2012), 237쪽.

대한 열망으로 자연스럽게 연결된다. 민족의 구심점으로서 성소와 성전은 백성들의 정체성과 미래적 기대를 이끌었다. 민족의 번영과 축복을 땅의 확장과 획득으로 받아들였다. 땅의 소산과 거주민들의 포획을 하나님의 축복으로 여겼던 그들은 하나님을 땅의 신으로 여겼는지도 모른다. 하지만 신약은 땅의 거룩함이 아닌 존재의 거룩함, 즉 예수그리스도를 통한 모든 공간의 성스러움과 구원을 추구하는 신앙은 우리를 탈장소적, 재관계적으로 인도한다. 성전을 비롯한 땅을 향한 집착을 버리고 그리스도의 몸으로서 성소와 관계성에 집중한다면 건물과 땅을 향한 집착, 즉 부동산 신학이 비신앙적인 것임을 깨닫게 될 것이다. 땅은 그냥 땅이고, 건물은 그냥 건물일 뿐이다.

피트 워드Pete Ward는 '유연한 교회(Liquid Church)' 개념을 제안하면서 근대의 고정적인 모습이 아닌 새로운 상황에 따라 유기적으로 변화할 수 있는 교회론을 주장한다. 교회는 고정된 실체가 아니다. 그리스도의 몸으로서 교회, 두세 사람이 함께하는 신자의 교제로서 교회 공동체 개념은 언제나 유기적이다. 성례전을 중심으로 예수그리스도의 내러티브를 통해 구성된 공동체성은 정서적·인격적·관계적 연대가 가능한 모든 공간을 통해 구체화된다. 교회가 성례전과 신앙의 전통을 형성하는 것이 아니라, 오히려 반대이다. 볼프는 라칭거의 교회론의 핵심을 '교제(communio)'로 이해했고 그것은 삼위일체 하나님의 신적 교제를 닮은 교회의 교제로서 성례전을 중심에 올려놓는다. 성만찬과 세례를 통하여 교회는 그리스도와 연합하며 성도들도 하나 되는 공동체를 통해 보편적인 교회를 형성한다. 지지울라스도 성만찬이 교회를 구성하며 그리스도의 몸이 되는 장소이며 그분의 인격적 공동체를 확인하는 자리라고 주장했다.[13] 교회가 건물이 아니라는 사실을 인정한다면 한국교회의 왜곡된 교회론은 유기적 공동체, 관계적 공동체, 성령 중심(spirit-centered)의 인격적 교회론으로 전환이 요구된다. 코로나19가 가져온 탈장소적 신앙은 네트워크 중심의 디지털 신앙(digital faith)과 가정을 중심으로 하는 일상의 예전으로 이어지고 있다. 그리고 온라인 교회라는 새로운 형태의 교회에 관심이 모아지고 있다.

디지털 종교개혁(digital reformation)과 온라인 교회 (online church)

새로운 교회가 오고 있다. 코로나19로 경험한 온라인 예배는 온라인 교회[14]의 탄생을 예고하고 있다. 1990년대를 전후로 TV로 예배 실황을 중계했던 텔레 에반젤리즘Tele-evangelism처럼 인터넷을 기반으로 하는 E-vangelism이 등장한다. 미국에서는 1994년 장로교 목회자

※

13) 미로슬라브 볼프, 『삼위일체와 교회』, 177쪽.
14) 온라인 교회(online church)와 교회 온라인(church online)을 구분할 필요가 있다. 전자는 장소로서의 교회가 중심이 아닌 가상의 공간 안에서 예배를 포함한 일체의 신앙생활과 소속감을 이루는 교회를 설명한 것이고, 후자는 기존 교회가 온라인을 통하여 예배를 비롯한 신앙의 프로그램을 송출하면서 성도들의 신앙생활을 돕는 것을 의미한다.

인 찰스 헨더슨이 온라인 교회를 설립한 이후, 1998년에 감리교회에서 알파교회(Alpha Church)가 탄생했다. 영국에서는 1998년 Church of Fools와 1999년에 Web-church가 설립되었다. Church of Foods는 2006년에 I-church로 전환되었다. 팀 허칭스Tim Hutchings는 그의 책 『Creating Church Online』[15]에서 다섯 곳의 온라인 교회를 분석하며 그들의 신앙생활 유형과 예배 방식, 교회 운영 등을 연구한 바 있다. 작은 규모의 온라인 교회는 리더십의 부재와 구성원 간의 불화로 여러 어려움을 겪기도 하지만 디지털 시대에 요구되는 새로운 교회 유형의 가능성을 선보이기도 한다. 목회자 중심, 또는 제도 중심의 교회에서 벗어나 회중 중심, 가상의 관계 중심으로 교회가 유지될 수 있음을 증명했다. 바로 새로운 종교개혁이 시작된 것이다.

드와이트 프리센Dwight Friesen은 하나님 나라의 비전이 가장 이상적인 방식으로 구현되는 장이 온라인이라면서, 각각의 독립된 존재가 하나의 관계망을 구축하고 있는 유사한 방식을 보인다고 설명한다. 프리센에 따르면 '네트워크로서 하나님 나라(kingdom as a network)'는 우리에게 교회와 그 밖의 공동체들이 서로 어떻게 연결되어 있는지 그림을 그려주며, 그것이 단순한 관계망이 아니라 사랑과 정의, 자비라는 특징을 구현하도록 장을 마련한다.[16] 종교가 가지는 상승의 욕망과 수평

---

*

---

15) Tim Hutchings, *Creating Church Online: Ritual, Community and New Media*(London & New York: Routledge, 2017).
16) 김승환, 「온라인 교회와 디지털 신앙」, 《기독교사상》 2020년 9월, 46~47쪽.

적 확장은 온라인과 오프라인 모두에서 나타난다. 네트워크화된 종교 (networked religion)는 언제나 공동체를 형성하며, 전통을 통해 주어진 하나의 단일한 사고와 의례를 통해 형성된 이야기화된 정체성이 있으며 각자의 종교마다 그 공동체로 입회하는 관문인 회심의 의례가 존재한다. 또한 특정한 종교적 권위에 순종하며 다양한 지역에서 서로 연결되어 있는 특징을 지닌다.[17] 이것은 온라인 공간에서도 여전히 작동된다.

하이디 캠벨Heidi Campbell은 매체 기술이 공동체의 삶과 신념을 강화하는 방식으로 작동하며 새로운 시대적 상황에 응답하면서 전통과 가치를 고수하도록 이끌 것이라 강조한다. 그녀는 종교의 매체 사용에 있어서 필요한 네 가지 기준을 제시한다. 첫째는 역사와 전통과의 관계이며, 둘째는 핵심 신념과 형식들이고, 셋째는 협의 과정(negotiation process), 마지막은 공동체 형성과 논의이다.[18] 디지털 매체를 사용할 때, 교회는 진공 상태가 아니다. 과거로부터 전달된 교회의 전통과 역사, 복음의 내러티브를 온라인 공간으로 옮기는 것이며 온라인의 문법에 맞게 변형하여 유연하게 응답하는 것이다. 가상공간과 디지털 기술의 진보가 인간의 사고와 행동을 기계적으로 조작하는 것이 아니라 인간의 한계를 넘어선 확장된 경험과 참여를 가능하게 하면서 기존 교회에 충

---

*

17) Heidi A. Campbell, Stephen Garner, *Networked Theology: Negotiating faith in digital culture*(Baker Academic, 2016), p. 65.
18) Heidi Campbell, *When Religion Meets New Media*(Routledge, 2010), pp. 60~61.

분히 긍정적인 영향을 줄 수 있다는 분석이다.

온라인 종교는 기술 자체를 추구하는 것이 아니라 사람들의 삶과 실천, 그 이면에 있는 가치와 의미들이 가상의 공간에서 구체화되는 장을 제공한다. 건물 중심의 신앙과 관계성을 탈피하여 확장된 공간으로서 온라인 공간은 하나님 나라를 관계적으로 이해하도록 돕는 한편 그 나라가 다양한 형식으로 어떻게 연결될 수 있는지를 상상하게 한다. 코로나 상황에서 우리는 신앙의 경험들을 얼굴을 마주하는 만남이 아니고서도, 온라인을 통하여서도 공유하는 것이 가능하다는 것을 경험하고 있다. 가상의 공간에서 나와 연결되어 있지 않은 타인의 생각과 경험까지도 어떻게 공유할 수 있는지 배우고 있다. 공간이라는 제약을 벗어난 신앙의 경험은 성직자와 특정 공동체에 의존하는 신앙이 아니라 자신이 추구하는 진정한 것을 향한 갈망이 가능하도록 이끈다.

네트워크 사회에서 인간은 누군가와 연결됨으로 자신의 존재를 확인한다. 관계적 존재로서의 인간은 가상의 공간에서도 자신의 본능에 충실하며 누군가와 연결되기를 지속적으로 시도한다. 이러한 소속감에 대한 욕구는 네트워크 사회에서 온라인 예배 공동체의 가능성을 부각시킨다. 온라인의 가장 큰 특징은 바로 탈장소성과 상호 연결성이다. 고정된 하나의 공간과 기계적인 위계 구조를 벗어나 자유롭게 창조하고 변화하는 익명의 공동체를 형성한다. 익명을 전제로 하는 공간에서 디지털 매체를 통해 다양한 사람들이 자유롭게 의견을 공유하며 관계 맺기를 시도한다. 종교의 탈장소성은 전통적인 권위 구조를 탈피하여 상호 참여적인, 다시 말해 수평적인 권위 구조를 강화시킬 것이다. 건물을 탈피한 종교는 본래적 목적에 더욱 집중할 것이다. 거룩함이 무엇인지 질문하고, 신앙의 핵심을 탐구하며, 참된 의례를 고민하게 한다. 피상적인 관계 맺기를 벗어나 어떤 관계가 우선적이어야 하는지를 질문한다. 네트워크화된 종교는 의례의 현장성이 약화되는 어려움이 있지만 물리적 한계를 넘어서는 다양한 참여와 만남을 가능하게 하기에 신앙의 다양한 해석과 가능성에 개방적이다.

물론 온라인 교회의 출현으로 제기되는 몇몇 문제들이 있다. 성도들 간의 교제가 사라지면서 '소속감 없는 신앙(believing without belonging)', 즉 '가나안 성도'가 급증할 것이란 우려다. 공동체를 잃어버린 성도들이 여기저기 교회 홈페이지를 옮겨 다니는 디지털 노마드 digital nomad 신자로 전락할 가능성이 충분하다. 또한 종교의 전통과 권위에 순종하는 것이 아닌 수평적인 권위 체계를 주장하며 탈제도화, 탈권위화, 탈교리화되어 개인적인 관심에 집중하는 이기적인 신앙인을 양산할 것이다. 하지만 새로운 신앙 유형이 탄생할 수도 있다. 가나안 성도로 교회를 떠난 이들과 여러 가지 이유로(환자, 이민자, 이사 등) 현장 예배가 불가능한 이들에게는 새로운 기회가 될 수 있다.

디지털 환경에서 이루어지는 디지털 신앙은 어떤 특징을 지닐까? 크게 상호성, 익명성, 창조성이다.[19] 디지털 사회는 '나는 연결되어 있다. 그러므로 존재한다'란 슬로건 아래 수많은 유저들이 다양한 매체를 통

---- * ----

19) 김승환, 「온라인 교회와 디지털 신앙」, 46~47쪽.

해 서로 영향을 주고받으며 새롭고 다양한 공동체를 형성하고 이용하며, 혼종적이면서도 창조적인 거대한 네트워크를 이룬다. 익명성과 개인성이 극대화되는 것처럼 보여도 그 안에서 누군가와 연결되고 싶고 소속감을 얻으려는 인간의 기본적인 욕망은 약화되지 않고 오히려 강화되어 나타난다. 종교의 의미와 실천이 하나의 중심 안에서 형성되는 것이 아니라 각자의 상황에 따라 재해석, 재구성(remix)되면서 새로운 유형의 디지털 종교로 발전하기도 한다.

디지털 종교개혁이 시작되었다. 중세 종교개혁이 교황체제와 성직제도를 무너뜨리고 성직자의 독점적인 성서 해석에서 벗어나게 했다면, 오늘날 디지털 종교개혁은 건물과 성직자 중심의 신앙체제를 무너뜨리고 다양한 참여와 실천이 가능한 신앙의 해방을 가져왔다. 그동안 종교적 권위는 예식과 성서라는 두 기둥으로 구성되었는데, 일방향적인 메시지 전달과 참여 방식을 벗어나 상호성을 전제로 한다. 캠벨은 온라인 환경에서 권위는 다양한 층위(multiple layers)를 이룬다고 주장한다. 그것이 단순하게 전통적인 종교적 권위에 도전한다고 인식하기보다는 그 안에서 작동하는 권위의 구조와 형성에 관한 깊은 논의가 필요하다. 캠벨은 종교의 직제, 구조, 사상, 경전에서 권위가 발생하기에 그것이 온라인에서 어떻게 대중들과 관계 맺는지를 살펴보아야 한다고 주장한다.[20] 온

---
*

20) Heidi A. Campbell, "Who's Got the Power? Religious Authority and the Internet?", *Journal of Computer-Mediated Communication* 12, 2007, p. 1045.

라인 공동체의 권위는 바로 관계성에서 기인한다. 권위가 외부로부터 부여되는 것이 아니라, 내부에서 인정되는 방식이다. 온라인 교회에서의 권위는 말씀의 선포자에게 있지 않고 그것을 듣는 이들과의 관계 맺음의 방식에 있다. 다시 말해 성도들과 어떻게 연결되어 있으며, 그것을 일관되게 어떻게 유지하느냐에 달려 있다.

온라인 예배가 현장 예배를 완벽하게 대체할 수는 없을 것이다. 기독교 예배 전통을 고려할 때 같은 시공간 안에서 수행되는 예배는 하나님과 신자들의 인격적인 만남과 상호작용을 전제로 하는 것이기에 주일성수와 공적 예배라는 한국 개신교회의 예배 전통을 대체할 수는 없어 보인다. 하지만 최근의 상황을 고려한다면 온라인 예배는 위축되어 가는 한국교회에 새로운 기회가 될 수 있다. 특히 인터넷에 익숙한 청년과 청소년들에게는 현장 예배와 함께 병행할 필요가 있다. 1020세대의 급격한 성도 수 감소는 온라인 예배라는 새로운 접근이 긍정적인 영향을 미칠 수 있기 때문이다. 가나안 성도들을 향한 교회의 탄생이 예고될 뿐 아니라 다양한 규모와 특징을 가진 온라인 교회들이 등장할 수 있을 것이다.

온라인 교회는 특수한 공동체들을 묶어주는 좋은 방식일 수 있다. 가령 해외에 거주하는 한인들을 위한 온라인 커뮤니티처럼 인종, 문화, 언어를 중심으로 각각의 정체성을 유지하고 발전시킬 수 있는 공동체들을 위한 좋은 장이 될 것이다. 불특정 다수를 향해서 거대한 관계망을 구축하는 교회를 지향하기보다는 소규모의 온라인 공동체를 구축하면서 1년에 몇 차례 오프라인 모임을 가진다면 새로운 교회 모임으로 발전할

가능성이 있다. 코로나19가 가져다준 신앙의 상상력은 위기를 또 다른
변화의 출발점으로 전환하여 새로운 교회의 탄생이란 선물을 안겨주었
다. 변화는 이미 시작되었다.